여론전쟁

여론전쟁

현경보 지음

상상

차 례

서문_12

1 **여론전쟁의 서막:** 1987년 대통령선거_27

16년 만의 직선제 대통령선거 / 모의투표하다가 경찰에 잡혀가기도 / 선거 예측 신화를 쓴 박무익 소장 / 놀라울 정도로 정확한 예측 / 노태우 승리의 일등공신은 여론조사 / 여론조사로 총선 예측은 쉽지 않았다

2 **YS와 DJ, 숙명의 대결**
: 1992년 국회의원선거와 대통령선거_39

1992년은 '선거의 해' / 여론을 알아야 승리한다 / 여론조사기관의 빗나간 총선 예측 / YS 대세론 vs 역대세론 / 후보 지지도 여론조사 공표 논란 / 치열한 여론조사 신경전 / 초원복집 사건 등 막판 변수 / SBS·MBC 밤 12시 대선 예측 결과 발표

3 **3김 지역패권 전쟁의 시작:** 1995년 지방선거_57

3김 지역패권 전쟁의 신호탄 / TV 토론에서 박찬종에 결정타 날린 조순 / 충청권의 자민련 돌풍 / 지역감정의 벽, JP의 '충청도 핫

바지론' / 국내 선거사상 처음으로 당선자 예측방송 / MBC의 불법 예측조사 논란 / 당선자 예측은 성공했지만 조사는 정확하지 않았다

4 '여론조사 공천' 바람: 1996년 국회의원선거_70

YS·DJ·JP '후 3김 시대' 도래 / "여론조사 기준 없으면 YS도 공천 못해" / 총선 최대 변수는 지역감정 / 신한국당 과반 의석 힘들 듯 / 선거사상 최초의 총선 예측보도 / 총선 예측조사 왜 실패했나? / 자만심과 무모함의 합작품 / 방송사 예측조사보다 사전 여론조사가 더 정확했다?

5 뒤바뀐 대권 판도: 1997년 대통령선거_87

혼란 속의 1997년 / 이회창 vs 김대중 vs 김종필 / '병풍'이 8월 정국을 뒤흔들다 / '여론조사 태풍' 이인제 1위 / 이회창 후보의 잔인한 9월 / DJP 연합, 이회창·김대중·이인제 3자 대결 구도 압축 / 대선 D-30 요동치는 지지율 / 불붙는 '여론조작' 논란 / 지상파 방송 3사 '당선자 예측' 불발로 끝나는가? / MBC의 배신과 1퍼센트의 승부 / 선거판을 뒤흔든 여론조사

6 동서로 나누어진 선거판: 1998년 지방선거_108

IMF 위기에 다가온 '허니문 선거' / '여서야동與西野東', 1997년 대선 판세 재현 / "빨갱이를 믿지 MBC는 믿지 못한다" / 금이 간 불패신화, 한국갤럽 / 불거지는 선거 예측조사 무용론 / 국내에서 처음으로 출구조사 실시

7 사상 최대 초박빙 선거: 2000년 국회의원선거_118

정치권의 신당 창당 바람 / 출구조사로 총선 예측에 도전하다 / '4.13 총선 비상' 걸린 청와대 / 언론사의 막판 판세분석 / 빗나간 출구조사 '대혼란' / 곳곳에 허점투성이 출구조사

8 반전을 거듭한 대선드라마
: 2002년 지방선거와 대통령선거_132

이회창과 이인제의 대세론 / 대선 판도를 뒤흔든 '여론조사 태풍' / 노풍盧風에 무너진 이회창 대세론 / 꼬리문 악재에 노풍 조정국면 / SBS의 완벽한 지방선거 예측 / MBC, 한국갤럽과 결별하다 / 이회창 1위 탈환과 정몽준의 급부상 / 노무현 후보 교체론 vs 노무현 지키기 / 월드컵 4강 열기에 떠오르는 정몽준 / 정몽준의 대선 출마 선언 / 주춤거리는 정몽준의 지지율 / 앞서는 이회창, 후

보 단일화가 최대 변수 / 단일후보 선호도냐 본선 경쟁력이냐? / 이회창 vs 노무현, "승부는 이제부터" / 후보 단일화 시너지 효과로 막판까지 노무현 '리드' / 막판 변수, 정몽준의 노무현 지지 철회 / 지상파 방송 3사 당선자 예측 정확했다 / 한국갤럽의 대선 예측 실패와 좌절

9 탄핵 역풍이 불다: 2004년 국회의원선거_167

사상 초유의 미니 여당 열린우리당 출범 / 함께 살아남을 수 없는 운명, 우리당과 민주당의 사생결단 / 탄핵 카드 꺼내든 민주당 / 탄핵 후폭풍 '탄핵 잘못됐다' 70% / 한나라당 박근혜 대표 체제로 / 일파만파로 번지는 정동영의 '노풍老風' / 세 번째 총선 예측 실패의 악몽

10 참여정부 심판, 진보의 몰락: 2006년 지방선거_182

지방선거보다 2007년 대선에 더 관심 / 강금실 vs 오세훈, 출마 선언 16일 만에 본선 티켓 따낸 오세훈 / 참여정부 심판론이 먹혔다 / 박근혜 대표 피습 사건 여파, "대전은요?" / 한나라당 압승, 열린우리당 참패

11 신자유주의, 보수의 부흥: 2007년 대통령선거_191

이명박 대세론 가속화 / 고건의 불출마 선언 / 손학규를 유혹하는 여론조사 / 한나라당 경선 "산 넘어 산" / 이명박 vs 박근혜, 여론조사가 승패 갈랐다 / 민심 떠난 '빈 배'에 대선주자들만 가득 / 예비경선 1위 손학규, 본선에서 정동영에게 패하다 / 이회창의 무소속 대선 출마 / 정동영의 마지막 희망은 범여권 단일화 / 당선자 예측 결과 YTN이 빛났다

12 보수 분열의 시작: 2008년 국회의원선거_212

뭉치면 살고 흩어지면 죽는다 / 박근혜, "저도 속았고 국민도 속았다" / 박재승이 민주당을 살렸다 / 한나라당 과반이냐 절대안정의석이냐? / KBS와 MBC로부터 왕따 당한 SBS / SBS의 홀로서기, 총선 예측에 ARS 조사 처음 도입 / 총선 예측 출구조사 '4번째 악몽' / 총선 예측 결과 왜 틀렸나?

13 노무현의 부활: 2010년 지방선거_227

진보 진영의 권토중래 / 지방선거 최대 변수로 떠오른 세종시 수정안 / 종횡무진 유시민, 친노계의 총출동 / 수도권 판세 흔드는 '한명숙 무죄', '유시민 단일화' 효과 / 천안함 침몰사고, '북풍효과?' / 지상파 방송 3사 합동 출구조사 정확했다 / 전화조사 예측 왜 실

패했나? / 강원도지사 재보궐선거 예측 소동 / 서울시장 재보궐선 거 예측, 나경원 vs 박원순, 누가 이길까?

14 보수와 진보의 한판 승부
: 2012년 국회의원선거와 대통령선거_247

2012년 대선을 겨냥한 여야의 전열 정비 / 정치권의 핵으로 떠오른 안철수 / 떠오르는 문재인 / 박근혜 "올해가 마지막 기회" / 기로에 선 한명숙 리더십 / 수도권과 PK가 총선 승부를 가른다 / 총선 D-5 언론의 판세분석 / 5번째 예측 실패, 총선 예측은 불가능한가? / 박근혜·안철수 뜨고 문재인 지고 / 박근혜 독주, 문재인 출마 선언 / 안풍에 흔들리는 박근혜 대세론 / 박근혜·안철수·문재인의 3자 경쟁구도 / 안철수 전격 사퇴, 단일후보는 문재인 / 박정희의 딸 vs 노무현의 친구 / 지상파 방송 3사 출구조사 정확, YTN 휴대전화조사 예측 실패

15 세월호 참사에 숨죽인 정치: 2014년 지방선거_276

6.4 지방선거 최대의 변수는 안철수 신당 / 야권 단일화로 희망을 찾다 / 세월호 여객선 침몰로 정치도 멈췄다 / 세월호 참사로 요동치는 민심 / D-5 판세분석과 혼란스러운 여론조사 결과 / 사전 여론조사와는 다른 출구조사 '깜짝 반전'

16 막장 공천의 최후: 2016년 국회의원선거_289

다시 홀로선 안철수 / 문화일보 여론조사 논란 / 하락하는 국민의 당 지지율 / 안철수, 김종인의 야권통합 제안 단칼에 거절 / 막장 공천 속에서도 새누리당 180석 공룡여당? / 국민의당 지지도 상승이 심상치 않다 / 오락가락 여론조사 / 새누리당이 160석 이상 차지하여 압승한다 / 지상파 방송 3사 합동 출구조사, 모처럼 체면치레했다 / '엉터리 전화 여론조사' 무엇이 문제인가?

17 대통령 탄핵 여론전쟁: 2017년 대통령선거_308

박근혜 정부의 날개 없는 추락 / 여론은 대통령 탄핵을 원했다 / 탄핵으로 빨라진 대선 시계, 꿈틀거리는 잠룡들 / 반기문 주가 반등 / 문재인 vs 반기문 양강 대결 시나리오 / 반기문, 귀국 다음날 반짝 상승 / 반기문의 불출마 파장 / 박 대통령 파면 결정, 60일 대선 레이스 시작 / '안철수 돌풍'에 여론조사 신경전 치열 / 집전화는 안철수, 휴대전화는 문재인에 유리? / 여론조사 불신과 '샤이 보수' 논란 / TV 토론 이후 한풀 꺾인 안철수 / 출구조사 결과 문재인 당선 족집게 예측

18 보수의 몰락, 진보의 새 시대: 2018년 지방선거_336

당선을 보장하는 '문재인 마케팅' / 바른미래당 '시너지 효과'는 없었다 / '미투' 정국에도 고공행진하는 더불어민주당 / 여론조사 못 믿겠다 / 유무선 비율 따라 여론조사 격차 '출렁' / 더불어민주당 압승, 유례없는 일방적인 선거

서문

우리는 여론전쟁 시대에 살고 있다. 여론전쟁은 여론을 자기편으로 만들기 위한 싸움이다. 여론에 밀리면 권력에서 멀어지기 때문에, 정치권에서의 여론전쟁은 한 치의 양보도 허용하지 않는다. 여론전쟁에서 승리하기 위해 정치인들은 대중을 프레임의 덫으로 유인하여 편가르기를 조장한다. 타협의 정치는 사라지고 내 편과 네 편을 가르는 진영 논리가 판을 치고 있다.

2019년 가을, 조국 법무부장관 임명을 놓고 여론전쟁이 치열했다. 개천절 날 보수와 진보 두 진영으로 갈린 국민들이 거리로 나섰다. '조국 수호'를 외치는 서초동 촛불집회에 맞서 광화문에서는 '조국 사퇴'를 촉구하는 대규모 집회가 열렸다. 두 진영은 세대결 양상을 보이며 상대방을 인정하지 않았다.

조국 법무부 장관이 스스로 물러났지만 여론전쟁은 끝나지 않았다. 전선만 바뀌었을 뿐 진영 간의 대립은 더욱 극렬해지고 있다. 누구를 위한, 무엇을 위한 여론전인가?

하루가 멀다고 쏟아지는 여론조사가 여론전쟁을 자극하고 있다. 여론 지지율은 여론전쟁에서 어느 편이 유리하고 불리한지 여론의 대세를 수치화해서 보여주는 전황 보고와도 같다. 지지율이 낮은 진영에서는 그냥 인정하거나 물러서지 않는다. 여론조사 자체가 잘못됐다고 항변하거나, 대규모 집회 등 또 다른 방식으로 세력을 과시한다.

여론조사가 없었더라면 여론전쟁의 승패는 선거에서 투표 결과로 결정됐을 것이다. 하지만 여론조사가 일상화되면서 여론전쟁의 승패는 수시로 결정된다. 여론조사 결과가 곧 여론이고 민심이 되었다. 날마다 국정 운영이나 이슈에 대한 여론 지지율이 발표되다 보니, 매일 여론전쟁을 벌이는 세상이 되었다. 일주일마다 발표되는 대통령 국정운영 지지도가 대통령에게 힘을 실어주기도 하고 대통령의 자리를 위협하기도 한다. 대통령이 소신껏 일할 수 있는 권능은 여론조사에 의해 좌우되고 있다.

여론조사는 또 다른 권력이다

여론전쟁 시대에 여론조사는 또 다른 권력이다. 찬반이 대립되는 모든 이슈에서 심판자의 역할을 하고 있기 때문이다. 서로 다른 이해관계 때문에 합의를 이룰 수 없는 공공 정책이나 이슈에 대한 의사결정이 대부분 여론조사 결과로 이루어지고 있다. 다수결의 논리로 결정하게 되면 이의를 제기하기 어렵기 때문이다. 하지만 다수결이 항상 옳은 결정은 아니다.

대한민국처럼 여론조사에 의해 정치판이 요동치는 나라도 없을 것이다. 특히 우리나라의 선거 역사를 돌아보면 여론조사가 대통령을 만든다고 해도 과언이 아니다. 정당 내 경선 과정에서 후보를 결정하는 것은 물론 대통령 후보 단일화도 여론조사에 의해 이루어진다. 이러다 보니 후보들은 자신의 이념과 노선을 팽개치더라도 지지율만 쫓아가면 된다고 생각한다. 여론조사를 이 시대의 최고 권력으로 만든 것은 바로 우리나라의 선거 역사에서 비롯되었다. 대통령 후보들은 지지율에 따라 진퇴가 결정되는 꼭두각시나 다름없었다.

나는 SBS 기자로 일하면서 1997년 대통령선거 이후 20년 가까이 수많은 선거를 여론조사의 시각으로 자세히 들여다볼 수 있는 소중한 경험을 했다. 네 번의 대통령선거와 국회의원선거, 그리고 다섯 번의 지방선거에서 선거 결과를 예측하는 일을 직접 담당했다. 열 길 물속은 알아도 한 길 사람 속은 모른다는 속담처럼, 유권자의 마음을 파악하는 일은 결코 쉬운 일이 아니었다. 여론조사가 과학이라고 하지만 선거에서 당선자 또는 정당 의석수를 정확하게 예측하는 데는 한계가 뒤따랐다. 예측 성공의 환희도 있었지만 예측 실패의 쓰라림도 여러 번 맛보았다. 예측의 한계를 극복하기 위해 새로운 실험과 도전도 했다.

나의 경험을 바탕으로 이 책에서는 1987년 대통령선거에서 2018년 지방선거까지 우리나라 30년 선거 역사에서 여론조사에 따라 부침하는 정치권력의 세계와 선거 예측 여론조사의 실상을 보여주려고 한다.

여론조사 없이 선거에 이길 수 없다

1987년 대선은 16년 만에 국민의 손으로 직접 대통령을 뽑은 선거였다. 누가 대통령이 될지 국민들의 관심이 어느 때보다도 높았다. 요즘처럼 언론이 발표하는 여론조사 결과도 없으니 누가 당선될지 알 길이 막막했다. 여론조사를 실시해서 보도하는 것이 법으로 금지되던 시절이었다. 대학가나 직장 또는 동창회 등 사람들이 많이 모이는 곳에서는 누가 대통령이 될지 알아보는 모의투표가 유행처럼 번졌다. 대학생들이 모의투표를 하다가 경찰에 붙잡혀가는 일도 벌어졌다. 당시에는 모의투표나 인기투표를 하는 것 자체도 대통령선거법 위반이었기 때문이다.

　대통령 후보들의 지지율에 대한 정보를 아무도 알 수 없던 그 시절, 민정당의 노태우 후보 캠프에서는 여론조사를 비밀리에 계속 실시하고 있었다. 여론조사는 후보의 판세분석은 물론이고 모든 선거전략의 기초가 되었다. 대통령을 만들기 위한 전략적 도구로 활용되고 있었다. 1987년 대선이 끝난 후 노태우 대통령 당선이 여론조사를 이용한 과학적 선거운동의 결과라는 말까지 나왔다.

　1992년 대통령선거는 김영삼, 김대중, 정주영 세 후보의 여론조사 전쟁이나 다름없었다. YS 측에서는 여론조사 없이 선거에서 이길 수 없다는 것을 간파하고, YS의 차남 김현철이 자체 여론조사팀을 꾸려 선거전략을 짜는 등 총력을 기울여 대선을 승리로 이끌었다. DJ 측에서는 DJ의 처조카인 이영작 박사가 미국의 선거전략을 도입하여 여론조사를 실시하기도 했다. 1992년 대선 때까지도 언론이 여론조사를 실시하여 대통령 후보 지지율을 보도하는 것은 선거법 위반이었다. 하지만 일부 언론사들이 후보 지지율을 조사하여 보도하면서 지지율이 낮게 나온 정주영 후보 측의 거센 항의를 받기도 했다. 1992년 대선에서도 여론조사는 유권자의 알 권리를 위해서가 아니라 후보들의 선거전략을 짜는데 필요한 전략적 도구로 활용되었다.

DJ는 여론조사 덕분에 대통령이 됐다

1997년 대통령선거에서 김대중 후보가 헌정 50년 만에 수평적인 정권교체로 대통령에 당선됐다. DJ의 대통령 당선 일등공신은 바로 여론조사였다. 여론조사가 없었다면 DJ는 대통령이 될 수 없었을 것이다. 1997년 연초에 이회창 대 김대중의 양자 대결구도에서 이회창 후보의 지지율이 김대중 후보를 20%포인트 앞서고 있었다. DJ가 JP와 후보 단일화를 하더라도 이회창 후보가 단연 우세했다.

하지만 이회창 후보는 이른바 '병풍'으로 불리는 두 아들의 병역문제가 불거지면서 지지율이 곤두박질하게 된다. 이회창 후보의 지지율이 떨어지면서 이인제 지사의 지지율이 상승하기 시작했다. 경선에서 탈락했던 이인제가 김대중, 이회창 후보를 제치고 1위를 차지하는 여론조사 결과까지 나왔다. 이인제는 높은 지지율의 유혹을 뿌리칠 수 없었다. 여론조사가 이인제의 대선 출마를 촉발시켰다. 이인제의 대선 출마는 결국 DJ의 대통령 당선으로 귀결되었다.

1997년 대선은 여론조사가 얼마나 큰 영향을 미치는지 직접 보여준 선거였다. 여론조사가 없었다면 이인제의 대선 출마는 생각조차 할 수 없는 일이었다.

이인제의 대선 출마가 없었다면 김대중 후보의 대통령 당선은 어려웠을 것이다. 우리나라 선거 역사에서 여론조사의 가장 큰 혜택을 본 사람은 바로 김대중 전 대통령이었다.

노무현 대통령을 만든 여론조사

2002년 대통령선거는 각본 없는 한 편의 드라마와도 같았다. 연초만 해도 민주당의 노무현 후보가 대통령이 될 것이라고는 누구도 예상하지 못했다. 여당인 민주당의 유력한 대선후보는 지난 대선에서 낙마했던 이인제였다. 이에 맞서는 야당인 한나라당에는 이회창이 가장 유력한 대선후보였다. 연초에 실시한 여론조사 결과를 보면 이인제 대 이회창의 양자 대결에서 이회창이 10%포인트 정도 이인제를 앞섰다. 민주당의 노무현은 이인제에도 미치지 못했다.

하지만 민주당의 전국순회 국민경선이 진행되고 있었던 그해 3월에 실시한 여론조사가 대선지형을 뒤흔들었다. 3월 13일 SBS 보도에서 민주당 노무현 후보가 한나라당 이회창 후보를 1%포인트 앞서는 것으로 발표했다. 여당 후보가 야당의 이회창 후보를 앞선 것은 처음이었다. 광주 경선을 앞두고 이회창을 꺾을 수 있는 사람은 노무현밖에 없다는 여론이 나돌았다. SBS 여론조사 보도는 엄청난 후폭풍을 몰고 왔다. 사흘 뒤에 치러진 민주당 광주 지역 경선에서 드디어 노무현 후보가 1위를 차지하며 태풍의 눈으로 떠올랐다. 노무현은 당내 경선에서 승승장구하며 결국 민주당 대통령 후보가 되었다.

하지만 노무현 후보가 YS의 상도동 자택을 방문한 이후 여론조사 지지율이 떨어지기 시작했다. 10여 년 전에 YS로부터 받았던 손목시계를 자랑하며 YS의 호응을 얻으려고 했던 노무현의 모습이 오히려 역풍을 불렀다. 그 유명한 'YS 시계' 사건이었다. 노무현 후보는 계속되는 지지율 폭락으로 인해 당내에서 후보사퇴 압력을 받는 수난을 겪기도 했다. 노무현 후보의 경선 승리에 기폭제가 되었던 여론조사가 이제는 후보 사퇴를 요구하는 칼이 되어 돌아온 것이다.

2002년 대통령선거를 눈앞에 두고 노무현과 정몽준 두 후보는 여론조사 결과로 후보 단일화를 이루었다. 단일화를 결정하는 설문 문항을 놓고도 두 후보 진영이 치열한 신경전을 벌였다. 결국 여론조사로 후보 단일화가 이루어지고, 단일후보가 된 노무현은 이회창을 누르고 우여곡절 끝에 16대 대통령에 당선됐다. 여론조사가 대통령을 만드는 세상이 되었다.

대선후보의 운명을 결정한 여론조사

2007년 대통령선거에서 야당인 한나라당 이명박 후보가 여론조사에서 계속 선두를 유지하며 바람을 일으켰다. 그 뒤를 박근혜가 바짝 추격하는 가운데 손학규, 원희룡, 홍준표도 대권의 꿈을 키우고 있었다. 집권여당인 민주당에는 정동영, 김근태 등의 대선주자들이 있었지만 한나라당의 이명박, 박근혜의 적수가 되지 못했다. 고건 전 총리가 그나마 여권의 대권 불씨를 살려 줄 수 있는 유일한 희망이었다. 하지만 고건 전 총리는 여론조사 앞에 무릎을 꿇었다. 2006년 추석 무렵만 해도 20%대를 유지하던 지지율이 2007년에 접어들면서 10% 초반으로 급락하며 대권의 꿈을 접을 수밖에 없었다.

대선주자의 운명을 여론조사 지지율이 결정했다. 한나라당 대선주자였던 손학규 전 경기지사가 한나라당을 탈당하여 여권의 후보 경선에 나서게 된 것도 여론조사의 영향이 결정적이었다. 당시 손학규는 한나라당 내에서 이명박이나 박근혜의 벽을 넘기 어려운 상황이었다. 하지만 손학규가 여권 후보로 나설 경우 여권 후보들 가운데 가장 높은 지지율을 기록하는 여론조사들이 속속 발표되었다. 손학규도 마음이 흔들렸을 것이다. 어차피 한나라당 대선후보가 되는 것은 어려운 일이고, 여권의 진보 진영으로 옮겨서 대권을 도모하는 것이 그에게는 운명과도 같은 선택이었을 것이다.

한나라당 대선후보 경선에서도 여론조사가 승패를 갈랐다. 2002년 노무현, 정몽준 후보의 단일화 과정처럼 설문 문항을 놓고 이명박, 박근혜 두 후보의 진영이 치열한 신경전을 벌였다. 결국 일반 국민 여론조사에서 높은 지지율을 얻은 이명박이 1.5% 포인트의 근소한 차이로 박근혜를 누르고 대통령 후보가 되어 17대 대통령에 당선될 수 있었다.

선거구도를 결정짓는 여론조사

2012년 대통령선거의 가장 커다란 변수는 안철수 바람이었다. 안철수는 2011년 10.26 서울시장 재보궐선거를 앞두고 박원순에게 서울시장 후보를 선뜻 양보하면서 인기가 올라가 대권주자로 급부상했다. 2012년 대선 구도는 새누리당의 박근혜, 민주통합당의 문재인이 경쟁하는 가운데 무소속 안철수의 행보가 선거판의 핵심 변수였다. 당시 여론조사의 흐름을 살펴보면 박근혜, 문재인, 안철수 3자 대결 구도로 선거를 치를 경우 박근혜의 승리 가능성이 높았다. 보수 진영의 표가 박근혜로 결집되는 반면 진보 진영의 표는 문재인과 안철수로 나누어졌기 때문이다. 결국 문재인, 안철수 두 후보가 단일화를 이루지 못하면 박근혜 후보가 당선되는 구도였다.

　문재인 후보 측의 줄기찬 단일화 요구에 안철수가 화답하여 후보 단일화 논의가 시작되었다. 후보 단일화 과정은 2002년 노무현, 정몽준의 후보 단일화를 떠올리게 만들었다. 이번에도 여론조사 문항을 놓고 문재인, 안철수 두 후보 진영이 다퉜다. 단일화 협상은 순조롭게 진행되지 않았다. 후보 단일화 협상이 결렬 위기에 직면한 상황에서 안철수 후보가 대선후보에서 전격 사퇴하면서, 문재인으로 단일후보가 결정되었다.

　2012년 대선이 박근혜, 문재인 양자 대결 구도가 되면서 보수 진영과 진보 진영의 한판 승부가 펼쳐졌다. 박근혜 대 문재인의 대결은 박정희 대 노무현의 대리전이었다. 후보 단일화 직후에 여론조사에서 박근혜가 문재인을 3~4%포인트 앞서 나갔다. 선거를 사흘 앞두고 통합진보당 이정희 후보가 사퇴했다. 자신의 1~2%포인트의 지지율을 문재인 후보에게 몰아주기 위한 선택이었다. 보수는 보수대로 진보는 진보대로 두 진영이 완벽하게 결집했다. 대선 하루 전 지상파 3사의 공동 여론조사에서는 문재인 후보가 박근혜 후보를 1%포인트 앞서는 결과가 나오기도 했다. 바둑으로 치면 반집계가와 같은 피를 말리는 박빙의 승부에서 박근혜 후보가 결국 승리했다. 여론조사로서는 승부를 예측할 수 없는 선거였지만, 출구조사는 박근혜 당선을 예측했다.

여론조사 결과 놓고 '아전인수' 해석

2017년 대통령선거는 박근혜 대통령 탄핵의 여론이 주도한 선거였다. 2016년 10월 최순실 국정농단 사태 이후 박근혜 대통령의 지지율이 곤두박질쳤다. 대통령 지지율이 5%까지 떨어졌다. 국민 80% 이상이 대통령 탄핵에 찬성했다. 여론조사가 대통령에 대한 탄핵의 명분을 제공하고 그 결과도 정당화해 주었다. 여론조사가 없었다면 박근혜 대통령 탄핵이 과연 이루어졌을까?

탄핵정국은 대선주자들의 운명을 바꿔 놓았다. 새누리당에 기반을 둔 대선주자들은 민심에서 멀어진 반면, 문재인 후보 등 진보 진영의 후보들이 급부상했다. 탄핵정국 이전에 대선주자 가운데 선두를 달리던 반기문 전 유엔사무총장의 지지율도 급속히 떨어졌다. 20%가 넘었던 지지율이 반 토막 나면서 반기문 역시 대선 불출마 선언을 할 수밖에 없었을 것이다.

탄핵정국에서 문재인 대세론이 지속되었다. 문재인 후보가 대선주자 여론조사에서 계속 선두를 달렸다. 하지만 선거를 한 달 앞두고 각 당의 후보들이 결정되면서 국민의당 안철수 후보의 지지율이 가파르게 상승했다. 문재인 대 안철수 양자 대결 구도로 대선이 치러질 경우 안철수가 문재인을 7%포인트 앞선다는 여론조사 결과가 파란을 일으켰다. 문재인 후보 측에서는 '특정 후보를 띄우기 위한 왜곡된 여론조사'라며 문제 삼았다.

문재인 후보의 대세론이 흔들리면서 여론조사에 대한 관심이 고조되었다. 조사 방법에 따라서 후보 지지율이 들쭉날쭉하면서 신뢰도에 대한 의문이 제기되었다. 집전화로 조사하면 안철수가 유리하고, 휴대전화로 조사하면 문재인이 유리하다는 이야기가 나오기도 했다. 후보 진영에서는 자기편이 앞서는 여론조사는 정확하고, 불리한 여론조사는 엉터리 여론조사로 몰아붙이는 아전인수식 해석이 잇따랐다. 자유한국당 홍준표 후보가 여론조사에 대한 불만이 가장 컸다. 특히 홍준표와 안철수 두 후보의 지지율이 조사 방법에 따라 크게 달랐기 때문이다. 하지만 선거 결과는 여론조사 결과와 크게 다르지 않았다. 예상했던 대로 문재인 후보가 19대 대통령에 당선되었다.

여론조사 한계를 알아야 정확한 선거 예측도 가능

여론조사 없는 선거는 이제 생각조차 할 수 없게 되었다. 선거는 물론 일상생활에서도 여론조사의 활용도가 높아지면서 그 신뢰도에 대한 관심과 의문이 더욱 커지고 있다. 마음에 들지 않는 여론조사 결과에 대해서는 아예 무시해 버리거나 잘못된 조사로 몰아붙이는 경향도 나타나고 있다. 자신이 보고 싶은 것만 보고, 믿고 싶은 것만 믿으려는 확증편향이 더욱 심해지는 모습이다.

여론조사가 과학적인 방법이라고 행해지고 있지만, 이 세상에 완벽한 여론조사는 없다. 여론조사는 다양한 조사 방법으로 이루어질 뿐만 아니라, 조사 자체가 지니고 있는 다양한 오차들이 존재하기 때문이다. 따라서 동일한 시점에 동일한 문항으로 똑같은 여건에서 여론조사를 실시하더라도 그 결과가 다르게 나오는 것은 어쩌면 자연스러운 현상이다.

여론조사는 그 결과가 얼마나 정확한지 검증하기도 어렵다. 물론 동일 시점에 수많은 여론조사를 실시해 볼 수 있다면 보다 정확한 조사를 확률적으로 가려낼 수 있을 것이다. 또한 현실적으로 완벽하지는 않지만 선거에서 여론조사를 이용하여 선거결과를 예측해 봄으로써 여론조사의 정확성을 어느 정도 가늠해 볼 수도 있다.

이 책을 통해 우리나라 선거 역사에서 여론조사 예측 결과와 실제 선거 결과를 비교해 볼 수 있는 기회를 접하게 될 것이다. 30년 선거 역사에서 선거 예측에 이용된 조사 방법들이 어떠한 장점과 한계를 가지고 있는지 살펴볼 수 있다.

여론조사 결과를 올바르게 이해하기 위해서는 여론조사의 한계를 먼저 알아야 한다. 다양한 형태의 여론조사 방법들은 각각의 장점과 한계를 가지고 있다. 여론조사와 그 방법들을 정확하게 이해할 수만 있다면, 여론조사를 이용한 선거 결과의 예측도 그리 어려운 일은 아닐 것이다. 여론조사의 한계도 모르고 특정 여론조사가 옳으니 그르니 따지는 것은 참으로 어리석은 일이다.
　제비 한 마리가 왔다고 봄이 오는 것이 아닌 것처럼 하나의 여론조사 수치가 여론을 그대로 보여주는 것은 아니다. 여론조사 결과 하나하나에 너무 예민하게 반응하기보다 여러 결과들의 추이를 살펴보며 여론의 흐름을 파악하는 자세가 중요하다.

2019년 11월
광화문 북두재北斗齋에서
현경보

1. 여론전쟁의 서막

1987년 대통령선거

16년 만의 직선제 대통령선거

1987년 6월 민주항쟁과 6.29 선언으로 직선제 개헌이 이루어졌다. 국민들은 16년 만에 대통령을 내 손으로 뽑을 수 있게 됐다. 1987년 6월 이전까지 전두환 대통령은 노태우 민정당 대표를 후계자로 지명하여 선거인단에 의한 간접선거로 차기 대통령을 선출하려고 4.13 호헌조치를 단행했다. 그동안 참아왔던 국민들의 분노가 폭발하면서 6월 민주항쟁으로 이어졌다. 결국 노태우 민정당 대표가 대통령 직선제 개헌을 비롯해 국민 기본권 강화, 김대중의 사면복권, 언론자유의 보장, 지방자치제 실시 등 8개항을 제시하는 6.29 선언을 발표했다.

대통령 직선제 개헌이 이루어지자 다가오는 12월 대통령선거에서 누가 대통령이 될지 온 국민의 관심사로 떠올랐다. 민주정의당의 노태우, 통일민주당의 김영삼, 평화민주당의 김대중, 신민주공화당의 김종필 등이 물망에 올랐다.

6.29 선언 이전만 해도 김대중은 대통령선거에 불출마하겠다는 의사를 밝혔었지만, 사면복권이 이루어지면서 상황은 달라졌다. 사면복권과 함께 김대중은 국민의 뜻을 물어서 대선 출마 여부를 결정하겠다고 입장을 밝히면서 사실상 대선 출마를 시사했다. 대권을 앞에 두고 김대중과 김영삼의 사이가 멀어지기 시작했다.

민주화를 열망하는 많은 국민들은 두 사람의 후보 단일화를 기대했다. 김영삼과 김대중이 단일화에 합의할 것이라 믿었다. 1987년 9월 29일 김대중과 김영삼은 외교구락부에서 만나 후보 단일화 협상을 벌였으나 아무런 결론도 내지 못했다. 그 뒤로도 동교동과 상도동의 단일화 협상이 이어졌지만 양쪽의 주장은 평행선을 달렸다.

10월 28일 김영삼이 대통령선거 출마를 선언하자, 이틀 뒤인 10월 30일 김대중도 대통령선거에 나서겠다고 밝혔다. 김영삼과 김대중의 후보 단일화는 끝내 무산됐다. 김영삼은 워싱턴포스트나 타임 등 외신에서 자신의 지지율이 높게 나온다는 보도에 희망을 걸었다. 김대중은 야권이 분열해도 승리할 수 있다는 '4자

필승론'을 믿었다. 노태우와 김영삼 후보는 영남에서 서로 표가 갈리고, 자신은 호남의 탄탄한 기반으로 인구가 많은 수도권에서 승부를 벌이면 충분히 승산이 있다는 계산이었다.

1987년 대선에서 민주정의당의 노태우, 통일민주당의 김영삼, 평화민주당의 김대중, 신민주공화당의 김종필 후보 모두 대구경북, 부산경남, 전라도, 충청도라는 각자의 지역적 기반에 기대어 대선 승리를 장담했다.

하지만 대부분의 국민들은 김영삼, 김대중 후보가 동시에 출마한다면 누구도 당선될 가능성이 없다고 생각했다. 조선일보와 한국갤럽의 공동 여론조사에 따르면, 국민의 64%가 YS와 DJ가 동시에 출마할 경우 당선 가능성이 없다고 판단했다.[1]

선거일이 다가오면서 후보들의 경쟁은 대규모 동원 유세로 이어졌다. 서울 여의도 광장에서 노태우, 김영삼, 김대중 후보의 유세 때마다 100만 인파가 구름처럼 몰려들었다. 언론에서는 여의도 광장에 모인 군중의 규모를 비교하여 후보에 대한 지지도처럼 보도했다.

대통령선거에서 후보 지지도 여론조사 결과를 언론에 공표할 수 없었던 시절이었기 때문에 후보들은 경쟁하듯 대규모 장외집회를 열어 자신의 지지세를 과시하려고 애썼다. 국민의 73%가 대통령 후보에 대한 지지도 조사 결과가 발표되기를 원했지만,[2] 유권자들은 후보 지지도에 관한 아무런 정보도 파악할 수 없었다.

모의투표하다가 경찰에 잡혀가기도

대학가, 직장, 또는 동창회, 향우회 등 온갖 모임에서는 노태우, 김영삼. 김대중, 김종필 등 출마 예상자들에 대한 모의투표 또는 인기투표가 성행했다. 대통령을 간접선거로 뽑았던 시절에는 구경조차 할 수 없던 일이다.

그러나 당시 대통령선거법 제48조는 후보자에 대한 모의투표, 인기투표를 금지하고 있었다. 즉 대통령선거법은 "누구든지 선거에 관하여 당선 또는 낙선을 예상하는 인기투표나 모의투표를 할 수 없다"고 규정하고 있고 이를 위반하는 자는 3년 이하 징역이나 금고 또는 150만 원 이하의 벌금에 처하도록 했다

이에 따라 대학가에서 학생들을 상대로 대통령선거 모의투표를 하다가 이를 주도한 학생들이 경찰에 연행되기도 했다.[3] 지금 생각해 보면 말도 안 되는 법이었다. 검찰에서도 관련 금지규정이 문제 있다고 판단했는지 흥밋거리로 한 행위를 형사처벌까지 한다는 것은 무리라는 이유로 선거법 위반혐의로 구속했던 대학생들을 석방했다. 법으로는 금지되어 있었지만 모의투표나 인기투표를 포함한 여론조사를 사실상 허용하고 있었다.

정당이나 언론사들은 여론조사기관이나 대학 연구소 등에 의뢰하여 대통령선거에 관한 여론조사를 실시하고 있었다. 겉으로 드러나지 않아서 일반 국민들은 몰랐지만, 대선후보 측이나 정당

에서는 은밀하게 여론조사를 지속적으로 실시하고 있었다. 대통령선거가 끝난 후에 노태우 후보 측에서는 "여론조사 때문에 이번 대선에서 승리할 수 있었다"고 공공연히 얘기할 정도로 여론조사를 폭넓게 활용했던 것으로 알려졌다. 하지만 당선자를 예상하게 하는 여론조사 결과 공표까지 허용된 것은 아니었다.

선거 예측 신화를 쓴 박무익 소장

"소장님, 오후 6시입니다."

비서가 인터폰으로 연락을 해왔다. 나는 기자들 앞에 서서 예측 결과를 소리 내어 읽었다.

"제13대 대선 예측 결과를 발표합니다. 기호1번 민정당의 노태우 후보가 34.4%의 득표율을 기록해 1위가 될 것으로 예상되며, 2위는 민주당의 김영삼 후보로 28.7%, 3위는 평민당의 김대중 후보로 28.0%, 4위는 공화당의 김종필 후보로 8.4%를 득표할 것으로 예상합니다. 이 조사의 표본오차는 95% 신뢰수준에 ±2%포인트입니다."[4]

1987년 12월 16일 제13대 대통령선거가 치러지던 날, 우리나라에서 처음으로 대통령선거 예측 결과가 발표됐다. 역사의 주인공은 한국갤럽의 박무익1943~2017 소장이었다. 그는 선거 결과를 예측하기 위해 여론조사를 실시하는 것 자체가 불법이던 시절에 무슨 생각으로 여론조사를 실시하여 그 예측 결과를 발표까지 했는지 참으로 궁금했다. 그의 회고록에는 "여론조사 없이는 민주주의도 없다"는 조지 갤럽George Horace Gallup 1901~1984 박사의 말에 용기를 얻어 선거 예측에 도전하기로 결심했다고 쓰여 있다.

평범한 사람이 하기에는 무모한 도전이었다. 대통령선거에서 당선자 예측은 다른 선거와는 다르다. '최고의 권력자'를 예상한다는 것은 누가 보아도 부담스러운 일이 아닐 수 없다. 당시 조사업계를 대표했던 박 소장의 입장에서 보면 예측했다가 아니면 말고 식으로 가볍게 생각할 일은 정녕 아니었다.

박무익 소장은 2017년 74세의 아까운 나이에 세상을 떠났다. 살아 있다면 찾아가서 옛날이야기를 자세히 들을 수 있으면 좋으련만 친분만을 쌓았던 지난 시간이 아쉽다. 나는 SBS 기자 시절, 한국갤럽과 2008년 4월 총선 예측조사를 함께 실시하게 되면서 박 소장과 인연을 맺었다. 내가 본 박무익 소장은 여론조사에 대한 소명의식이 뚜렷했다. 늘 웃는 모습으로 사람을 부드럽게 대해 주는 분이었지만, 부드러움의 내면에는 고집도 세고 확고한 신념이 자리 잡고 있었다. 박 소장이 1987년 대통령선거 예측을 시도한 것도 여론조사 일을 소명calling으로 받아들였기 때문이라고 생각한다.

놀라울 정도로 정확한 예측

한국갤럽이 발표한 대통령선거 예측 결과는 정확했다. 선거 결과 노태우 후보가 36.6% 득표율로 당선되었는데, 예측 결과는 34.4%로 2.2%포인트 차이로 당선자를 정확히 예측했다. 김영삼, 김대중, 김종필 후보의 득표율 순위도 정확했을 뿐 아니라 각 후보의 예측오차도 1%포인트 미만이었다.

한국갤럽의 예측 결과를 보면, 우리나라에서 처음으로 시도했던 선거 예측이 어떻게 이렇게 정확할 수 있는지 의심이 갈 정도로 완벽했다. 한국갤럽의 대선 예측 결과는 대통령선거 이틀 후인 1987년 12월 18일 조선일보 지면을 통해 공식적으로 공개되었다.[9] 기사 내용에 따르면 조선일보와 한국갤럽 연구소가 공동 여론조사를 6차례 실시했으며, 마지막에 실시한 6차 조사(조사 기간: 12월 12~14일) 결과를 토대로 선거 결과를 예측한 것으로 밝혀졌다.

1987년 한국갤럽의 대통령 당선자 예측은 우리나라 여론조사 역사에 새로운 신화가 되었다. 많은 사람들에게 여론조사가 과학적이고 정확하다는 믿음을 심어주었다. 요즘이야 여론조사로 대통령 당선자를 예측하는 일이 쉽게 여겨질 수도 있겠지만, 그 당시로서는 아마도 충격적인 사건이었을 것이다.

1987년 당시 대부분의 사람들은 한국갤럽의 대통령선거 예측조사가 정확하지 않을 것이라고 예상했다. 군부독재 시절이었기 때문에 사람들이 겁나서 누구를 찍겠다는 얘기를 함부로 하지 않기 때문에 여론조사가 정확할 수 없을 것이라고 생각한 것이다.

하지만 한국갤럽의 예측은 놀라울 정도로 정확했다. 한국갤럽의 여론조사가 적중했다는 것은 그 당시 우리 국민들이 정치적 입장을 당당히 밝힐 수 있는 용기를 가지고 있었다는 의미로 해석해 볼 수도 있다.[6] 그런 점에서 한국갤럽의 성공은 우리 사회의 민주화를 상징하는 일대 사건으로 받아들여졌다.

한국갤럽의 정확한 선거 예측은 조사업계 전체가 성장하는 발판을 마련해 주었다. 대선 예측을 계기로 우리나라의 여론조사 회사들이 매년 급성장했다. 기업의 여론조사와 마케팅 조사 수요가 증가하기 시작했다.

조사 회사의 숫자도 많이 늘어났다. 1986년까지만 해도 5개 정도밖에 없었던 조사 회사가 1991년에는 30여 개에 이르렀다. 동서리서치, 현대리서치, 코리아리서치센터, 동아리서치, 리서치앤리서치, 미디어리서치, 서울마케팅리서치, 월드리서치 등이 바로 1990년 전후로 생겨난 조사 회사들이다. 하지만 조사 회사들이 우후죽순으로 생겨나면서 자격을 충분히 갖추지 못한 조사기관들의 난립과 과다경쟁으로 인해 조사품질 저하라는 우려를 낳기도 했다. 이를 감시하고 조정하기 위해 1992년 한국마케팅여론조사협회KOSOMAR가 만들어졌다.[7]

1983년 문화공보부가 공공정책 수립을 앞두고 국민의견을 수렴하기 위한 여론조사를 처음으로 실시한 이후, 1987년 대선을 거치면서 신문사들의 여론조사 보도가 급격히 늘어났다. 1987년은 6.29 선언과 그에 따른 12월 대선으로 여론조사업계가 활성화하는 결정적인 계기가 되었다.

노태우 승리의 일등공신은 여론조사

1987년 대통령선거는 헌정 사상 처음으로 여론조사가 도입된 선거로 기록되었다. 일반 국민들은 알 수 없었지만 대선에 승리한 노태우 후보는 여론조사 덕을 톡톡히 보았던 것으로 나중에 밝혀졌다.

선거가 끝난 뒤, 노태우 후보의 민정당에서는 이번 선거의 승리가 여론조사를 토대로 한 과학적 선거운동의 결과라고 분석했다. 민정당에서는 대선을 앞두고 한국갤럽을 비롯한 다양한 채널을 통해 여론조사를 실시하여 여론을 수집했다. 민간기관을 통한 여론조사는 최병렬 국책연구소 부소장이 전담했고, 선거 기간 동안 모두 12차례 실시했다.[8]

한마디로 여론조사가 모든 선거전략의 토대가 되었다. 노태우 후보 개인의 특성에 대한 유권자들의 인식은 물론 예상되는 선거

쟁점들을 상세하게 파악했다. 선거 과정에서 현직 전두환 대통령과 제5공화국, 그리고 민정당이 인기 없는 이유까지 조사하여 분석했다. 노태우 후보의 강점을 부각시키고 경쟁 후보의 약점을 들춰내는 내용도 여론조사 결과를 바탕으로 만들어졌다. 노태우 후보의 '보통사람' 구호와 공약들도 여론조사의 결과물이었다.

민정당에서 실시했던 여론조사에 따르면, 노태우 후보가 김영삼 후보에게 뒤지는 것으로 나타난 적도 있었다. 선거를 한 달여 남긴 11월 말 정승화 전 육군참모총장이 민주당에 입당하는 등 12.12사태가 쟁점으로 떠오르며 김영삼 후보의 인기가 급상승했을 때였다. 하지만 11월 29일 KAL기 폭파사건을 기점으로 노태우 후보가 지지율 상승세를 보이며 다시 선두를 회복했다. 그밖에도 민정당은 국책연구소 주도로 당의 대형컴퓨터에 보유한 전국 1천만 명 이상의 계층·직능별 유권자 명부를 이용해 서신direct mail을 발송하고 설문지를 회수하는 등 선거운동을 겸한 여론조사도 실시한 것으로 밝혀졌다.[9]

후보의 지역별 유세 일정은 물론 대통령선거일을 12월 16일로 정할 때도 여론조사를 활용한 것으로 알려졌다. 민정당 이외의 야당에서도 여론조사를 이용했지만 민정당에 비하면 조직적으로 이루어지지는 못했다.

여론조사로 총선 예측은 쉽지 않았다

1987년 대선 이듬해에 치러진 4.26 총선에서는 대선 때와 마찬가지로 후보 지지도 여론조사를 비공개적으로 실시할 수 있었지만, 그 결과를 공표하는 것은 법적으로 허용되지 않았다.

청와대와 정당 등 정치권에서는 선거 판세를 읽고 선거전략을 짜기 위해 여론조사를 지속적으로 실시했다. 특히 노태우 대통령을 당선시킨 민정당은 지난 대선을 거치면서 선거에서 여론조사가 얼마나 중요한지 경험으로 깨달았기 때문에, 4.26 총선 과정에서 여론조사를 이용한 판세분석에 주력했다.

총선을 앞두고 최병렬 당시 정무수석은 여론조사 결과를 토대로 여당인 민정당이 전국구를 포함하여 165석 안팎을 차지할 것이라고 노태우 대통령에게 보고했다. 하지만 4월 26일 총선에서 민정당은 지역구 87석을 포함해 총 125석을 얻는데 그쳐 과반에도 25석이나 못 미쳤다. 이에 대해 노태우 대통령이 측근인 박철언 의원을 따로 불러 "모두 엉터리 보고"를 했다고 질책하기도 했다.[10] 1987년 대선 결과를 적중시켰던 한국갤럽도 여소야대를 가져왔던 4.26 총선에서는 예상이 빗나간 것으로 알려졌다.[11]

1988년 4.26 총선에서는 정당에서 실시하는 여론조사 결과가 외부에 공개되지 않았기 때문에 언론사들은 선거 판세분석도 제대로 할 수 없었다. 선거를 사흘 앞두고 조선일보는 각 당에서 주장하는 내용을 근거로 선거 판세를 보도했다.[12] 수도권 지역에서 민정당은 20곳, 민주당도 20곳, 평민당 30곳, 신민주공화당이 6곳을 우세 지역이라고 주장했다. 수도권 지역구가 42곳인데 각 당이 주장하는 우세 지역은 76곳이나 되었다.

총선을 열흘 앞두고 실시한 여론조사에서 유권자의 40%가 민정당 후보에게 투표하겠다고 응답했다. 다음으로 민주당 후보 23%, 평민당 후보 18%, 신민주공화당 후보 12%, 기타/무소속 후보 7% 순으로 응답했다.[13] 4.26 총선 결과 각 정당이 실제 얻은 득표율은 민정당 후보 34%, 민주당 후보 23.8%, 평민당 후보 19.3%, 신민주공화당 후보 15.8%, 기타/무소속 후보 7.3%로 나타났다. 선거 전 여론조사 결과와 비교해 보면 민정당 후보에게 투표한 유권자의 비율은 여론조사보다 6%포인트 정도 낮았다. 하지만 여론조사 결과는 실제 투표와 유사한 경향을 보여줌으로써, 선거에 대한 민심을 나름대로 반영하고 있었다.

2. YS와 DJ, 숙명의 대결

1992년 국회의원선거와 대통령선거

1992년은 '선거의 해'

1992년은 말 그대로 '선거의 해'였다. 3월에 국회의원선거, 6월 기초 및 광역자치단체장 선거, 그리고 12월에는 대통령선거가 예정되어 있었다.[14] 정치권은 3.24 총선과 지방선거에서 승리하여 어떻게 하면 연말 대선고지를 차지할 수 있을 것인가에 관심이 집중되었다. 총선 민심은 대권 향배의 주도권을 결정할 것이고, 지방자치단체장 선거 결과는 대선의 득표 기반이 되기 때문에 어느 한 선거에서도 물러설 수 없는 상황이었다.

새해 여론조사를 보면, 정치권에 대한 민심은 싸늘했다. 집권 마지막 해 노태우 대통령의 지지율은 10%대로 떨어진지 이미 오래됐다.[15] 정당에 대한 지지도도 여야 할 것 없이 겨우 10%대 수준을 유지했다. 국민의 60%가 새로운 정당이 출현하기를 기대하고 있었다.[16]

노태우, 김영삼, 김종필의 3당 합당[17]으로 만들어진 민자당은 물론 야당 통합[18]으로 생겨난 김대중의 민주당에 대해서도 국민들은 염증을 느끼고 있었다. 민심 이반을 재빠르게 알아차린 현대그룹 정주영 명예회장이 연세대 교수 출신 김동길 목사와 함께 총선을 앞두고 통일국민당을 창당하여 정치에 입문했다.

3월 24일 14대 총선은 민주자유당, 민주당, 통일국민당의 3당 대결 구도로 치러지게 됐다. 신정치개혁당도 있었지만 박찬종의 1인 정당이나 다름없는 유명무실한 존재였다.

민자당은 지지율이 저조했지만 3당 합당으로 만들어진 200석이 넘는 거대 여당이었다. 대구경북, 부산경남, 충청 지역의 탄탄한 지역기반으로 다가오는 총선에서 과반 이상의 의석 확보는 쉬워 보였다. 전체 의석수 299석의 60%인 180석까지도 차지할 수 있다는 기대감이 앞섰다. 반면, 제1야당인 민주당은 개헌저지선 100석 확보가 목표였다. 3당 합당의 토대가 된 내각제 개헌을 저지할 수 있는 마지노선을 지키기 위한 의석수였다. 새롭게 출범한 통일국민당은 YS, DJ, JP 등 3김 정치에 대한 반감이 큰 대구경북 지역과 정주영 회장의 고향인 강원 지역을 집중 공략하여 원내교섭단체 구성이 가능한 의석을 차지하려는 전략을 세웠다.

여론을 알아야 승리한다

정치권에서는 1987년 대선과 1988년 총선을 거치며 여론조사가 선거전략의 핵심으로 자리 잡았다. 1992년 총선을 앞두고 각 정당별로 판세분석 여론조사가 성행했다. 시시각각으로 변하는 표심을 제대로 읽지 않고서는 선거에서 이길 수 없다고 판단했기 때문이다.

제14대 총선은 그야말로 여론조사 전쟁을 방불케 했다. 민자당의 총선 판세분석은 90% 이상을 여론조사에 의존했다. 여기에 관계기관의 정보 보고와 현지실사 보고를 참고로 삼았다. 직전 13대 총선 때 민정당이 과반 이상 의석을 얻어 여대야소 정국이 될 것이라는 관계 기관의 정보 보고를 믿었다가 망신당한 경험이 있기 때문에 여론조사에 대한 의존도가 더욱 높아졌다. 민자당은 자체 여론조사기관인 한국사회개발연구소의 여론조사 결과를 신뢰했다. 과거 대선과 총선에서 정확한 결과를 냈기 때문이다. 한국사회개발연구소 외에도 여러 조사기관들과 함께 여론조사에 기반을 둔 선거전략을 치밀하게 준비했다.[19]

야당인 민주당은 주로 당 내부의 기획실 전화 여론조사팀과 조직국 현지실사팀 등이 판세분석을 담당했다. 기획실 전화 여론조사팀에서 매일 선거구당 수백 명의 유권자들을 대상으로 전화 여론조사를 실시했다. 민주당도 조직국 현지실사팀을 통해 지역 언론자료 분석이나 경찰정보 등을 취합하여 민심의 동향을 추가로 파악했다. 외부 여론조사기관에 여론조사를 맡기는 것은 비용이 많이 들기 때문에 여당인 민자당만큼 여론조사를 체계적으로 실시하지는 못했다.

통일국민당은 재력을 무기로 민간 여론조사기관과 계약하여 민자당에 버금가는 여론조사를 실시했다. 그밖에 현대계열 광고회사인 금강기획을 통해 여론조사를 실시하거나, 현대계열사를 통해 지역의 여론동향을 수집하고 분석했다.

후보 지지도 여론조사 결과를 공표하거나 보도하는 것이 불법이었기 때문에, 언론사들도 독자나 시청자를 위해 여론조사를 실시할 수 없었다. 선거 판세를 파악할 수 있는 곳은 오로지 정당과 여론조사를 수행하는 여론조사기관들뿐이었다. 언론에서도 선거 상황을 보도하기 위해서는 각 정당의 판세분석 주장을 취재하거나 선거 현장의 여론이나 경찰 정보 등을 취합하는 수밖에 없었다.

1992년 총선에서 여론조사기관의 인기가 어느 때보다 높았다. 1988년 총선에서 여론조사는 민정당 등 일부 정당의 전유물이었지만, 1992년 총선에서는 선거 기간에만 수십억 원 규모의 여론조사 시장이 형성되면서 여론조사기관들이 호황을 누렸다. 여론조사가 선거의 필수 요소가 되면서, 이제 여론조사 없는 선거는 생각할 수 없게 되었다.

여론조사기관의 빗나간 총선 예측

총선을 하루 앞두고 각 당의 판세분석 결과, 전국 237개 선거구의 우열 윤곽이 드러났다. 민자당 107석, 민주당 79석, 국민당 31석이 당선 안정권에 들어선 것으로 나타났으며, 무소속도 10여 개 선거구에서 강세를 보일 것으로 예상됐다.[20)]

지역별로는 민자당이 부산경남, 대구경북, 강원, 충북 등에서 크게 우위를 보이고 있는 것으로 나타났고, 민주당은 광주, 전남, 전북 등 호남 지역을 석권하고 서울에서 우세를 보이는 것으로 분석됐다. 국민당 내부에서는 31석 확보를 장담하고 있었지만, 민자당이나 민주당에서는 국민당의 당선자 수가 10명을 넘기지 못할 것이라고 과소평가했다.

3.24 총선 결과 민주자유당이 과반수에 한 석 모자라는 149석을 확보했다. 의석수로만 보면 가장 많은 의석을 차지했다고 할 수 있지만, 2년 전 3당 합당으로 만들어진 216석의 거대 여당 입장에서는 터무니없는 참패였다. 반면, 민주당은 전북 지역의 의석 2석을 민자당에게 내주기는 했지만 서울에서 민자당을 앞지르며 개헌저지선에 근접한 97석을 얻어 선전했다. 더구나 통일국민당은 31석을 확보하는 돌풍을 일으키며 원내교섭단체를 구성하는 쾌거를 이루었다. 한편, 신정치개혁당과 민중당은 젊은 층으로부터 상당한 지지를 받았지만, 신정치개혁당은 1석 확보에

그쳤고, 민중당은 한 석도 얻지 못했다.

총선 개표 결과를 보면 전체 지역구 237곳 가운데 민자당이 116석, 민주당 75석, 국민당 24석, 신정치개혁당 1석, 무소속이 21석을 차지했다.

총선을 하루 앞두고 각 당이 판세분석한 예상 의석수와 비교해보면 민자당은 9석 적게 예상된 반면 민주당과 국민당이 각각 4석, 7석을 많게 전망한 것으로 나타났다. 총선 예상 의석수에 대한 정당들의 선거 전 판세분석 결과는 그런대로 표심을 잘 읽고 있었던 것으로 보인다.

하지만 여론조사기관들은 3.24 총선에서 민자당이 과반 이상의 의석을 차지해 승리할 것으로 예측했다.[21] 1987년 대통령선거에서 정확한 예측으로 신화를 남긴 한국갤럽도 이번 총선에서 민자당 압승을 예상했다. 투표일 1주일 전까지 실시한 10여 차례의 전국 여론조사에서 민자당이 상승곡선을 그렸기 때문이다. 선거 막판 민자당에 악재로 작용했던 '안기부 직원 흑색선전 사건' 이후에도 민자당 지지도가 36%로, 상대 야당을 약 10%나 앞질렀다. 한국갤럽은 이 같은 정당 지지도를 근거로 민자당이 전체 의석에서 60~67%를 차지하는 승리를 거둘 것이라고 예상했다. 선거 기간 동안 200여 개 선거구의 여론조사를 의뢰받았던 코리아리서치도 민자당이 과반수 의석을 무난하게 넘어설 것으로 전망했다. 코리아리서치의 선거 하루 전 조사에서 무응답자가 절반을 넘었지만 민자당의 지지도가 야당보다 7~8% 정도 앞섰기 때문이다. 또 다른 여론조사기관인 동서조사연구소도 여당인 민자당의 압도적 우세를 예상했다. 하지만 선거 결과 민자당이 과반 의석 확보에 실패하면서, 사실상 선거에 참패했다. 여론조사기관들은 50%에 이르는 부동층의 변수를 예상하지 못해 예측에 실패했음을 토로했다.

YS 대세론 vs 역대세론

총선 후 민자당 내부에서 대통령 후보 경선을 놓고 계파 간의 세 싸움이 치열했다. 3.24 총선 나흘 뒤 총선 패배에도 아랑곳하지 않고 김영삼 대표가 발 빠르게 대선후보 경선 출마를 선언했다. 민정계의 박태준 최고위원, 이종찬 의원도 후보 단일화 추진에 나서면서 본격적인 대권후보 경선체제에 돌입했다.

총선 패배 책임론이 번지는 국면에서 김영삼 대표의 입지가 흔들렸다. 'YS 대세론'에 대해 반 YS 진영의 '역대세론'이 팽팽하게 맞섰다. 양쪽 진영 모두 "내가 나가야 대선에서 이길 수 있다"고 주장했다.

김영삼은 DJ와 대결해서 이길 수 있는 유일한 대안은 자신뿐이라고 단언했다. 87년 대선에서 자신이 DJ에게 앞섰다는 게 근거였다. 이에 대해 반 YS 진영에서는 차기 대선이 김영삼-김대중-정주영 3자 대결로 치러질 경우 YS가 패배할 수밖에 없다고 주장했다.

반 YS 진영에서는 이종찬 의원의 행보가 가장 활발했다. 박태준 최고위원, 박철언 의원 등과 막후 접촉을 벌이며 '반 YS 후보' 단일화를 위한 정지작업을 이어갔다. 이종찬은 지역감정과 기성 정치권에 대한 불신을 극복하기 위해서는 '중부권 뉴리더론'이 필요하다고 주장했다. 수도권 등 중부권 지역에서 확고한 지지를 얻지 못하면 정권 재창출이 어렵다는 논리였다.

이에 대해 YS 진영에서는 김영삼, 김대중, 정주영이 3자 대결 구도에서 각각 38%, 21%, 13%의 지지를 얻고 있다는 한국갤럽 여론조사를 제시하여 "YS로는 당선이 안 된다"는 주장을 일축했다. 이 조사 결과는 청와대에서 한국갤럽에 의뢰했던 여론조사의 결과였는데 뜻밖의 사건으로 외부에 유출되었다.

그 당시 한국갤럽은 14대 대선을 앞두고 청와대의 의뢰를 받아 매월 대선후보 지지도 조사를 실시하고 있었다. 그런데 한국갤럽을 드나들던 안기부 직원이 조사 결과를 몰래 가져가 YS의 아들 김현철에게 전달하면서, 그 내용이 조선일보에 보도되는 해프닝이 벌어진 것이다. 이 일로 한국갤럽 박무익 소장이 청와대에 불려가는 소동이 벌어지기도 했다. 박 소장은 당시 청와대 염홍철 비서관으로부터 "각하께서 87년 대선에서 정확한 여론조사를 제

공했기 때문에 이번 일은 용서했다"는 이야기를 전해 들었다고 회고했다.[22]

　민자당의 대통령 후보 경선은 예상외로 신속하게 진행됐다. 5월 조기 전당대회가 결정되면서 노태우 대통령이 YS를 밀어주는 것 아니냐는 얘기들이 나돌았다. 경선 과정은 순조롭지 않았다. 결국 이종찬 후보가 불공정 경선이라며 경선 불참을 선언했다. 이종찬 후보 측은 노태우 대통령이 YS를 몰래 지원해주고 있다고 주장했다. 이종찬 후보는 경선을 거부했지만 후보직은 사퇴하지 않았다. 전당대회는 5월 19일 예정대로 진행됐다. 전당대회에 불참한 이종찬 후보와의 대결에서 김영삼 후보가 전체 유효투표의 66.6%를 얻어, 민자당의 대통령 후보로 확정됐다.

　야권의 대선후보 윤곽도 일찍 드러났다. 통일국민당 정주영 후보는 5.15 전당대회에 단일후보로 출마하여 기립박수를 받으며 후보로 추대됐다. 민주당 김대중 후보도 5.26 전당대회에서 이기택 공동대표를 상대로 승리하여 민주당 대선후보로 선출됐다.

후보 지지도 여론조사 공표 논란

　1992년 대선에서 김영삼 후보는 '신한국 창조'를 내세웠고, 김대중 후보는 정권교체의 필요성을 호소하며 '이번에는 바꿉시다'

라는 기치를 내걸었다. 정주영 후보는 경제를 강조하며 '경제대통령론'을 펼쳤다.

민자당, 민주당, 통일국민당의 대선후보가 확정된 5월 말 한국일보가 발표한 여론조사 결과가 관심을 끌었다. 현재 거론 중인 대통령 후보들 가운데 김영삼 민자당 후보가 31%의 지지율로 가장 앞서나갔다. 그 뒤를 김대중 민주당 후보가 22%로 추격했다. 다음으로 민자당 이종찬 의원 15%, 정주영 국민당 후보 9%, 박찬종 신정당 대표 8% 순이었다.[23] 당선 가능성에서도 김영삼 대표가 63%로 김대중 후보의 13%에 비해 압도적으로 높았다. 호남에서도 김영삼 후보의 당선 가능성이 41%로 김대중 후보(30%)보다 높다고 전망했다. 정당 지지도는 민자당과 민주당이 각각 27%, 25%로 서로 비슷했으며, 이어서 국민당 15%, 신정당 4% 순으로 나타났다. '지지하는 정당이 없다'는 부동층은 22%였다.

6월 들어 박찬종 신정당 대표가 대권 경쟁에 합류하면서, 김영삼-김대중-정주영-박찬종의 4자 대결 구도가 형성됐다. 이종찬 민자당 의원의 행보는 아직 불투명했다. 6월 19일 중앙일보가 월간중앙-JOINS 대선 시리즈 첫 번째 여론조사 결과를 발표했다.[24] 대선 레이스 4자 대결 구도에서 김영삼 33.2%, 김대중 21.3%, 박찬종 15.2%, 정주영 10.2%로 나타났다. 중앙일보는 차기 대통령 선거 출마 예상자 중 김영삼과 김대중의 지지율이 높아서 별 이변이 없는 한 12월 대선은 YS와 DJ의 양자 대결 구도로 치러질 전망이라고 보도했다.[25] 한편, 정주영 후보는 박찬종 후보에게 5%포인트나 뒤지는 것으로 나타났다.

정주영 후보 측에서 중앙일보 여론조사 보도를 문제 삼고 나섰다. 김효영 통일국민당 사무총장은 중앙일보가 일간지와 월간지에서 대선후보에 대한 여론조사를 실시하여 그 결과를 공표하는 것은 대통령선거법 위반이 아니냐고 중앙선거관리위원회에 항의했다.

1992년 6월까지도 언론사들이 후보자의 지지도를 조사하여 공표하는 것이 법적으로 금지되어 있었다. 그럼에도 불구하고 언론사들이 여론조사를 실시하여 공표하는 것을 암묵적으로 허용하는 분위기였다. 하지만 통일국민당이 중앙일보 여론조사 보도에 대해 제동을 걸고 나섰다. 정주영 후보의 지지율이 박찬종 후보에도 못 미치는 데다, 12월 대선이 YS와 DJ의 양자 대결이 될 것이라는 보도 내용에 대한 불만처럼 보였다.

중앙일보 보도에 이어 7월에는 조선일보도 대통령선거법 위반은 안중에도 없는 듯 여론조사 결과를 발표했다. 김영삼 민자당 후보 30%, 김대중 민주당 후보 19%, 박찬종 신정당 후보 13%, 정주영 국민당 후보 11% 순으로 나타났다. 6월 중앙일보 조사 결과와 흐름이 비슷했다. 정당 지지도는 민자당이 31%, 민주당 22%, 국민당 10%, 신정당 3%순이었다.[26]

7월 27일 중앙선거관리위원회는 김효영 통일국민당 사무총장의 질의에 대해, 중앙일보의 보도가 대통령선거법 위반이라는 유권해석을 내렸다. "누구든지 선거에 관하여 당선되거나 되지 아니함을 예상하는 인기투표나 모의투표를 할 수 없다"고 규정하고 있는 대통령선거법 제65조에 위반된다는 것이었다.

대선후보 지지도 여론조사 보도가 선거법 위반이라는 중앙선관위의 유권해석이 나오자, 한국신문편집인협회에서는 후보자들의 지지도에 대한 여론조사와 조사 결과 보도를 금지하고 있는 대통령선거법 제65조가 언론·출판의 자유와 국민의 알 권리를 보장한 헌법에 어긋난다며 8월 11일 헌법재판소에 헌법소원을 냈다.

이에 대해 국회 정치특위가 곧바로 회의를 열어 현재 인기투표나 모의투표를 일체 금지하도록 되어있는 조항을 완화하여, 후보자나 정당 명의로 행하지 않는 여론조사는 허용하기로 원칙적인 합의를 보았다. 하지만, 여론조사 공표 금지 기간에 대해서는 정당마다 의견이 달랐다.

결국 1992년 11월 11일 선거법이 개정되면서 후보자 지지도 여론조사가 허용되고, 여론조사 공표는 선거운동 기간 전에는 가능하지만 선거운동 기간에는 할 수 없는 것으로 결정됐다. 여론조사 결과 공표가 선거에 영향을 미칠 수 있다고 판단하여 선거운동 기간에는 여론조사 공표를 허용하지 않기로 한 것이다.

치열한 여론조사 신경전

14대 대선에서도 여론조사가 선거전에서 중추적 역할을 담당했다. 각 당은 여론조사를 통해 지지율 및 지지기반의 변화를 면밀히 체크해서 선거전략 수립에 활용했다.[27] 민자당의 여론 수집 기능은 중앙조사연구소와 사회개발연구소 및 홍보대책위 산하의 별도 여론조사팀으로 다원화되어 있다. 이와 별도로 한국갤럽 등에 용역을 주기도 했다. 민주당은 선대본부 산하의 기획실 주관으로 여론조사를 실시했다. 또 DJ의 처조카이자 통계전문가인 이영작 박사와 외부전문가들의 도움으로 여론조사도 적절하게 유세 전략에 활용했다. 국민당은 전문 여론조사기관에 조사를 의뢰하는 한편 현대경제사회연구소가 주 1차례씩 정기적으로 실시하는 여론조사 자료를 선거전에 활용했다.

여론조사를 활용한 신경전도 치열했다. 선거를 한 달 남기고 정주영 후보는 현대경제사회연구소에서 조사한 공정한 결과라며 "내가 23%이고, 김영삼 씨가 19%, 김대중 씨가 18%로 나왔다"고 주장하기도 했다.[28] 하지만 민자당에서는 김영삼 후보가 김대중 후보를 8% 앞서고 있고, 정주영보다는 15% 앞선다고 주장했다. 이에 대해 민주당은 김영삼 후보와 김대중 민주당 후보의 격차가 2~3% 내외로 줄어들었다고 주장했다. 각 당이 주장하는 여론조사 결과는 객관적 신뢰도에 대한 시비가 많았지만, 후보 진영에서는 자체 조사나 외부조사기관에서 유리한 조사 결과가 나오면 언론에 흘려 선거 분위기를 바꿔 보려는 전략을 수시로 사용했다.

이런 가운데 통일국민당에서는 여론조사 공표 금지 기간에 "KBS의 여론조사 결과 정주영 후보가 28%, 김영삼 후보가 24%, 김대중 후보가 21%"로 정 후보가 지지율 1위라고 발표하여 물의를 빚기도 했다. 하지만 KBS 측에서는 그런 여론조사를 한 적이 없다고 항의하는 소동이 벌어지기도 했다.[29]

초원복집 사건 등 막판 변수

대선을 일주일 앞두고 '초원복집 사건'이 터졌다. 12월 11일 김기춘 전 법무부 장관이 부산에 내려가 부산시장, 부산경찰청장, 부산지검장 등 주요 기관장들을 남구 대연동에 위치한 복어 요리점인 초원복국에 초청하여 "우리가 남이가~", "부산, 경남, 경북까지만 요렇게 단결하면 안 되는 일이 없다" 등의 발언으로 지역감정을 부추긴 사건이다.

정주영 후보 측 선거운동원이 초원복국에 미리 설치해 두었던 녹음기에 이들의 대화 내용이 녹음돼 언론에 폭로되면서, 공권력을 동원한 지역감정 조장이 만천하에 알려졌다. 하지만, 주요 언론들이 이 사건을 '공권력의 선거 개입'이나 '지역감정 조장'보다는 '불법도청'에 초점을 맞춰 보도함으로써 김영삼 후보가 이번 사건의 최대 피해자라는 보도가 대서특필되기도 했다. 결국 초원복집 사건은 영남 민심을 결집시킴으로써 김영삼 후보에게 오히려 유리하게 작용했다는 분석도 나왔다. 하지만 선거 막바지 여론조사 결과만 놓고 볼 때 초원복집 사건이 대선결과에 미친 영향은 미미했다.

SBS-미디어리서치의 여론조사에 따르면, 12월 이후 YS가 26~29% 지지율로 19~22%를 얻은 DJ를 단순 지지도에서 7~8%포인트 차로 줄곧 리드하고 있었다. 한편, 정주영과 박찬종은 10% 전후의 지지율로 3, 4위 각축을 벌였다. 하지만 대선이 열흘 앞으로 다가왔는데도 부동층은 여전히 30% 수준을 유지하고 있었기 때문에, 선거 결과가 어떻게 될지는 아무도 장담하기 어려웠다.

대선을 나흘 앞두고 이종찬 새한국당 후보가 출마 선언 한 달 만에 후보직을 사퇴하고 정주영 후보의 국민당에 입당했다. 당시 미디어리서치 여론조사 결과를 보면 이종찬의 지지율은 고작 3%대에 불과했지만, 국민당은 대선의 흐름이 바뀔 수 있다며 희색이 가득했다. 반면에, 이 후보의 영입을 막판 카드로 추진했던 민주당은 실망을 감추지 못했다.

당시 여론조사 결과로 보면 국민당의 이종찬 영입 효과는 별로 없었던 것으로 보인다. 이종찬이 국민당에 가담했지만 정주영 후보의 지지율에는 별다른 변화가 없었다. 유세 마지막 날인 12월 17일. 정주영 후보가 유세를 마치고 돌아오는 차 안에서 "정주영 후보 근소한 차로 당선 확실! 정주영 32.5%, 김대중 31%, 김영삼 30%, 박찬종 5%"라고 쓰인 쪽지를 이종찬에게 보여주었다. 어디서 나온 자료냐고 물어보니, 미 중앙정보국CIA에서 오늘 오전에 조사한 것인데 아까 유세장에서 극비리에 받았다고 해서 누군가 '정보장사'를 한 것으로 직감했다고 이종찬은 회고했다.[30]

한국갤럽의 대선 여론조사 결과를 보면, 선거 막바지 여러 돌발 변수에도 불구하고 김영삼, 김대중, 정주영, 박찬종 후보의 지지율에는 주목할 만한 변화를 보이지 않았다. 대선 결과 정주영은 YS와 DJ의 절반에도 미치지 못하는 득표율로 참담한 패배를 맛보았다. YS가 14대 대통령에 당선되자 정주영은 동생 정세영을 김영삼 당선자에게 보내 현대그룹의 정치 참여를 사죄하기도 했다.

SBS·MBC 밤 12시 대선 예측 결과 발표

SBS와 MBC가 12월 18일 선거일 자정에 각각 대선 예측조사 결과를 발표했다. SBS와 미디어리서치는 지난 10월 24일부터 대선 투표 전날인 17일까지 6차례 실시한 전화 면접조사 결과를 바탕으로 김영삼 민자당 후보가 1위로 나타났다고 발표했다. 최종 예측 결과 김영삼 후보가 39.6%, 김대중 민주당 후보가 32.0%였고 정주영 국민당 후보는 13.5%, 박찬종 신정당 후보 11.3% 득표할 것으로 예상했다. MBC와 한국갤럽은 선거 3일 전인 12~14일에 실시한 전국 가구방문 면접조사 결과를 토대로 김영삼 후보 39.5%, 김대중 후보 31.1%, 정주영 후보 15.7%, 박찬종 후보 12.4% 순으로 예측했다.

SBS와 MBC가 대통령선거 예측에 전화 면접조사와 가구방문 면접조사라는 각기 다른 조사 방법을 사용했지만, 예측 결과는 서로 비슷하게 나타났다.

1992년 14대 대선 예측과 실제개표 결과 비교표(단위:%)

후보자	김영삼	김대중	정주영	박찬종	기타
실제 결과	42.0	33.8	16.3	6.4	1.5
한국갤럽	39.5	31.1	15.7	12.4	1.2
오차	-2.5	-2.7	-0.6	6.0	-0.3
미디어리서치	39.6	32.0	13.5	11.3	3.6
오차	-2.4	-1.8	-2.8	4.9	2.1

실제 개표 결과에 따르면 김영삼 후보가 42.0%의 득표율을 얻어 대통령에 당선되었고, 김대중 후보는 33.8%, 정주영 후보는 16.3%, 박찬종 후보는 6.4%를 득표했다. SBS와 MBC의 예측 결

과를 실제 개표 결과와 비교해 보면, 대선후보들의 득표율을 대체로 정확하게 예측한 것으로 나타났다.

　1, 2위 후보인 김영삼과 김대중의 8%포인트 득표율 차이를 완벽하게 예측했으며, 모든 후보들의 득표율 순위도 제대로 맞췄다. 다만 박찬종 후보의 득표율 예측에서 5~6%포인트라는 비교적 큰 오차가 발생해 아쉬움을 남겼다. 박찬종 후보가 여론조사 예측치에 비해 실제 득표율이 크게 낮았기 때문이다. 여론조사에서 박찬종 후보를 지지했던 유권자층이 선거 당일 실제 투표에는 참여율이 저조했다고 해석해 볼 수 있다.

　한국갤럽은 선거 당일인 12월 18일 검증 차원에서 투표를 마치고 나온 1,000명의 유권자들을 대상으로 투표자 전화조사를 실시했다. 그 결과는 가구방문 면접조사로 실시한 예측치와 다소 달랐다. 김영삼, 김대중, 정주영 후보의 예상 득표율은 가구방문 면접조사 예측치에 비해 높게 나온 반면, 박찬종 후보는 예측치의 절반 정도 밖에 나오지 않았다. 대선을 앞두고 실시했던 여론조사와는 흐름이 달랐던 것이다. 한국갤럽은 선거를 앞두고 실시했던 가구방문 면접조사의 예측치가 더 정확할 것으로 판단하여, MBC에 예측 결과를 보냈다. 하지만 나중에 실제 선거 결과와 비교해 보니 선거 당일 실시한 투표자 전화조사 결과가 더 정확해 아쉬움을 남기기도 했다.[31]

3. 3김 지역패권 전쟁의 시작

1995년 지방선거

3김 지역패권 전쟁의 신호탄

국내 첫 동시 지방선거가 1995년에 치러졌다. 4년 전 지방선거가 31년 만에 부활됐지만 기초의원과 광역의원을 선출하는 날이 달랐고, 광역단체장과 기초단체장 등 지방자치단체장은 선출하지 않았다. 따라서 1995년 6월 27일 실시된 지방선거가 내 손으로 내가 사는 고장의 시도지사와 구청장, 시장, 군수, 그리고 시·도의원과 구·시·군 의원을 동시에 뽑는 첫 선거인 셈이었다.

6.27 지방선거는 김영삼 대통령 집권 2년을 평가하는 선거였다. YS는 1993년 집권 초반 강력한 개혁 추진 드라이브로 80% 넘는 지지율을 얻었다. 하지만 아시아나 항공기 추락사고, 서해 페

리호 침몰사고, 삼풍백화점 붕괴사고 등 육해공에서의 대형 참사로 민심이 돌아서면서 1994년 말에는 지지율이 30%대로 추락했다.[32]

그 무렵 민자당 내에서는 한 지붕 세 가족인 민주계, 민정계, 공화계 사이의 계파 갈등과 마찰이 끊이지 않았다. 결국 당내 갈등으로 2선 퇴진 압박을 받던 김종필 대표가 1995년 2월 민자당을 떠나 자유민주연합을 창당하게 된다.[33] JP가 독자노선을 걷게 되면서 정치권은 양당 구도에서 다시 3당 구도가 되었다. 3당 합당으로 대구경북, 부산경남, 충청 지역을 하나로 뭉쳤던 민자당의 범보수 세력이 분열한 것이다. 한편 1992년 대통령선거에서 낙선하고 정계 은퇴를 선언했던 김대중 아태재단 이사장은 민주당 공천에 관여하는 등 권토중래를 모색하고 있었다.

6.27 지방선거에서 민자당, 민주당, 자민련의 3당 대결 구도가 형성되었다. 각 당의 지지기반인 지역구도도 바뀌었다. 민자당은 영남권을 지지기반으로 두고 있었지만, JP와 민정계의 탈당으로 대구경북에 균열이 생겼다. 민주당은 호남이라는 변함없는 지지기반을 근거로 수도권에서의 선전을 기대했다. 자민련은 충청 지역을 발판으로 대구경북으로 지지기반을 확대할 기회를 노렸다. 드디어 YS, DJ, JP의 3김 지역패권 전쟁이 시작되었다.

TV 토론에서 박찬종에 결정타 날린 조순

1995년 지방선거의 하이라이트는 서울시장 선거였다. 서울은 우리나라 인구의 4분의 1이 살고 있는 심장부인 데다, 시민들이 처음으로 직접 뽑는 서울시장이란 점에서 사람들의 관심이 집중됐다. 지방선거의 승패는 서울시장을 누가 차지하느냐에 달려 있었다. 여야 모두 서울시장 선거에 총력을 기울일 수밖에 없었다.

서울시장 선거는 민자당 정원식 후보, 민주당 조순 후보, 그리고 무소속 박찬종 후보의 3파전으로 전개됐다. JP의 자민련은 민자당에 타격을 주기 위해 무공천 전략으로 민주당 조순 후보에게 힘을 실어 주었다. 1992년 대선에 출마했던 무소속 박찬종 후보가 압도적으로 선거 초반에 선두를 달렸다. 박찬종 후보는 YS, DJ, JP 등 3김 정치를 싫어하는 사람들의 지지를 받고 있었다.

선거운동 기간 직전인 6월 초까지도 여론조사의 단순 지지도에서 박찬종이 39%를 기록하며, 22%를 얻은 조순과 16%의 정원식을 여유 있게 따돌렸다. 조순과 정원식 두 사람의 지지율을 합쳐야 박찬종 후보를 겨우 상대할 수 있었다.[34] 무응답층을 분류한 판별분석 결과에서도 박찬종 후보가 46%의 지지율로 조순 후보(27%)와 정원식 후보(25%)에 훨씬 앞서 나가고 있었다. 첫 민선 서울시장에 무소속 후보가 당선될 가능성이 높아지고 있었다.

선거운동이 시작되면서 민주당 조순 후보가 추격의 고삐를 바짝 당겼지만, 선거를 2주일 앞둔 상황에서도 박찬종 후보가 여전히 10%포인트 이상 리드하고 있었다. 하지만 예상치 않았던 일이 발생했다. 선거가 열흘도 채 남지 않은 6월 18일 SBS가 주최한 TV 토론이 박찬종 후보에게 결정타를 날렸다. TV 토론에서 조순 후보가 과거 박찬종 후보의 '유신찬양 발언'에 대해 질문을 했다. 이에 대해 박찬종 후보는 조순 후보의 질문이 "합의 위반"이라며 답변을 거부하며 토론이 중단되는 소동이 벌어졌다. 이러한 장면이 시청자들에게 그대로 노출됐다. 1995년 서울시장 선거는 TV 토론이 선거 결과에 커다란 영향을 미친 대표적 사례로 기록됐다.

TV 토론 직후 박찬종 후보의 지지율이 하락하면서, 조순 후보의 지지율은 가파르게 상승했다. 조순 후보가 여론조사에서 박찬종 후보를 따라잡은 시점은 대략 선거 막바지인 6월 20일 전후였다. 이 무렵 정계은퇴를 선언했던 DJ가 민주당 후보들을 지원하며 바람을 일으키고 있었다. 두 후보의 지지율이 좁혀지더니 마침내 선거 전날 조사에서 조순 후보가 역전에 성공했다. 선거 당일조사에서는 5%포인트 차이로 조순 후보가 당선 안정권에 진입했다. 집권 여당의 정원식 후보 지지율은 선거 내내 3위에 머무르며 무기력하게 무너졌다. 6.27 지방선거에서 참패한 민자당의 모습을 그대로 보여주었다.

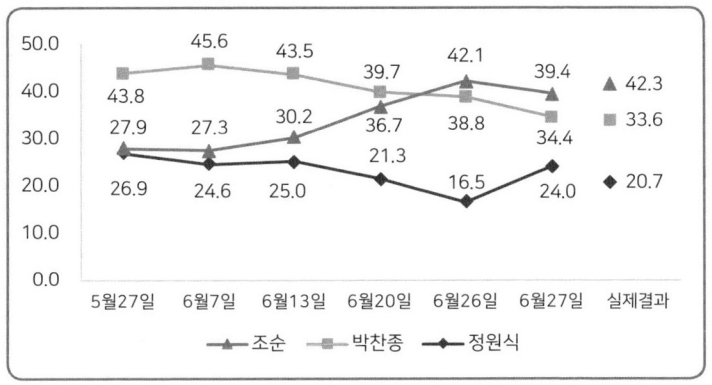

충청권의 자민련 돌풍

충청 지역은 자민련 바람이 거셌다. 충청 지역은 JP가 민자당을 나와 자민련을 창당할 때부터 서울과 함께 지방선거의 최대 관심 지역으로 부상했다. 특히 민자당으로서는 서울과 함께 지방선거의 승패가 걸린 지역이었다. 자민련으로서도 당의 사활이 걸린 지역이었다.

전통적으로 여권 성향이었던 이 지역에서 민자당이 광역단체장을 1명이라도 배출하지 못하면 선거에서 참패는 뻔했다. 민자당을 탈당해 자민련을 만든 JP도 자신의 텃밭인 이 지역에서 완승을 거두지 못하면 정치생명이 끝날 수 있다는 절박함으로 배수

진을 쳤다.

　자민련 바람을 타고 대전과 충남은 선거 기간 내내 자민련 후보들이 앞섰다. 충북에서는 자민련, 민자당, 민주당 3당 후보들이 혼전을 거듭했지만 결국 자민련 주병덕 후보가 압승을 거두었다. 충북은 15개 광역단체장 선거 가운데 후보들의 부침이 가장 컸다. 선거 하루 전에도 부동층이 30%를 넘어 여론조사 예측이 힘든 지역이었다.

　민자당은 텃밭으로 여겼던 대구시장 선거에서도 무소속 문희갑 돌풍에 고전을 면치 못했다. 부산경남 출신인 YS가 대구경북을 홀대한다는 정서와 함께 대구 지하철 가스폭발 참사까지 겹치면서 민자당 후보는 결국 자민련 후보에게도 밀려 4위로 떨어지는 수모를 겪었다. 경북에서도 민자당 이의근은 무소속 후보에게 겨우 3.6%포인트 차로 신승을 거두었다. 대구경북 지역의 '반민자당 비민주당' 정서를 확인한 선거였다.

지역감정의 벽, JP의 '충청도 핫바지론'

　6.27 지방선거는 처음으로 직선제로 치러진 15개 시도지사 선거인만큼 누가 당선될 것인지 관심이 집중됐다. 그 저변에는 YS가 이길 것인가, 아니면 DJ가 이길 것인가, JP는 어디까지 세력을

확보할 것인가에 대한 궁금증이 깔려 있었다. 마치 3김의 대권 싸움을 구경하는 분위기였다.

지방선거 과정에서 DJ가 지역등권론을 외쳤다. 특정 지역이 모든 것을 차지하고 나머지 지역을 소외시키는 '지역패권주의' 문제를 지적했다. 모든 지역이 함께 대접받는 '지역등권주의' 지방화 시대를 열어나가자고 주창했다. 하지만 현실은 YS, DJ, JP 모두가 지역주의를 기반으로 해서 3김이 정치권력의 독과점 체제를 구축하고 있었다. 지역등권론은 또 다른 지역감정을 부추긴다는 비판을 받기도 했다.

김대중의 호남, 김영삼의 영남처럼 탄탄한 지지기반이 필요했던 김종필이 지역감정 카드를 꺼내 들었다. 김종필의 '충청도 핫바지론'은 지역감정의 하이라이트였다. 지방선거를 2주 앞둔 6월 13일 천안역 지원유세에 나선 JP는 "경상도 사람들이 충청도를 핫바지라고 부르는데 이것은 아무렇게나 취급해도 아무 말 없는 사람, 소견이나 오기조차 없는 사람들이라는 의미"라고 말했다. 핫바지론이 확산되면서 충청민심은 "더 이상 핫바지가 되지 말자"며 급속히 JP 중심으로 결집했다.

한편 지역감정을 거스르려 했던 부산시장 선거의 민주당 노무현 후보와 전북도지사 선거의 민자당 강현욱 후보는 끝내 지역정서의 벽을 뛰어넘지 못했다.

6.27 지방선거는 결국 3김의 지역 분할을 가져왔다. 광역단체

장 선거에서 민자당은 경기, 인천, 부산, 경남, 경북에서 승리했다. 민주당은 전남, 전북, 광주와 서울을 손에 넣었다. 자민련은 충청권에 돌풍을 일으키며 충남, 충북, 대전을 휩쓸고 강원도에서도 승리했다. 대구와 제주는 무소속 후보가 승리했다.

선거 결과는 여당인 민주자유당의 참패, 민주당의 선전, 자유민주연합의 돌풍으로 요약할 수 있다. 광역단체장 선거 결과는 민자 5, 민주 4, 자민련 4, 무소속 2로 여당인 민자당이 가장 많은 곳에서 승리했지만, 여야로 따지자면 5 대 10이었다. 민자당이 원내 과반수 정당임을 고려하면 완패 수준을 넘어 참패라고 보는 게 정확했다. 취임 이래 절대적인 지지를 바탕으로 각종 정책을 밀어붙이던 김영삼 대통령으로서는 뼈아픈 패배였다. 1년 후에 당장 총선이 다가오는데 취임 2년 반 만에 맞이한 예상 밖의 치명적인 중간평가로 한동안 정권이 휘청거리게 되었다.

6.27 지방선거 패배로 김영삼 대통령의 지지율은 20%대로 급락했다. 3당 합당으로 소멸될 것 같았던 지역구도가 고스란히 부활하며, 3김 중심의 3당 구도로 회귀했다. 한편 김대중 아태재단 이사장에게는 정계 복귀와 함께 대선 재도전의 길이 열렸다.[35]

국내 선거사상 처음으로 당선자 예측방송

MBC와 SBS가 국내 선거사상 처음으로 저녁 6시 투표 마감과 동시에 15개 시도지사 당선 예상자를 발표하여 국민들을 깜짝 놀라게 했다. 1987년 대선 때는 한국갤럽이 당선자를 예측했지만 법적으로 공표가 불가능했기 때문에 일본 NHK 뉴스에는 보도된 반면 국내 언론에는 선거 이틀 뒤에야 조선일보에 보도되었다. 1992년 대선에서도 SBS와 MBC가 당선자 예측을 시도했지만, 선거일 자정이 돼서야 예측 결과를 공개했다. 선거일 자정 이전에 예측 결과를 발표하는 것이 대통령선거법 위반이기 때문이다. 그 후 1994년 통합선거법[36]이 제정되면서 선거일 투표 마감과 동시에 선거 예측보도가 가능해졌다. 이로써 MBC와 SBS가 선거사상 처음으로 선거방송 역사의 획을 그은 선거 예측방송이 이루어진 것이다.

MBC는 한국갤럽과 공동으로 실시한 투표자 전화조사를 근거로 민자당 5곳, 민주당 4곳, 자민련 4곳 무소속 2곳 등 15개 시도지사 당선자를 정확하게 예측했다. SBS는 한국리서치와 함께 실시한 사전 전화조사를 토대로 당선 예상자를 발표했지만, 충북지사 한 곳은 예측에 실패했다. 민자당 김덕영 후보의 당선을 예상했지만, 자민련의 주병덕 후보가 당선되었다. 충북지사 선거구는 민자당, 민주당, 자민련 후보들이 선거 하루 전까지도 혼전 양상

을 보이며 예측이 가장 어려웠던 지역이었다.[37]

MBC와 한국갤럽의 15개 시도지사 당선자 예측은 엄청난 화제가 되었다. 선거 막판까지도 충북, 강원, 제주 도지사 선거 결과는 누구도 장담하기 힘들 정도로 예측이 어려웠다. 하지만 당선자를 모두 예측함으로써, 여론조사에 대한 국민들의 신뢰도가 한층 높아지는 계기가 되었다.

MBC의 불법 예측조사 논란

MBC는 정확한 당선자 예측으로 성과를 올렸지만, 한편으로는 선거 당일 실시한 투표자 전화조사가 선거법상 불법이라는 논란에 휩싸였다. MBC와 한국갤럽이 선거 당일 투표를 마치고 집에 돌아온 유권자들을 대상으로 전화상으로 누구에게 투표했는지 물어보는 것은 통합선거법 167조의 '투표비밀조항'에 위배되는 행위라는 얘기가 나왔다.

문제 제기는 KBS와 SBS가 주도했다. KBS와 SBS는 지방선거를 앞두고 선거 당일 실시하는 투표자 조사의 위법성 여부를 선관위에 질의했다. 이에 선관위는 투표자 조사가 위법이라고 유권해석을 내렸다. 이 때문에 KBS는 당선자 예측조사를 아예 실시하지 않았다. 한편 SBS는 선거 당일 실시하는 투표자 조사를 포기하고 선거일 이전에 실시한 전화 여론조사 결과를 토대로 당선자를 예측해 발표했다. 하지만 MBC는 선관위의 유권해석에 아랑곳하지 않고 선거 당일 투표자들을 대상으로 전화조사를 실시하여 당선자 예측을 감행한 것이다. MBC와 선거방송 경쟁을 하는 KBS와 SBS로서는 화가 치밀 수 있는 상황이었다.

이에 관해 선관위는 긴급회의를 열고 MBC 투표자 조사의 적법성 여부를 논의한 끝에 "투표를 마친 유권자를 상대로 여론조사를 실시하여, 당선 예상자를 보도한 것은 통합선거법 167조의 투표비밀조항에 위배되는 행위"라며 MBC에 대해 엄중 경고했다.

하지만 MBC는 선거 당일 투표를 마친 유권자들을 대상으로 누구에게 투표했는지 물어본 것이 통합선거법 167조 투표비밀 조항을 위배한 것이 아니라고 주장했다. MBC는 선거법 167조가 비밀선거의 정신을 적극 반영하기 위한 조항이지 여론조사 자체를 금지하기 위한 조항은 아니라고 주장했다. MBC의 투표자 조사는 조사에 응한 유권자 개개인의 익명성이 보장된 상태에서 집합적으로 통계처리한 수치만 공표한 것이므로 투표비밀보장의 법 취지에 어긋나지 않는다고 맞섰다. 이에 대해 선관위는 명백한 실정법 위반이라는 입장이었다. 법조문에 명시적으로 금지하고 있어서 해석상의 여지가 없다며 물러서지 않았다.

당선자 예측은 성공했지만 조사는 정확하지 않았다

투표자 조사의 위법성 논란은 MBC가 15개 시도지사 당선자를 정확히 예측한 덕분에 별 문제가 되지 않았다. 선관위 해석만 믿고 예측조사를 아예 하지 않았던 KBS만 바보가 된 셈이었다. 투표자 조사의 위법성 논란은 결국 출구조사Exit Poll를 허용해야 한다는 목소리가 높아지는 계기가 되었다.

1995년 지방선거에서 한국갤럽은 15개 시도지사 당선자를 예측하면서 조사의 정확성을 높게 평가받았다. 하지만 예측조사 결과를 자세히 들여다보면 조사의 정확도가 예상외로 높지 않다는 것을 알 수 있었다.

6.27 지방선거에서 최고의 접전지는 경북도지사 선거였다. 이 선거에서 민자당 이의근 후보가 자민련 이판석 후보에게 3.6%포인트 차로 힘겹게 승리했다. 그 다음 접전지는 제주도지사 선거로 신구범, 우근민 두 후보의 득표율 차이가 8.1%포인트였다. 선거 기간 동안 혼전 지역으로 손꼽혔던 충북 지역은 1, 2위 후보 간 득표율 차이가 11.9%포인트로 나타나, 실제로는 혼전 지역이 아니었던 것으로 밝혀졌다. 15개 시도지사 선거에서 예측이 쉽지 않았던 곳은 사실상 경북도지사 선거뿐이었다. 선거 결과만 놓고 보면 1995년 지방선거는 예측이 비교적 쉬운 선거였다.

따지고 보면 여론조사가 정확해서 선거 결과를 정확히 예측했다기보다는 실제로 경합 지역이 없어서 쉽게 예측이 가능했다고 해석할 수도 있다. 예를 들어 경북 지역의 경우 민자당 이의근 후보가 37.9%의 득표율로 당선됐는데, 한국갤럽-MBC에서는 48.2%를 얻을 것으로 예측했다. 당선자는 제대로 예측했다고 하지만, 예측오차는 10%포인트 이상 차이가 나서 조사 자체가 정확했다고 보긴 어려웠다.

전체적으로 볼 때 MBC-한국갤럽 예측 결과는 15개 시도지사 당선자를 맞췄지만, 오차범위 내에서 정확히 예측한 지역은 대구, 광주, 충북, 전북, 전남 5곳에 불과했다. SBS-한국리서치의 예측 결과는 부산, 강원, 충남 3곳만 오차범위 내에서 예측한 것으로 밝혀졌다. 여론조사 결과가 기대만큼 정교하지 못했다. 또한 MBC와 SBS의 선거 예측 결과를 당선자의 예측오차 기준으로 분석해 본 결과 MBC는 평균 4.8%포인트, SBS는 평균 7.9%포인트로 나타났다. MBC-한국갤럽의 예측이 SBS-한국리서치의 예측보다 상대적으로 정확했다. 하지만 당선자 예측오차가 5%포인트에 이른다고 한다면 정확한 조사라고 하긴 어려울 것이다.

그럼에도 불구하고 1995년 지방선거는 여론조사의 정확성에 대한 믿음을 사람들의 뇌리에 심어 주었다. 하지만 이러한 믿음이 1996년 총선에서 대형 예측 참사로 이어질 줄은 누구도 생각하지 못했다.

4. '여론조사 공천' 바람

1996년 국회의원선거

YS·DJ·JP '후 3김 시대' 도래

1995년 지방선거에서 참패한 김영삼 대통령은 와신상담하며 기회를 노렸다. 일제 잔재인 광화문 조선총독부 건물을 철거하는 등 '역사바로세우기' 운동과 전두환, 노태우 두 전직 대통령을 구속시키는 5.18 민주화운동 특별법 제정으로 새로운 돌파구를 마련했다. 노태우 전 대통령과 함께 만든 민주자유당의 이름도 YS의 '신한국' 캐치프레이즈를 따라 신한국당으로 바꾸면서 30% 선에 머물던 대통령 지지도가 40%대로 올라갔다.[38]

한편 1992년 대선에서 낙선하고 정계를 은퇴했던 김대중 아태재단이사장이 1995년 6.27 지방선거에서 민주당 지원유세에 나서면서 그해 7월 정계 복귀를 선언했다. DJ의 정계 복귀로 민주당은 뒤숭숭했다. 지방선거 과정에서 경기지사 후보 공천문제로 발생한 DJ와 이기택 대표 사이의 갈등 여진에 더해 정계 복귀에 대한 불만의 목소리도 나왔다. 결국 김대중 이사장은 동교동계 의원들과 함께 민주당을 나와 '새정치국민회의'라는 새로운 정당을 만들게 된다. 민주당 의원들 가운데 2/3 정도가 국민회의로 옮겨 갔다. 국민회의는 제1야당이 되었고, 민주당에 잔류한 의원들은 '통합민주당'이란 이름으로 재창당을 했다.

1996년 새해 정치권의 초미의 관심사는 100일 앞으로 다가온 4.11 총선이었다. 4.11 총선은 신한국당, 국민회의, 자민련, 통합민주당 등 4당 대결 구도로 치러졌다. YS, DJ, JP의 3김 정당과 이에 맞서 3김 정치 청산을 외치는 민주당의 싸움이 전개됐다.

언론에서는 새해 첫날부터 4.11 총선에서 신한국당과 국민회의 중 누가 1당을 차지할지 관심이 높았다. 여론조사에서는 국민들 절반이 신한국당이 1당이 될 것이라고 예상했다. 하지만 과반 의석 차지는 못할 것이라는 응답이 많았다.[39] 신한국당 다음으로는 국민회의, 자민련, 민주당 순으로 의석을 많이 확보할 것으로 내다봤다. 정당 지지율은 신한국당이 25%로 가장 앞섰고 국민회의(21%), 민주당(20%), 자민련(15%) 순으로 뒤를 이었다. 하지만 오차범위 내여서 우열을 가리기가 힘들었다.

YS는 4.11 총선만은 반드시 이기겠다는 각오로 이회창 전 총리와 박찬종 전 의원을 영입하여 전열을 가다듬었다.[40] DJ에게도 이번 총선은 대권을 향한 전초전이나 다름없었다. 마지막 기회라 생각하고 배수진을 쳤다. YS와 결별한 후 1995년 지방선거에서 충청권 돌풍을 일으켰던 JP 역시 자민련의 세력 확장을 위해 총력을 기울이고 있었다.

"여론조사 기준 없으면 YS도 공천 못해"

여론조사 공천 바람이 불었다. 여당인 신한국당이 4.11 총선에서 여론조사 결과를 1순위 공천 기준으로 삼았기 때문이다. 당 총재인 김영삼 대통령도 여론조사 기준 없이는 마음대로 공천할 수 없을 정도로 여론조사 결과를 중요시했다.[41]

여야 각 정당은 공천 기준은 물론 선거 판세분석을 위해서도 여론조사를 통해 대책과 전략을 강구했다. 전국 각 지역구에서 벌어지는 후보들의 백병전만으로는 선거에서 이길 수 없다고 판단했다. 여야는 여론조사라는 과학적 방법을 이용하여 총선에서 승리할 수 있는 전략과 대책을 강구했다. 대통령선거뿐만 아니라 총선에서도 여론전쟁이 벌어진 것이다. 여론조사는 선거 전반에 걸친 판세분석은 물론 개별 후보들의 선거전략을 짜는데도 중요한 나침반 역할을 했다.[42] 중앙당의 유세지원 일정까지도 여론조사 결과에 따라 조정됐다.

　신한국당은 사회개발연구소 주도 아래 3~4개 외부기관이 참여해 여론조사를 실시했다. 신한국당은 여론조사 결과를 거의 100% 신뢰하면서 시·도지부 현장의 목소리를 반영하는 방식으로 중앙당 차원에서 선거를 준비했다. 국민회의는 선거기획단 내에 100여 명의 여론조사팀을 구성해 조사를 실시하거나 일부는 외부기관을 이용했다. 여론조사 결과는 김대중 총재와 이해찬 단장 외에는 일절 외부에 공개하지 않고 선거전략과 운동에 참고자료로 삼았다. 민주당은 외부에서 위촉받은 전문요원과 당직자를 중심으로 판세분석팀을 구성하여 여론조사를 실시했다. 수도권과 기대가 큰 일부 지역구를 중심으로 3~4일 단위로 추이를 점검했다. 자민련은 3개 여론조사 전문기관을 통해 80여 개 지역에 대해 조사를 벌였다. 이와는 별도로 당내에 40여 명의 아르바이트생을 고용해 전화 여론조사를 실시하기도 했다.

　공천에서 여론조사가 중요한 기준이 되면서 여론조사를 빙자한 선거운동이 기승을 부렸다. 정치에 처음 나선 무명 후보들이 공약개발을 위한 여론조사를 실시한다는 명분으로 자신의 인지도를 높이고 은근히 지지를 유도하는 수단으로 여론조사를 수시로 이용했다.

　총선이 다가오면서 주요 재벌그룹이나 중견기업들의 이른바 '자기 사람 만들기' 작업이 벌어지기도 했다. 정치권에 자기 사람을 심고 관리하는 '정치보험' 성격의 선거지원이 바로 그것이다. 기업이 가장 선호하는 정치인 선거지원 방법이 바로 여론조사였다. 선거 준비 과정에서 후보들이 여론조사를 제대로 실시하려면 비용이 자그마치 수억 원이 드는데, 기업이 나서서 여론조사를 대신 해주는 경우가 많았다. 여론조사는 기업이 정치인들에게 별 부담 없이 서비스할 수 있는 수단이 되었고, 후보들도 기업에 여론조사 요구를 많이 하는 것으로 알려졌다.[43]

총선 최대 변수는 지역감정

지역감정은 1996년 총선의 최대 변수였다. 선거 유세장에서는 지역감정을 부추기는 말들이 난무했다.[44] 신한국당은 1995년 지방선거에서 대구경북 지역의 민심이 등을 돌리고 있음을 확인했다. YS가 대구경북을 홀대한다는 여론이 팽배했다. 여당 후보들의 입에서 "정권은 유한하지만 우리 TK는 영원하다", "TK와 PK가 힘을 모아 이 나라를 이끌어가자" 등 지역감정을 자극하는 말들이 거침없이 튀어나왔다.

국민회의의 텃밭인 호남에서도 지역바람이 거셌다. 모든 후보들이 "나를 국회로 보내는 것은 김대중 선생을 대통령으로 모시는 길이다", "DJ의 인간 지팡이가 되겠다"는 등 DJ와의 인연을 강조했다. DJ와 관계를 맺지 않고서는 호남 지역에서 당선이 어려울 정도였다.

충청권에서 자민련의 지역바람도 영호남 못지않았다. "6.27 지방선거의 녹색돌풍으로 이번에도 YS 정부를 깜짝 놀라게 해주자", "충청도 핫바지의 위력을 보여주자"라는 등 YS를 향한 JP의 분노가 지역감정에 투사되어 나타났다. 직전 지방선거 때 회자됐던 '충청도 핫바지론'이 총선에서도 위력을 발휘했다. 여기에 강원 지역의 '강원도 푸대접론'까지 더해지면서 전국이 지역감정으로 사분오열하는 양상을 보였다.

지역감정을 극복하자는 목소리도 여기저기서 들려왔다. "우리나라 국회의원은 299명이지만 이를 움직이는 것은 3명이다", "신한국당, 국민회의, 자민련은 영남·호남·충청을 대표하는 지역향우회나 다름없다"라는 등 지역감정의 거센 바람을 거스르려는 후보들의 호소는 절규에 가까웠다. 후보들의 지역감정 조장에 대한 비판의 목소리가 높아지자, 여야는 서로 상대편이 먼저 지역감정을 조장했다면서 상대의 허물만 들춰내는 내로남불식 주장을 되풀이했다. YS, DJ, JP의 3김 정치는 마치 후삼국 시대의 역사를 다시 보는 듯했다.

신한국당 과반 의석 힘들 듯

총선을 한 달 앞두고 정당별로 후보들의 윤곽이 드러나면서, 여론조사를 바탕으로 각 당이 주장하는 판세분석 결과가 나왔다. 신한국당은 전국적으로 당선 가능 지역을 110곳 정도로 예상했다. 국민회의는 개헌저지선 100석은 차지할 것으로 기대했다. 민주당과 자민련은 각각 지역구 50곳 정도를 우세 지역으로 분류했다. 하지만 각 당이 주장하는 우세 지역을 모두 합하면 300곳이 넘었다. 전체 지역구수 253개 보다 훨씬 많은 수치여서, 각 당의 주장에는 거품이 반영되어 있었다.[45]

선거 D-20. 별다른 변화의 조짐을 보이지 않던 선거 분위기는 장학로 청와대 부속실장에 대한 비리 폭로사건이 터지면서 크게 술렁거렸다. YS 가신 출신인 장학로 부속실장이 17개 기업에서 거액의 뇌물을 받았다는 내용이 국민회의의 주선으로 제보자 백모씨에 의해 폭로된 것이다. 야당의 규탄이 계속되면서 신한국당은 곤경에 빠졌다. 김영삼 대통령이 검찰에 직접 수사를 지시하는 한편, 신한국당에서는 이회창 선거대책위 의장이 나서서 공식 사과를 했다.

본격적인 선거전을 앞두고 터진 비리 사건으로 신한국당은 이대로 가면 총선에서 잘 해야 지역구에서 90여 석 정도 얻을 수 있을까 할 정도로 최악의 국면에 부딪쳤다. 반면 국민회의는 총선의 최대 승부처인 수도권 지역에서 분위기가 호전되면서, 잘하면 100석 이상도 얻을 수 있다는 희망이 생겼다. 이와는 달리 자민련은 수도권에서 약세가 확인되면서 지역구 기준 50석 확보도 어려워졌다. 민주당도 수도권에서 전혀 힘을 쓰지 못하면서 자민련보다도 상황이 더 나빠지고 있었다.

선거를 일주일 남기고 또 다른 돌발변수가 선거판을 뒤흔들었다. 4월 4일 북한이 일방적으로 비무장지대를 인정하지 않겠다며 정전협정 파기를 선언한 것이다. 비무장지대를 인정하지 않겠다는 것은 비무장지대에서 무장을 할 수도 있다는 것을 의미했다. 남북한의 군사적 긴장이 고조되면서 총선 분위기가 급변하기 시작했다.

여당의 분위기는 다시 호전되는 양상을 보인 반면 야권에는 찬바람이 불어 닥쳤다. 북한 변수를 계기로 50대 이상의 사회적 안정을 바라는 유권자들이 늘어나면서 신한국당 우세 지역들이 증가하기 시작했다. 신한국당에서는 지역구에서 120석 이상을 얻어 전국구를 포함하면 140석도 무난하다는 전망이 나왔다. 이와는 대조적으로 국민회의에서는 우세 지역으로 분류해 두었던 서울과 경기북부 지역과 수도권의 경합 지역에서 이상기류들이 감지됐다. 그래도 당 내부에서는 전국구를 포함해 목표 의석인 100석 확보는 무난할 것이라며 기대 섞인 전망을 내놓았다.[46] 자민련의 분위기는 국민회의보다 더 심각했다. 예상 의석수를 40곳으로 낮춰 잡아야 했다. 선거가 다가올수록 강원과 경북 지역 선거구에서 의석 획득 전망이 불투명해졌기 때문이다. 민주당도 지역구 20여 곳의 우세로 예상 의석수를 조정했다.

4.11 총선을 앞두고 예상치 않았던 돌발사건이 연이어 터지며 신한국당, 국민회의, 자민련 등 3당의 희비가 교차했다. 특히 선거 일주일 전에 발생한 북한 변수가 선거에 얼마나 영향을 미칠 것인지에 대해서는 어느 누구도 예상할 수 없었다. 선거를 하루 앞둔 정당의 판세분석 결과는 "신한국당 상승세, 국민회의 답보, 자민련 하락세"로 요약됐다. 정당의 판세분석 결과가 실제 개표에서 어떻게 나타날지 궁금했다.

선거사상 최초의 총선 예측보도

KBS, MBC, SBS, CBS 등 방송 4사가 4월 11일 오후 6시 투표 마감과 동시에 일제히 총선 예측 결과를 발표했다. 우리 선거사상 처음 이루어진 총선 예측보도였다. 한국갤럽, 미디어리서치, 코리아리서치, 동서리서치, 월드리서치 등 5개 여론조사기관이 공동으로 실시한 투표자 전화조사를 이용한 예측 결과였다.

방송 4사가 발표한 정당별 예상 의석수에서 신한국당이 전국구 20석을 포함해 175석을 얻어 15대 총선에서 압승할 것으로 예측했다. 국민회의는 72석, 자민련 33석, 민주당 11석, 무소속은 8석을 각각 얻을 것으로 발표했다. 전국구를 제외한 253개 지역구에서 1위 예상 의석은 신한국당 155석, 국민회의 59석, 자민련 26석, 민주당 5석, 무소속 8석이었다.

1996년 15대 총선 방송사 의석수 예측과 및 실제 개표 결과

정당	예측 (지역구/전국구)	실제 (지역구/전국구)	차이 (지역구/전국구)
신한국당	175(155/20)	139(121/18)	+36(34/2)
국민회의	72(59/13)	79(66/13)	-7(7/0)
자민련	33(26/7)	50(41/9)	-17(15/2)
민주당	11(5/6)	15(9/6)	-4(4/0)
무소속	8(8/0)	16(16/0)	-8(8/0)

　방송사의 총선 예측 결과는 선거를 앞두고 실시했던 여론조사 결과들을 종합한 판세분석 결과와는 크게 달랐다. 선거 전에 정당이나 신문들의 판세분석에 따르면 분명 '여소야대'의 결과가 예상됐다. 하지만, 방송사의 예측 결과에서는 여당인 신한국당이 과반을 넘어 압승하는 것으로 나타났다. 방송사의 예측방송을 지켜본 청와대와 신한국당은 뜻밖의 결과에 흥분을 감추지 못했고, 국민회의와 민주당 등 야당은 거의 초상집 분위기였다.
　하지만 실제 개표가 진행되면서 방송사의 예측 결과는 크게 빗나가기 시작했다. 경합이 치열했던 서울과 경기, 대구경북 지역에서 방송사가 당선 예상했던 후보자들이 무더기로 낙선하는 일이 벌어졌다. 총선 다음날 개표가 마무리되었을 때 전국 지역구 1위 의석수는 신한국당 121석, 국민회의 66석, 자민련 41석, 민주당 9석, 무소속 16석으로 집계됐다. 방송사 예측 결과와는 커다란 차이를 보였다. 신한국당 지역구 의석수는 방송사의 예측보다 34석이나 줄어들었다. 반면 나머지 정당들은 국민회의 7석, 자민련 15석, 민주당 4석 등 모두 의석수가 늘어났다.

방송사 예측에서 지역구의 당선 예상자가 뒤바뀐 곳이 무려 39군데로 집계됐다. 서울 5곳, 대구 4곳, 인천 2곳, 대전 1곳, 경기 10곳, 강원 2곳, 충북 2곳, 충남 1곳, 경북 7곳, 경남 5곳에서 당선자 예측이 빗나갔다. 특히 서울, 경기 등 수도권과 대구, 경북, 경남 등 영남권에서 당선 예상자들이 많이 뒤바뀐 것으로 나타났다.

총선 예측조사 왜 실패했나?

선거사상 처음 시도한 방송사의 총선 예측 결과가 실제 개표 결과와 큰 차이를 보여 여론의 도마 위에 올랐다. 4.11 총선 '엉터리 조사'의 원인에 대한 지적들이 쏟아졌다.

첫째, 총선 여론조사를 대규모로 실시하는 과정에서 숙련된 조사원 확보가 어려워 부실조사가 이루어질 수밖에 없었다는 지적이 많았다. 당시 한국갤럽의 경우 투표 당일 오전 10시부터 오후 2시까지 16개 지역구에서 각각 600~700명 정도 조사하면서, 약 300명의 면접원을 동원하느라 어려움을 겪었다. 규모가 작은 다른 조사기관들이야 더 말할 필요도 없을 것이다. 일시적으로 동원된 아르바이트 학생 등 미숙련 조사원들이 예측조사의 질을 떨어뜨렸을 가능성이 높았다.

둘째, 선거 당일 투표자 전화조사에서 제한된 조사시간도 문제였다. 80여 개 경합 지역을 대상으로 실시한 투표 당일 전화조사는 오전 9시쯤 시작해 오후 2시에 마감했다. 이 시간에 마감해야 자료 수집과 분석 과정을 거쳐 오후 6시 예측방송에 맞출 수 있기 때문이다. 결국 오후 2시 이후에 투표한 유권자들은 아예 조사대상에서 제외된 것이다. 예측 실패는 당연한 결과였다.

셋째, 전화번호부를 이용해 조사 대상자를 선정했기 때문에 표본의 대표성을 확보하기 어려웠다. 조사 회사들이 전국 253개 지역구마다 대표성 있는 표본을 추출하기 위해 얼마나 신중을 기했는지 확인할 수는 없지만, 당시 선거구별로 500명의 응답자를 선정하면서 전화번호부 책을 표집 틀로 사용한 것은 문제가 있다는 지적이다.

넷째, 조사 대상자 표본수를 너무 적게 잡은 것도 문제였다. 비용 절감을 위해 방송사와 여론조사기관의 합의로 선거구별 표본수를 평균 500명으로 정했다. 표본수가 500명일 경우 표본오차가 95% 신뢰수준에서 ±4.4%포인트이기 때문에 예측조사에서 1, 2위 후보가 9%포인트 이상 차이가 나지 않을 경우 당선자 예측이 어려웠다. 더구나 투표 의향을 묻는 문항에 무응답자가 40~50%에 이르는 상황을 감안하면, 선거구별로 250~300명의 응답 결과로 당선자를 예측한 셈이니 부정확할 수밖에 없었다.

다섯째, 여론조사 응답자들이 지지후보를 밝히지 않거나 거짓 응답을 해서 예측이 빗나갔다는 응답자 편차의 문제도 지적됐다. 이러한 지적은 '엉터리 조사'의 원인이라기보다는 조사기관의 변명에 가깝다. 응답자 편차의 문제가 정말 심각하다면 여론조사 자체가 선거 예측에 쓸모없다는 얘기나 다름없기 때문이다.

여섯째, 조사 방법의 문제도 제기됐다. 이번 총선에서는 출구조사를 실시하는 것이 현실적으로 불가능했다. 1995년 지방선거 이후 출구조사는 허용되었지만, 투표소 반경 500m 내에서는 면접조사를 할 수 없는 규정 때문이다. 결국 투표자 전화조사만으로는 정확한 예측이 어렵고 출구조사 여건을 개선해야 한다는 지적이다.

마지막으로 여론조사 기관별 경험과 능력의 차이도 '엉터리 조사'의 주요 원인이었다는 지적이다. 총선조사 기획 단계에서 조사기관의 경험과 능력을 고려하지 않은 채 여론조사기관을 선정하여 같은 비중으로 조사를 맡긴 것이 문제였다. 결과적으로 조사기관별 예측 실패의 편차가 컸다. 한국갤럽, 코리아리서치, 미디어리서치, 월드리서치, 동서리서치 등 5개 여론조사기관이 각각 50여 개 선거구의 예측을 담당했는데, 전체 39개 선거구에서 당선자 예측에 실패했다. 한국갤럽이 2곳에서 예측 실패한 것에 비해 미디어리서치는 7개, 코리아리서치와 월드리서치가 각각 9개, 동서리서치가 12개 지역에서 예측에 실패한 것으로 드러났다.[47]

자만심과 무모함의 합작품

4.11 총선 예측 실패는 여론조사기관의 자만심과 방송사의 무모함이 만들어낸 합작품이었다. 1987년, 1992년 대통령선거와 1995년 지방선거에서 당선자 예측에 성공했던 경험이 여론조사기관의 자만심을 키웠다. 대통령선거와 지방선거에서 예측을 잘 했으니, 국회의원선거 예측도 쉽게 할 수 있다고 생각한 것이다. 하지만 국회의원선거에서 250여 개 지역구 당선자 예측을 근거로 정당별 의석수를 예측하는 일이 얼마나 어려운 일인지 상상조차 못했다. 선거구별로 유권자 500명을 대상으로 평균 3번의 여론조사를 실시해서 253개 선거구의 당선자들을 예측하겠다는 조사설계는 아무리 봐도 무모한 계획이었다.

방송사들은 과학적인 여론조사로 선거 결과를 정확하게 맞출 수 있다고 자신했다. 1995년 지방선거에서 15개 광역단체장 당선자를 정확하게 예측하여 시청자들을 깜짝 놀라게 했었기 때문이다. 방송 3사는 총선 예측조사로 '초저녁 잠재우기'를 보여주겠다며 자신만만했다. '초저녁 잠재우기'란 개표 초반에 당락 예측을 정확히 해줌으로써 시청자가 TV를 보며 밤새지 않도록 하겠다는 의미였다. 이러한 자신감에 방송사들은 여론조사의 오차범위도 무시한 채 순위가 뒤바뀔 수도 있는 경합 지역의 1위 후보자를 당선 예상자로 발표했다. 한마디로 무모한 보도였다.

빗나간 4.11 총선 예측조사는 방송사는 물론 여론조사기관의 공신력을 크게 떨어뜨리며 여론조사에 대한 불신을 고조시켰다. 이번 총선의 최대 피해자는 여론조사였다. 그동안 쌓아온 여론조사에 대한 신뢰가 한꺼번에 무너졌다. 총선 예측조사의 교훈은 두 가지다. 하나는 사전 전화조사나 투표자 전화조사로 250개가 넘는 선거구의 당선자를 예측한다는 것은 한마디로 무리였다. 또 하나는 여론조사 결과를 발표할 때 오차 한계를 무시하면 안 된다는 점이다.

방송사 예측조사보다 사전 여론조사가 더 정확했다?

방송사의 예측 결과보다 선거 전 여론조사 결과로 예상했던 판세분석 결과가 더 정확한 것으로 밝혀졌다. 4.11 총선 직전에 사전 여론조사 등을 근거로 언론에 보도된 신한국당의 예상 의석수를 보면, 과반을 넘기거나 그에 육박하는 의석을 얻을 것이라는 내용을 찾아볼 수 없었다.[48]

총선 하루 전 4월 10일자 세계일보 보도가 대표적인 사례다. 세계일보는 선거를 이틀 앞두고 각 당의 주장과 여론조사 등을 종합 분석해서 정당별 의석수를 예상하여 보도했다. 표에서 보듯이 253개 지역구 가운데 신한국당이 119곳, 국민회의가 76곳, 자민련이 30곳, 무소속이 17곳, 민주당이 11곳에서 앞서고 있는 것으로 보도했다.[49] 신한국당 예상 의석수가 119석으로 실제 개표 결과 나타난 121석과 불과 2석 차이로 매우 근접하게 예상했다. 방송사 예측 결과에서 신한국당이 155석을 얻을 것이라는 예측과는 크게 달랐다.

1996년 15대 총선 지역구 의석수 예측과 실제 개표 결과

구 분	신한국당	국민회의	자민련	민주당	무소속
세계일보	119	76	30	11	17
방송 3사 예측	155	59	26	5	8
실제 결과	121	66	41	9	16

세계일보의 판세분석 보도는 국민회의와 자민련의 예상 의석에 10석 정도 실제 결과와 차이를 보이긴 했지만, 신한국당과 무소속 의석수를 근접하게 예상하면서 모든 면에서 방송사의 예측 결과보다 정확했다는 점이 흥미롭다. 1996년 방송사의 총선 예측 조사는 대규모 조사를 치밀한 계획 없이 실시할 경우, 도리어 엉터리 조사가 될 수 있다는 사실을 경고해 주었다.

5. 뒤바뀐 대권 판도

1997년 대통령선거

혼란 속의 1997년

1997년 새해는 사회가 극도로 혼란스러웠다. 신한국당의 노동법 날치기 통과, 노동계 총파업과 한보철강 부도사태, 대통령 아들 김현철 씨의 한보비리 의혹 등 사건사고가 많았다. 집권 5년차 김영삼 대통령의 지지율은 10%대로 떨어졌다.

정치권에서는 누가 YS의 뒤를 잇는 여권 신한국당 후보가 될 것인가에 관심이 쏠렸다. 신한국당에는 이회창, 박찬종, 이홍구, 이수성, 최형우, 김덕룡, 이인제, 김윤환, 이한동 등 무려 9명의 대선주자가 난립해 이를 '9룡'이라 불렀다. 여론조사로 보면 1996년 총선 때 합류한 이회창, 박찬종 고문의 지지율이 높아 신한국당 대선후보가 될 가능성이 높아 보였다.[50] 이에 비해 YS 직계로 불리는 최형우 고문, 김덕룡 의원, 이인제 경기지사 등 민주계 주자들은 두각을 나타내지 못했다.

야권의 대선후보로는 국민회의 김대중과 자민련 김종필 두 총재가 유력했다. 야권에서는 DJ와 JP의 후보 단일화가 최대 관심사였다. 15대 총선에서 DJ의 국민회의는 25.3%, JP의 자민련은 16.2%의 득표율을 얻었다. YS의 신한국당은 34.5%였다. 총선 득표율의 단순 계산만 보더라도 DJ와 JP가 단일화하지 않으면 대선에서 둘 다 패배할 가능성이 높았다. 후보 단일화가 성사된다고 해도 승리를 장담하기는 어려워 보였다. 야권의 승리를 위해서는 DJ나 JP보다는 제3의 후보가 나서야 한다는 여론이 오히려 더 높았다.[51]

김영삼 대통령의 인기는 폭락했지만, 신한국당의 정당 지지율은 38%로, 국민회의 25% 자민련 9%에 비해 높게 나왔다. 12월 대통령선거에서 신한국당 후보가 당선될 것이라는 전망도 63%로 압도적이었다.[52] 신한국당 후보와 야권 단일후보의 가상 대결에서도 여당의 이회창, 박찬종 고문이 후보로 나설 경우, 야권 단일후보로 누가 나오더라도 여당이 승리할 것으로 예상됐다. 신한국당이 이회창 또는 박찬종 후보를 내세울 경우 야권의 단일후보인 김대중 씨를 20%포인트 이상 앞질렀다.[53]

이회창 vs 김대중 vs 김종필

새해 YS는 신한국당의 대선후보 선출에 엄정 중립을 선언했다. 집권 여당으로서는 사실상 처음으로 치열한 대통령 후보 경선이 예고됐다. 하지만 YS 측근인 최형우가 갑자기 뇌졸중으로 쓰러지며 경선을 포기하고, 김윤환은 이회창을 지지하며 하차했다. 대신 민정계 중진 최병렬과 김종호가 경선 참여를 선언했다. 경선 과정에서 '후보 줄세우기' 논란이 이어지면서 당내 기반이 약했던 박찬종, 이홍구가 경선자격을 중도 반납하고, 김종호도 사퇴하면서 최종적으로는 6룡이 경선을 치렀다

경선 판도는 '이회창 대세론' 속에서 이인제 전 경기지사가 다크호스로 부상했다. TV 토론에서 당돌하고 거침없는 태도로 40대의 젊음을 과시하여 유권자들에게 신선감을 주었다. 박정희 전 대통령과 외모가 닮아 '박정희 향수'를 자극했다는 얘기도 나돌았다. 여론조사에서도 인기가 반영되면서 지지율이 치솟았다.

이인제 돌풍 속에서도 이회창 후보가 7월 21일 신한국당의 대통령 후보로 선출됐다. 이회창 후보는 2차 결선투표에서 이인제 후보를 누르고 여당 사상 36년 만에 비영남 출신 대통령 후보가 되었다.

야권에서는 김대중 총재가 5월 국민회의 전당대회에서 정대철을 압도적인 표차로 누르고 대선후보에 이미 확정됐으며, 자민련

김종필 총재도 추대나 다름없는 형식적인 경선을 거쳐 6월에 대선후보로 선출됐다.

1997년 대통령선거는 신한국당 이회창 후보, 국민회의 김대중 후보, 자민련의 김종필 후보 등 비영남 후보의 3자 대결 구도로 그 윤곽을 드러냈다. 신한국당 전당대회 직후에 실시한 여론조사에서는 이회창 후보가 김대중 후보를 10%포인트 이상 앞서 나갔다. 이회창은 36~38%, 김대중은 24~26%, 김종필은 6~9% 지지율을 얻었다.[54] 국민회의와 자민련이 후보 단일화에 성공한다고 해도 양자 대결에서 이회창 49% 대 김대중 35%, 이회창 56% 대 김종필 25%로 이회창 후보가 월등히 앞서는 것으로 나타났다.

'병풍'이 8월 정국을 뒤흔들다

신한국당 이회창 후보가 여론조사에 앞서 나가면서 각종 비리 폭로전이 뒤따랐다. '병풍兵風'으로 불리는 이회창 아들의 병역문제가 8월 정국을 뒤흔들었다. "키 179cm인 청년이 몸무게가 45kg이란 것은 말도 안 된다", "두 아들 모두 체중 미달로 병역을 면제받은 건 아무래도 이상하다"는 등의 이야기들이 세간의 화제가 됐다.

국민들은 속 시원한 규명을 원했다. 하지만 기대에 미치지 못했다. 이회창 후보가 TV 토론회에서 두 아들의 병역면제에 대해 "적법한 절차에 의한 것"이라고 해명했지만, 토론회 직후 실시한 여론조사에서는 국민의 64%가 이 해명에 대해 수긍이 가지 않는다고 응답했다. 이회창 후보의 지지율은 급속히 떨어지기 시작했다.

이회창 후보가 '병풍'에 흔들리는 가운데 조순 서울시장을 야권의 제3후보로 추대하려는 '조순국민후보추대위'가 발족됐다. 김대중 후보 측 인사들은 연일 조순 시장을 찾아 출마를 만류하느라 분주했다. 조 시장이 출마하게 되면 김대중 후보의 득표는 물론, 자민련과의 DJP 후보 단일화에도 역효과를 미칠 수 있다고 생각했기 때문이다. 하지만 8월 13일 조순 서울시장이 대통령 출마를 공식 선언하면서 4개월 앞으로 다가온 대권의 향배는 누구도 쉽게 예측하기 어려운 형국으로 변해가고 있었다.

조순 시장이 대선 출마를 공식 선언한 날 긴급 실시한 여론조사에서 대선후보들의 지지율이 급변했다. 김대중 후보가 29%의 지지율로 1위를 차지하며 26%의 이회창 후보를 오차범위 내에서 앞서 나갔다. 조순 시장은 20%로 3위를 했고 김종필 후보는 8%를 얻어 4위로 떨어졌다.[55] 병풍과 조순 시장 출마의 변수가 맞물리면서 김대중 후보의 지지도가 급상승하고, 이회창 후보는 하락세를 면치 못했다. 출마하자마자 20%의 지지율을 얻은 조순 시장의 얼굴에는 희색이 만면했다.

'여론조사 태풍' 이인제 1위

이회창 후보의 지지율 하락이 계속되면서 청와대와 신한국당에는 비상이 걸렸다. 이대로 가다간 정권을 내줄 수도 있다는 불안감이 밀려오던 그 무렵 또 하나의 '여론조사 태풍'이 대선 정국을 강타했다.

신한국당 경선에서 탈락했던 이인제 경기지사가 12월 대선에 독자 출마하여 5자 대결을 벌일 경우, 이 지사가 지지율 28%를 얻어 김대중 후보(26%)를 제치고 오차범위 내에서 1위를 차지한다는 여론조사 결과가 발표됐다.[56] 이회창 후보와 조순 후보는 16%, 김종필 후보 6%로 나타났다. 이 지사의 지지율은 이회창 후보를 12%포인트 차로 앞서 나갔다. 정당 지지도는 국민회의 23%, 신한국당 22%, 민주당 8%, 자민련 7% 순이었으며, 지지정당이 없다는 부동층은 40%에 이르고 있었다.

이인제 경기지사의 발걸음이 더욱 빨라지기 시작했다. 이 지사는 9월 초에 경기지사직을 사퇴하고, 대선에 독자적으로 출마하기로 마음을 굳히고 있었다. 추석 민심을 사로잡기 위해서는 9월 중순 이전에 모든 결정을 마무리 지어야 하기 때문이다.

이인제 경기지사가 신한국당을 탈당하여 무소속으로 출마할 경우, 5자 대결에서 이 지사가 32%로 1위를 차지할 것이라는 여론조사가 다시 등장했다.[57] 25%의 지지율을 얻은 김대중 후보를

7%포인트 차로 따돌렸다. 그 뒤를 조순 총재 17%, 이회창 후보 15%, 김종필 후보 8% 순으로 뒤따랐다. 이회창 대표의 지지율이 4위로 떨어진 여론조사 결과는 이번이 처음이었다.

계속되는 '이인제 1위' 여론조사가 대권을 향한 이인제 지사의 발걸음을 재촉하고 있었다. 이인제의 대권 출마는 이제 기정사실이나 다름없었다.

이회창 후보의 잔인한 9월

9월은 이회창 후보에게 가장 잔인한 달이었다. 9월의 첫날부터 신한국당 경선 이후 줄곧 반이회창 노선을 견지해오던 서청원 의원이 후보교체 공론화를 공식 제기했다. 이회창 후보에게는 신한국당 입당으로 정계에 입문한 이래로 가장 힘든 시간의 연속이었다. 이 후보는 두 아들의 병역기피 의혹의 수렁에서 헤어나지 못한 채, 이인제 지사는 물론 조순 후보에게도 지지율이 밀리는 수모를 겪어야 했다.

이회창 후보 교체론으로 신한국당이 내분 양상으로 치닫던 9월 13일. 추석을 하루 앞두고 이인제 경기지사가 대선 출마를 공식 선언하고 신한국당을 탈당했다. 이 지사는 "여당의 정권 재창출이 어려워진 상황에서 3김 정치 청산을 바라는 국민들의 부름을 외면할 수 없어 민심의 바다에 뛰어 들었다"고 출마의 변을 밝혔다.

추석 민심은 12월 대선 판도에 커다란 변화를 가져 왔다. 추석 연휴 직후에 실시한 여론조사에서 김대중 후보가 30%의 지지율을 얻으며 다시 1위로 올라섰다. 이인제 전 지사는 22%로 2위로 물러났고 이회창 후보 18%, 조순 총재 12%, 김종필 후보 3% 순으로 나타났다.[58] 이인제 전 지사의 지지율은 한풀 꺾인 반면 DJ의 지지율은 상승세를 타고 있었다. 이회창 후보의 지지율도 다소 회복의 기미를 보였다. 반면에 조순 총재와 김종필 후보의 지지율은 하락세가 뚜렷해 보였다. 당선 가능성에서도 김대중 후보가 43%로 선두를 달리며, 대선 판도는 1강 2중 양상으로 바뀌고 있었다.

9월의 마지막 날, 신한국당은 전당대회를 통해 이회창 후보를 총재로 선출하는 등 지지율을 끌어올리기 위해 안간힘을 썼다. 'YS당'을 '이회창당'으로 바꾼 것이다. 전당대회 직후 일부 여론조사에서 이회창 후보가 이인제 후보를 앞선 것으로 나타나면서 컨벤션 효과를 기대했다.[59] 하지만 10월 들어 발표된 대부분의 언론사 여론조사에서 이회창 후보는 이인제 전 지사를 앞지르지 못했다. 김대중 후보는 30%대를 돌파하여 안정적인 선두를 유지하는 반면, 이회창과 이인제 두 후보는 오차범위 내에서 2위 다툼을 계속했다.

10월 7일 신한국당이 김대중 총재의 비자금을 전격 폭로하고 나섰다. 하지만 검찰에서는 선거 중립성을 이유로 'DJ 비자금 파일'에 대한 수사를 유보했다. 이회창 총재는 검찰의 수사 유보 발표에 항의하며 김영삼 대통령에게 탈당을 요구하는 승부수를 던졌다. 신한국당의 내분이 격화되면서 이회창 후보의 지지율은 다시 하락세로 돌아서고 있었다. 이 후보가 YS 탈당을 요구한 직후에 실시한 여론조사에서 김대중 후보는 지지율 34%로 일주일 전 30%보다 4%포인트 상승했고, 이인제 전 지사도 22%에서 27%로 5%포인트 올랐다. 하지만 이회창 후보의 지지도는 18%에서 16%로 2%포인트 하락한 것으로 나타났다. 조순 총재도 11%에서 6%로 큰 폭으로 떨어졌다.[60] YS 탈당 요구에 대해 공감하는 국민은 30%에 불과했고, 63%는 공감하지 않았다.[61]

DJP 연합, 이회창·김대중·이인제 3자 대결 구도 압축

'DJ 비자금 논란'이 한창이던 10월 26일, 국민회의와 자민련은 DJ가 대통령이 되면 JP를 국무총리에 지명하고 함께 공동 정부를 운영하기로 전격 합의했다. 11월 3일에는 야권후보 단일화 합의문 서명식을 갖고 김대중 총재를 양당의 단일후보로 공식 추대했다. DJ로서는 대권의 발판을 마련하는데 성공했지만, '권력 나눠

먹기'라는 여론의 비판에 직면하게 되었다.

11월 4일 국민신당은 창당대회를 열어 이인제를 대선후보로 선출했다. 신한국당은 국민신당 창당과 때를 맞춰 '김영삼 대통령의 국민신당 지원설'로 공세를 펼쳤다. 국민회의도 국민신당 이인제 후보의 부상을 막기 위해 합세했다.

11월 7일에는 '이회창-조순 연대'가 성사됐다. 조순 후보는 10월 들어 지지율이 5%대로 떨어지면서 건전한 세력과 연대하겠다며 후보 사퇴를 시사했다. 여기에 "3김 청산 원칙에 뜻을 같이 한다면 합당도 가능하다"는 이회창 후보의 제안에 의기투합하여 후보 단일화가 전격적으로 성사됐다. 이회창-조순 연대가 성사되던 날 김영삼 대통령은 신한국당을 탈당했다.

12월 대통령선거는 다시 3자 대결 구도로 급변했다. 대선 구도가 3자 대결로 압축된 직후 실시한 여론조사에서, 국민회의 김대중 후보는 36%의 지지율로 안정적인 1위를 유지했다. 이어서 이인제 후보가 28%, 이회창 후보가 21% 순으로 나타났다. 이회창 후보는 3위에 머물렀지만 지지율이 상승세로 돌아선 반면, 2위의 이인제 후보의 지지율은 주춤거리는 양상을 보였다.[62] 이회창 후보는 조순 총재와 단일화 이후 지지율이 5%포인트 급상승하면서 이인제 후보를 맹추격하기 시작했다.

대선 D-30 요동치는 지지율

대통령선거가 한 달 앞으로 다가왔다. 국민회의 김대중 후보가 여전히 1위를 지키고 있었지만 대부분의 여론조사에서 하향 조짐을 보이고 있었다. 2위를 지키던 국민신당 이인제 후보의 지지율도 주춤한 상태였다. 반면에 열흘 전만 해도 지지율 20%를 겨우 넘기던 이회창 후보가 약진하면서 이인제 후보를 바짝 추격했다. 일부 여론조사에서는 이인제를 추월하기도 했다.

11월 17일 중앙 언론사들이 일제히 여론조사 결과를 보도했다. 조선일보와 MBC, 한국일보, 중앙일보, 한겨레신문, 문화일보 등의 여론조사에서는 이회창 후보가 이인제 후보를 앞서며 2, 3위가 뒤바뀐 것으로 나타났다. 이회창 후보가 2위를 탈환한 것은 아들의 병역기피 의혹이 불거진 이후 석 달 만이었다. 나머지 경향신문, 세계일보, SBS 조사에서도 이회창 후보의 지지율이 반등하면서 오차범위 내에서 이인제 후보를 위협했다. 이회창 후보의 지지율을 끌어올리는 진앙지는 대구경북과 경남, 그리고 서울 지역이었다. 한국갤럽 조사를 보면 대구경북 지역에서 이회창 후보의 지지율이 44%에 이르고 있었다.

대통령선거 열기가 고조되던 11월 21일 임창렬 경제부총리가 IMF에 구제 금융을 공식 요청했다. 국가부도 사태가 시작된 것이다. 한 달 전만 해도 강경식 경제부총리가 "한국 경제는 기초가

튼튼하다"며 경제위기 가능성을 외면했었는데, 마른 하늘에 날벼락과 같은 소식이었다. 정부에 대한 국민의 불신이 극에 달했다. IMF에 구제 금융을 요청하던 그날 신한국당과 통일민주당이 '3김 청산'의 기치를 내걸고 한나라당을 새롭게 출범시켰다.

선거법상 여론조사 결과 공표 마감시한을 앞두고 언론사들의 여론조사 발표가 잇따랐다. 11월 24일 발표된 여론조사 결과를 보면 '김대중 정체', '이회창 상승', '이인제 하락' 추세로 요약해 볼 수 있다. 1위를 달리는 김대중 후보와 2위 이회창 후보의 격차는 좁혀지고 있는 반면, 이인제 후보는 2위에서 서서히 멀어지고 있었다. 김대중 후보의 지지율은 최저 33%(조선일보)에서 최고 37%(중앙일보)를 기록했다. 이회창 후보는 29%(조선일보)에서 34%(중앙일보) 사이를 오르내렸다. 이인제 후보는 21%(조선일보)에서 23%(중앙일보) 사이로 떨어졌다.

김대중 후보가 35%대로 선두를 지키고 있는 가운데 이회창 후보가 30% 선을 돌파하여 맹추격을 벌이는 반면, 이인제 후보는 20% 초반대로 지지율이 하락하면서 3위로 고착되고 있었다. 김대중과 이회창 후보의 격차는 동아일보 1.6%포인트, 중앙일보 2.7%포인트, 조선일보 4.2%포인트, 한겨레신문 4.4%포인트 등 여론조사에 따라 다소 차이가 있었지만, 오차범위 내에서 치열한 접전 양상을 보이고 있음은 분명했다.

11월 25일 보도한 한국일보 여론조사의 단순 지지도에서는 김대중 후보 32.1%, 이회창 후보 31.5%, 이인제 후보 19.9%로 1, 2위 후보의 격차는 0.6%포인트에 불과했다. 한편, 무응답층의 호감도를 합산한 종합 지지도에서 이회창 후보 35.3%, 김대중 후보 34.9%, 이인제 후보 23.8%로 집계됐다며, 이회창 후보가 김대중 후보를 앞지른 것은 이번이 처음이라고 보도하기도 했다.[63]

불붙는 '여론조작' 논란

11월 26일부터 여론조사 결과 공표가 금지되면서 각 후보 진영에서는 지지율 변화에 촉각을 곤두세웠다. 한나라당 이회창 후보의 여론조사 지지율이 급상승하면서 여론조사 조작 논란이 불붙었다. 국민신당 측에서 코리아리서치라는 조사기관을 직접 거론하면서 한나라당의 여론조사 조작 의혹을 제기했다. 문제가 된 코리아리서치 조사 결과에서 김대중 후보 31.0%, 이회창 후보 29.7%, 이인제 후보 20.5%로 나타난 것으로 알려졌다. 국민회의 측에서도 국민신당과 함께 한나라당을 협공했다.[64]

동아일보가 12월 4일자 신문에서 "지난 3일 실시한 여론조사 결과 후보 지지도가 후보 등록 직전 각 언론사가 조사 보도한 지지도와 별다른 변화 없이 1, 2위가 선두 각축을 벌이고 있는 것으로 나타났다"고 보도한 것이 논란이 됐다. 중앙선관위는 보도내용이 "당선인을 예상하게 하는 여론조사 결과를 공표한 행위"로 간주하여, 여론조사 결과와 관련한 보도를 자제해줄 것을 요청하기도 했다.[65]

대선을 사흘 앞두고 중앙일보가 12월 15일자 신문 1면에 보도한 대선 판세분석 기사에 대해 국민회의와 국민신당이 강력 반발하고 나섰다. 문제가 된 기사는 "대선 양자 구도 압축-이회창·김대중 각축…이인제 주춤"이라는 제목으로 여론조사 공표가 금지되기 이전 추세가 후보 등록 이후에도 계속되고 있다는 내용이었다. 국민회의와 국민신당은 기사 내용이 사실상 여론조사 결과를 공표한 것이나 다름없다며, 중앙일보가 특정 후보의 편을 들고 있다고 주장했다.

국민회의는 중앙일보 보도에 대해 '삼성과 이회창 한나라당 후보의 정경유착'이라며 집중공세를 폈다. 국민신당은 11월 초 '청와대 200억 원 신당 지원설'을 보도한 중앙일보가 또다시 '이인제 죽이기' 음모를 드러냈다며 격렬히 반발했다.

중앙선관위는 중앙일보가 "각종 여론조사를 종합하면서 김대중 후보가 오차범위 내에서 1위를 달리고 있으며 이회창 후보가 바짝 뒤쫓고 있다"고 보도한 것과 관련, 선거법 위반이라며 경고조치를 취했다. 중앙선관위는 중앙일보 보도가 선거법상 인정되는 단순한 체감상의 판세분석이 아니라 당선인을 예상하게 하는 보도라고 판단하여 공직선거법 제108조에 위배된다고 결론 내렸다. 하지만 중앙선관위의 판단 기준은 애매모호했다.

투표일을 앞두고 확인되지 않은 정체불명의 여론조사 결과들이 여기저기서 은밀하게 흘러 나왔다. "판별분석 결과 우리당이 4%를 앞섰다", "조사 결과 어느 지역에서 지지율이 압도적으로 오르기 시작해 이미 대세는 판가름 났다", "3차례의 TV 토론 후 우리당 후보 지지율이 확 치솟았다"라는 등 출처 없는 여론조사 수치를 근거로 치열한 신경전이 벌어졌다. 여론조사 공표 금지 기간을 교묘하게 악용하는 수법들이 성행했다. 각 후보 진영에서는 자체적으로 실시한 여론조사 결과 유리한 수치만 선별적으로 외부에 흘렸다.

국민신당은 정체불명의 여론조사 결과를 공공연히 퍼뜨려 논란을 초래하기도 했다. "미국기관에서 실시한 여론조사 결과, 순위가 이인제-김대중-이회창 순으로 나타났으니 이인제에게 표를 몰아주자"는 괴전화가 부산경남 지역에 걸려오고 있다는 제보를 한나라당이 입수하면서 문제가 불거졌다. 대통령선거 막판에 박빙의 승부가 예상되는 가운데 왜곡된 여론조사 결과와 정체불명의 여론조사 결과들이 쏟아져 나왔다. 유력 여론조사기관이 실시한 내용이라고 하지만 출처가 불분명한 믿거나 말거나 식 내용이 대부분이었다. 유권자들은 선거운동 기간 동안 여론조사 공표 금지로 인해 공신력 있는 여론조사 결과를 접하지 못하기 때문에, 입소문으로 퍼지는 정체불명의 여론조사 결과들에 대해서도 큰 관심을 보였다.

지상파 방송 3사 '당선자 예측' 불발로 끝나는가?

선거를 코앞에 두고 방송 3사의 대통령선거 당선자 예측에 관심이 쏠렸다. 1992년 지난 대선에서는 SBS와 MBC가 선거일 자정을 넘겨 당선자 예측 결과를 발표했다. 당시에는 선거일에 당선자를 예측보도하는 것이 대통령선거법 위반이었다. 하지만 1997년 대선에서는 선거일 오후 6시 투표 마감과 동시에 당선자 예측보도가 가능했다.

KBS, MBC, SBS 방송 3사가 처음으로 투표 마감과 동시에 대통령 당선자를 예측하기 위해 사전에 예측조사를 준비해 왔다. 하지만 예상하지 못했던 일이 벌어졌다. 투표를 하루 앞두고 방송 3사 사장들이 긴급회의를 열어 선거일 자정까지는 일체의 예측보도를 하지 않기로 합의한 것이다. 그 이유는 방송사 자체 여론조사에서 1, 2위 후보가 박빙의 접전을 벌이고 있는 상황에서 예측보도가 만에 하나 잘못될 경우 국민들의 혼란 등 엄청난 파장을 일으킬 수 있다는 판단 때문이었다. "김대중 후보가 당선될 것으로 예측했다가 실제로 당선이 안 될 경우 호남에서 민란이 일어날 수도 있다"는 얘기까지 나왔다. 당시 SBS 선거방송기획단에서 당선자 예측조사를 담당하고 있었기 때문에 그 당시 기억이 지금도 생생하다.

1997년 15대 대선 직전 후보 지지도 추이[66] (SBS-R&R 조사, 단위:%)

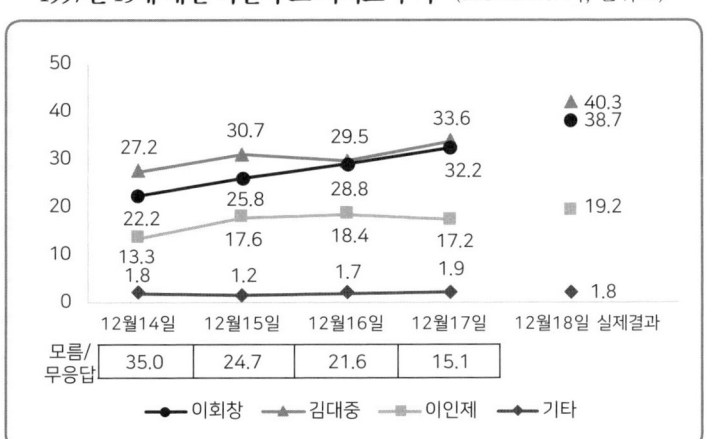

SBS는 대통령 당선자 예측방송을 위해 여론조사기관 리서치앤리서치와 함께 선거를 나흘 앞두고 매일 여론조사를 실시하고 있었다. 선거 사흘 전인 15일만 하더라도 김대중 후보가 이회창 후보를 5%포인트 정도 앞서고 있었다. 하지만 선거 이틀 전 16일 조사에서 두 후보의 격차가 0.7%포인트로 좁혀졌다. 김대중 후보의 지지율은 정체를 보인 반면 이회창 후보의 막판 스퍼트가 무서웠다. 이대로 가면 역전이 일어날 수도 있겠다는 생각이 들 정도였다. 선거 하루 전날 조사에서도 단순 지지율 차이가 1.4%

포인트였기 때문에 이회창, 김대중 후보 중에 누가 당선될지 알 수 없었다. 15~20% 부동층의 표심이 어느 쪽으로 향할지 모르지만 누구도 장담할 수 없는 초박빙의 승부가 예상됐다. 1997년 대통령선거는 당선자 예측이 정말 부담스러운 선거였다.

MBC의 배신과 1퍼센트의 승부

12월 18일 투표가 마감된 오후 6시.
"한나라당 이회창 후보 38.9%, 국민회의 김대중 후보 39.9%, 국민신당 이인제 후보 19.7%"
MBC가 방송 3사 사장단의 합의를 깨고 한국갤럽과 공동으로 실시한 당선자 예측조사 결과를 전격 발표했다. 김대중 후보가 이회창 후보를 1%포인트 앞서는 것으로 예측했다. 두 후보의 예상 득표율이 오차범위 내에 있음을 수차례 강조했다. MBC의 예측조사는 선거 당일 오전 9시부터 오후 2시까지 투표를 마친 전국의 유권자 2,500명을 대상으로 실시한 투표자 전화조사로 이루어졌다.
당선자 예측조사 발표 후 저녁 7시 10분경 첫 개표가 시작되었다. 개표 초반부터 MBC의 예측과 달리 이회창 후보가 김대중 후보를 압도적인 득표율 차이로 앞서 나갔다. 한 시간 정도 더 지난

저녁 8시 반경 두 후보의 득표율은 이회창 42.3%, 김대중 36.4%로 이회창 후보가 여전히 6%포인트 정도 앞섰다. 개표 초반에 영남 지역에서 개표가 빠르게 진행되면서 이회창 후보가 선두를 달렸다. 밤 10시가 지나면서 전국 개표율이 20%를 넘어설 때, 이회창 후보와 김대중 후보의 득표율 격차가 좁혀지더니 10시 반경에 김대중 후보가 이회창 후보를 역전했다. 그 후 꾸준히 1~2%포인트 차의 우세가 지속되다가 최종적으로 1.6%포인트 차이로 김대중 후보가 제15대 대통령에 당선됐다.

MBC와 한국갤럽은 개표 과정에서 예측이 틀릴 수도 있다는 불안감에 애간장을 태웠지만, 결국 당선자 예측에 성공하는 쾌거를 거두었다. 반면 방송 3사의 합의에 따라 자정이 돼서야 발표한 KBS와 SBS의 예측 결과는 누구에게도 주목받지 못했다. MBC는 "방송 3사의 합의가 국민의 알 권리를 우선할 수는 없다"고 합의 파기에 대한 입장을 밝혔다. MBC와 한국갤럽의 당선자 예측 보도는 김대중 대통령 당선자의 득표율을 0.4%포인트 차이로 정확히 예측함으로써 '통계학의 예술'이라는 찬사를 받기도 했다. MBC는 방송 3사의 합의를 깨고 혼자서 영광을 독차지했다.

중앙선관위는 이번 대선에서도 투표 당일 실시했던 MBC의 투표자 전화조사에 대해 선거법 위반으로 검찰에 수사를 의뢰했다. MBC가 오후 6시 투표 마감 이전에 투표를 마친 유권자들을 대상으로 "어느 후보를 찍었느냐"고 질문한 행위가 선거법 위반이라고 판단했기 때문이다. 그러나 검찰 수사는 흐지부지됐다. 대통령 당선자를 정확히 예측한 덕분에 MBC는 모든 걸 용서받을 수 있었다.

선거판을 뒤흔든 여론조사

1997년 대선은 한마디로 '여론조사 선거'였다고 해도 과언이 아니다. 대선 시작부터 끝까지 여론조사가 선거전을 주도했다. 여론 추이에 따라 후보 진영의 전략이 수시로 바뀌었다. 여론조사는 각 후보에게는 생명줄이나 다름없었다. 여론조사에 따라 후보들이 진퇴를 결정하고 합종연횡의 길을 모색했다.

이회창 총재의 대선 패배도 두 아들의 병역의혹이 주요 원인이라고 할 수 있지만, 실제로는 이 총재의 지지율이 3위로 떨어진 것을 확인시켜준 여론조사 결과가 기폭제 역할을 했기 때문이다. 이인제 경기지사가 경선 불복의 비난을 무릅쓰고 대선전에 뛰어든 것도 결국 여론조사 때문이었다. 이회창 후보의 지지율이 하락하는 반면 자신의 지지율이 상승하는 것을 몰랐다면 이인제의 경선 불복과 대선 출마도 없었을 것이다. 한때나마 여론조사에서 자신의 지지율이 1위로 나오는 걸 보면서 대선 출마 유혹을 뿌리칠 수 없었을 것이다.

이인제의 대선 출마는 15대 대선의 핵심 변수였다. 이인제의 출마가 없었다면 DJP 연합에도 불구하고 DJ의 대통령 당선은 어려웠을 것이다. 결국 김대중 대통령 당선의 일등공신은 이인제와 여론조사라고 해도 과언이 아닐 것이다. 아마도 여론조사가 없었다면 DJ는 대통령이 될 수 없었을 것이다. 여론조사의 덕을 가장 많이 본 사람은 바로 김대중 대통령이었다.

6. 동서로 나누어진 선거판

1998년 지방선거

IMF 위기에 다가온 '허니문 선거'

 1998년 새해 국민들의 관심은 어떻게 하면 IMF 위기를 극복할 것인가에 집중됐다. 국민의 80% 이상이 경제위기 극복이 가장 시급하다고 응답했고, 10명 중 9명이 실업문제를 걱정하고 있었다.[67] 김대중 대통령에 대한 국민들의 기대감이 컸다. 국민들 85%가 김 대통령이 경제난 타개를 잘하고 있다고 평가했고, 대통령 취임 전이라도 실질적으로 국정을 담당해야 한다는 여론도 80%를 넘었다.[68]
 IMF 위기 속에 다가오는 6.4 지방선거에 대한 국민들의 관심이 저조했다. 지방선거는 정부여당에 대한 중간평가의 성격을 띠기 때문에 일반적으로는 여당에게 불리하다. 하지만 1998년 지방선거는 김대중 정부 출범 이후 100일 만에 치러진 '허니문 선거'였기 때문에, 국민회의와 자민련의 세력을 합친 DJP 연합이 승리할 것이라는 전망이 지배적이었다.

특히 1997년 대선에서 DJP 연합이 한반도 서쪽에 위치한 수도권, 충청권, 호남권에서 승리한 반면, 한나라당은 영남권과 강원도 등 동쪽 지역에서 높은 지지를 받았다. 다가오는 지방선거에서도 대선 때처럼 한반도의 동서 지역으로 표가 양분될 가능성이 높았다.

여야의 지방선거 승패는 사실상 서울, 경기, 인천 등 수도권 지역 승부에 달려 있었다. 호남과 충청 지역에서는 어차피 국민회의와 자민련이 유리하고, 영남 지역에서는 한나라당의 승리가 뻔했기 때문이다. 1997년 대선에서 DJP 연합의 김대중 후보는 서울, 경기, 인천 지역에서 이회창 후보를 앞지르며 수도권에서 42%를 득표했다. 이에 비해 이회창 후보는 38%를 얻는데 그쳤기 때문에, 한나라당으로서는 1998년 지방선거가 수도권 지역에서 한 명의 시도지사라도 당선시킬 수 있다면 성공이지만 상황은 여의치 않아 보였다.[69] 그래도 한나라당으로서는 지방선거에서 승리하기 위해서는 수도권에 기대를 걸어볼 수밖에 없었다. 그나마 수도권이 지역색이 옅고 역대 선거에서도 여야가 박빙의 차이를 보여 온 지역이기 때문이다.

'여서야동與西野東', 1997년 대선 판세 재현

6.4 지방선거의 판세는 예상했던 대로 DJP 연합인 국민회의와 자민련이 한반도의 서쪽 지역인 서울, 경기, 인천 등 수도권과 충청권, 호남 지역에서 유리하게 전개됐다. 국민회의는 광역단체장 후보를 낸 8곳 가운데 서울, 경기와 호남 3곳, 그리고 제주를 포함해 6곳에서 우세를 유지하고 있었다. 여론조사 결과를 보면 서울에서는 고건 후보가 한나라당 최병렬 후보를 20%포인트 격차로 따돌렸고, 경기 지역 임창열 후보도 사생활 문제 등 돌출변수가 속출했지만 10%포인트 정도 손학규 후보를 앞섰다. 자민련은 8곳 광역단체장 출마 지역 가운데 대전, 충남, 충북 3곳과 인천 등 4곳에서 우세를 보였다.

한나라당은 한반도의 동쪽 지역인 부산, 경남, 울산, 대구, 경북 등 영남권 5곳과 강원 지역을 합쳐 6개 지역에서 승리를 기대하고 있었다. 하지만 선거 하루 전까지도 부산과 강원은 여론조사로는 예측이 어려울 정도로 초접전 양상을 보이고 있었다.

부산시장 선거에서 한나라당 안상영 후보는 여론조사에서 무소속 김기재 후보에게 줄곧 뒤지고 있지만, 그래도 막판 대역전극을 기대하고 있었다. 흥미롭게도 부산 지역에서는 후보들의 지지도와 당선 가능성이 다르게 나타났다. 후보 지지도에서는 무소속 김기재 후보가 앞서고 있었지만, 당선 가능성에서는 한나라당 안상영 후보가 앞서고 있었다.

강원지사 선거도 여론조사로는 예측이 쉽지 않았다. 한나라당 김진선 후보, 자민련 한호선 후보, 무소속 이상룡 후보가 한치 앞을 내다볼 수 없는 팽팽한 3파전 양상을 보였다. 세 후보가 각종 여론조사에서 오차범위 내인 3~5%포인트 차이로 치열하게 선두 다툼을 벌였다. 강원지사 선거는 강원도 내 소지역주의가 또 다른 변수로 작용하고 있었다. 강원 지역의 표심은 태백산맥을 기준으로 영동과 영서로 갈려 다르게 나타났다. 영동 지역은 그 지역 출신 후보인 김진선 후보에게 50% 내외의 지지를 보낸 반면, 영서 지역 유권자는 선거 직전까지도 한호선 후보와 무소속 이상룡 후보를 저울질하다가 김 후보에게 어부지리를 안겨준 것으로 나타났다.[70]

한편, 1997년 대선에서 19.2%의 득표율을 기록하며 선전했던 이인제의 국민신당은 지방선거에서는 존재감을 드러내지 못했다. 국민신당은 예상과는 달리 광역의원 정당 득표율 1.4%에 충청도에서 기초단체장 1명을 얻는데 그쳤다. 지방선거에서 참패한 이인제는 국민신당을 해체한 후 새정치국민회의에 입당하게 된다.

"빨갱이를 믿지 MBC는 믿지 못한다"

1997년 대선에서 MBC는 방송 3사의 합의를 깨고 혼자서 당선자 예측 결과를 발표하여 쾌거를 올렸다. 당선자 예측을 유보하자는 방송사 사장단 합의를 그대로 믿고 예측 결과를 내고도 발표하지 못했던 KBS와 SBS는 닭 쫓던 개 지붕만 쳐다보는 꼴이 되었다.

KBS와 SBS는 선거방송 경쟁에서 MBC에 완패를 당했다. 반면 MBC는 방송사 간 합의를 깨고 선거법까지 어겨가며 당선자 예측을 시도했는데도, 정확한 당선자 예측으로 비난보다 오히려 찬사를 받았다.

KBS와 MBC의 경쟁이 치열했던 시절이었다. MBC는 늘 튀는 행동이 많았고 한마디로 약삭빨랐다. 상대적으로 KBS는 신중하지만 고지식해 보였다. KBS는 방송사 간 합의를 어기고 단독으로 대선에서 예측 결과를 발표한 MBC에 대해 매우 못마땅하게 생각했다. 당시 KBS 선거방송을 담당했던 김홍섭 차장으로부터 "차라리 빨갱이를 믿지 MBC는 믿을 수 없다"는 얘기를 들었던 기억은 아직도 잊을 수 없다.

동병상련의 처지에 놓였던 KBS와 SBS가 6.4 지방선거를 앞두고 처음으로 손을 잡았다. 16개 광역단체장 당선자 예측을 공동으로 실시하기로 합의한 것이다. 1998년 지방선거 당선자 예측방송 경쟁은 KBS-SBS 연합팀과 MBC의 대결로 이루어지게 되었다. KBS와 SBS는 미디어리서치, 코리아리서치 등 2개 여론조사기관에 조사를 의뢰했고, MBC는 1997년 대선에서 1%포인트 박빙의 선거를 정확히 예측했던 한국갤럽과 다시 손을 잡았다.

금이 간 불패신화, 한국갤럽

1998년 지방선거일 투표가 마감된 오후 6시, 방송 3사가 처음으로 16개 광역단체장 당선자 예측 결과를 발표했다. 국민회의 6곳, 한나라당 5곳, 자민련 4곳, 무소속 1곳에서 광역단체장을 차지할 것으로 예측했다. 하지만 MBC는 물론 KBS와 SBS 모두 부산시장 당선자 예측에 실패했다. 방송사들은 무소속 김기재 후보의 1위를 예상했지만, 실제 개표 결과는 한나라당 안상영 후보가 득표율 1.6%포인트 차로 김기재 후보를 누르고 신승했다.

부산시장 선거는 6.4 지방선거에서 경쟁이 가장 치열했던 지역이다. 선거 기간 중에도 여론조사에서 한나라당 안상영 후보가 무소속 김기재 후보를 상대로 단 한번도 1위를 차지한 적이 없었다. 선거 5일 전까지만 해도 안 후보가 5~8%포인트 가량 뒤지고 있었던 게 사실이지만 선거 직전 분위기가 확연히 달라졌다. 김기재 후보의 지지율은 35% 선을 넘어서지 못한 반면, 35%에 이르는 부동층이 막판에 안상영 후보에게 쏠린 것으로 분석됐다.
　방송사의 예측경쟁은 결국 무승부로 끝났다. 하지만 지난 1995년 지방선거와 1997년 대선에서 당선자를 모두 예측했던 MBC와 한국갤럽의 불패신화에는 금이 갔다.[71] 특히 MBC와 한국갤럽은 부산시장 선거에서 김기재 후보의 당선이 '확정적'이라고 발표한 반면, KBS와 SBS는 김기재, 안상영 두 후보가 2.5%포인트 차이로 '경합'을 벌이는 것으로 예측하면서 MBC의 예측 실패가 더 두드러져 보였다.

불거지는 선거 예측조사 무용론

　6.4 지방선거에 이어 치러진 7.21 재보선에서 방송사의 예측조사에 대한 비판이 쏟아졌다. 1위 당선자 예측 실패는 물론이고 당선자 예측치가 오차범위를 크게 벗어나면서 선거 예측조사 무용론까지 나왔다.
　7.21 재보선에서 KBS, MBC, SBS 등 방송 3사가 각각 미디어리서치, 한국갤럽, 월드리서치 등 여론조사기관과 손잡고 투표자 전화조사를 이용하여 당선자를 예측했다. 하지만 방송사의 예측 보도는 실제 결과와는 크게 달랐다.
　수원 팔달에서 KBS와 MBC는 박왕식 후보가 남경필 후보를 각각 13%, 6%포인트 차로 승리한다고 예측했지만, 실제로는 남경필 후보가 1.3%포인트 차의 승리를 거두면서 오차범위를 크게 벗어났으며 당선자 예측에도 실패했다. 종로에서는 KBS, MBC, SBS 등 3개 방송사가 나란히 노무현 후보가 정인봉 후보를 각각 27%, 29%, 28%포인트 차로 압승할 것으로 예측했지만, 두 후보의 실제 격차는 10.9%포인트에 그쳤다. 당선자는 예측했지만, 예측치가 오차범위를 크게 벗어났다.

7.21 재보선에서는 투표자 전화조사 방법으로 선거 예측을 시도했다. 투표자 전화조사는 선거 당일 투표를 마치고 집으로 돌아온 유권자들을 대상으로 지지후보를 물어보는 조사 방식이다. 1995년 지방선거에서 한국갤럽은 투표자 전화조사를 선거 예측에 처음 사용하여 15개 광역단체장 당선자를 정확하게 예측했다. 그뿐 아니라 1997년 대선에서 김대중과 이회창의 1.6%포인트 박빙의 승부에서 당선자를 정확히 예측한 조사 방법도 바로 투표자 전화조사였다.

이러한 투표자 조사가 재보궐선거에서 터무니없는 예측으로 비난의 대상이 되었다. 투표자 조사가 재보궐선거에서 정확성이 떨어진 이유는 무엇이었을까? 첫째, 재보궐선거는 투표율이 매우 낮기 때문에 투표를 마친 유권자를 정확하게 찾아서 조사하기 어려웠다. 전화로 투표 여부를 물어본다고 하지만 거짓 응답의 가능성 또한 배제하기 어렵다. 둘째, 유선전화를 이용하기 때문에 투표를 마치고 귀가하지 않은 유권자들이 조사 대상에서 제외될 수밖에 없었다. 그 결과 투표자 전화조사의 대표성이 크게 낮아질 수밖에 없었다. 7.21 재보선에서 방송사들이 예측에 실패했던 수원팔달 지역의 투표율은 26.2%였다.

국내에서 처음으로 출구조사 실시

출구조사가 투표자 전화조사의 한계를 극복하기 위한 대안으로 떠올랐다. 출구조사는 조사원들이 투표소를 직접 찾아가 투표를 마치고 나오는 유권자들을 면접조사하는 방식이다. 투표한 유권자들을 눈앞에서 확인하여 조사할 수 있다는 점에서 투표자 전화조사의 한계를 보완할 수 있는 장점이 있다. 하지만 출구조사는 사전에 준비 과정이 복잡하고 많은 면접원들을 동원해야 하기 때문에 시간과 비용이 많이 드는 게 단점이다.

우리나라에서는 1996년 총선을 앞두고 국회의원선거에서 출구조사가 법적으로 처음 허용되었다. 하지만 투표소 반경 500m 거리제한 규정으로 인해 출구조사를 실시하는 것이 현실적으로 어려웠다. 따라서 1998년 지방선거와 7.21 재보선 때까지도 우리나라에서는 체계적으로 출구조사를 실시한 적이 없었다. 그동안 언론에서는 투표자 전화조사와 출구조사를 정확하게 구분하지 않은 채 투표자 전화조사를 출구조사라고 보도하는 등 혼란을 초래하고 있었다.

우리나라에서 출구조사는 1999년 3.30 재보선 때 처음 도입되었다. 당시 서울 구로구을 지역 등 3개 선거구에서 출구조사가 실시되었다. 구로구을과 시흥시 선거구의 전체 48개와 65개 투표소 가운데 각각 5개 투표소를 추출해서 출구조사를 실시했으며, 안양시장 선거에서는 전체 158개 투표소 가운데 10개 투표소를 선정해서 출구조사를 시행했다. 출구조사 결과 3개 선거구에서 정확한 당선자 예측이 이루어졌고, 예측오차는 평균 1.3%포인트였다.

이어서 그해 6.3 재보선에서도 서울 송파갑과 인천 계양·강화갑 등 2개 지역구의 출구조사에서 평균오차 2.0%포인트의 정확한 예측이 이루어졌다. 1998년의 4.2 재보선과 7.21 재보선에서 투표자 전화조사를 통한 당선자 예측 평균오차가 4~9%포인트이었던 것과 비교해 보면 출구조사가 정확하다는 것을 알 수 있다.[72]

7. 사상 최대 초박빙 선거

2000년 국회의원선거

정치권의 신당 창당 바람

2000년 4.13 총선은 새로운 천년을 시작하는 뉴밀레니엄 첫 선거였다. 새 시대를 맞이하여 정치권에도 새로운 변화의 바람이 불었다. 김대중 대통령은 다가오는 총선에 대비하여 1996년 창당한 새정치국민회의 기반 위에 국민신당[73]을 흡수 통합하는 등 세력을 규합하여 1월 20일 새천년민주당을 창당했다. 선거에 이기기 위해서는 세력규합이 무엇보다 중요하다는 것을 누구보다 잘 알고 있는 DJ 다운 구상이었다.

총선을 앞두고 함량 미달 정치인들에 대한 시민단체들의 낙천

낙선운동과 '바꿔 열풍'도 거세게 불어 닥쳤다. 기존 정당에 대한 국민들의 불신으로 정치권에 대한 개혁의 목소리가 높았다. 여론조사에 따르면 국민의 80% 정도가 다가오는 총선에서 새로운 인물을 찍겠다고 응답했으며, 현재 지지하는 정당이 없다는 응답이 50%에 달했다.[74]

시민단체들의 낙천낙선운동은 정치권에 파장을 몰고 왔다. 여당에게는 DJP 연합에 균열을 초래하여 DJ와 JP를 갈라놓는 계기가 되었다.[75] 낙천낙선운동의 대상에 김종필 총재가 핵심인물로 포함되면서 민주당과 자민련의 공조는 사실상 중단되었다.[76] 2월 22일 자민련은 공동 여당 포기를 선언함으로써 새천년민주당과 결별하고 야당의 길을 선택했다. 이로써 새천년민주당과 자민련은 각자 독자적으로 총선 체제에 돌입하게 되었다.[77]

1997년 대선 패배로 절치부심하던 제1야당 한나라당의 이회창 총재는 2월 18일 거물급 중진 정치인들을 대거 공천에서 탈락시키고 정치 신인들을 전면에 내세우는 대규모 물갈이를 단행했다.[78] 2.18 공천 결정은 시민단체들의 정치개혁 요구를 수용하는 긍정적 측면도 있었지만, 이 총재의 친정 체제 구축을 위한 선별 공천이라는 비난을 감수해야 했다.

2.18 공천 파동으로 한나라당이 심한 격랑에 휩싸이며, 정치권에는 신당 창당 바람이 불었다. 한나라당 공천에서 탈락한 조순, 이기택, 김윤환, 신상우 등 중진급 인사들이 탈당하여 신당 창당

을 선언했다. 여당인 새천년민주당의 공천에서 밀려난 김상현 새천년민주당 상임고문과 독자행보를 하고 있던 박찬종 전 의원 등도 합류하면서 3월 8일 조순을 당대표로 추대하여 민주국민당을 창당했다.

한편, 3월 18일 김종필 총리와 결별을 선언한 김용환 의원이 자민련을 탈당한 후 희망의 한국신당을 창당했다. 한국신당은 영남권, 특히 대구경북 지역에서 어떻게 교두보를 확보하느냐에 성패가 달려 있었다. 1월 30일 창당한 민주노동당도 1997년 대선에 출마했던 권영길 상임대표를 중심으로 진보·개혁세력을 결집하는 데 주력했다.

4.13 총선에서는 새천년민주당, 한나라당, 자유민주연합, 민주국민당 등 4당 대결 구도가 형성됐다. 민주국민당 창당과 자민련의 야당 선언 이후 새로운 4당 선거구도가 형성된 가운데 실시한 여론조사에서 내일 총선이 실시된다면 '민주당 후보를 찍겠다'는 응답이 30%에 달하는 것으로 나타났다. 이에 비해 '한나라당 후보를 찍겠다'는 응답은 20%에 그쳤다. 민주당과 한나라당의 지지율 격차가 10%포인트나 벌어졌다. 2주일 전에 실시한 여론조사에서 민주당 27%, 한나라당 26%였던 결과와는 사뭇 달라진 양상을 보였다.[79]

출구조사로 총선 예측에 도전하다

2월 16일 통합선거법 개정으로 대통령선거를 포함한 모든 선거에서 투표소 300m 밖에서 출구조사를 실시할 수 있도록 허용되었다. 1996년 15대 총선에서는 투표소 500m 밖에서 출구조사가 허용했지만, 현실적으로 출구조사가 어렵다고 판단해서 투표자 전화조사로 총선 예측을 시도했다. 다가오는 총선을 앞두고 500m 거리 제한이 300m로 완화된 것이다.

방송사들은 15대 총선에서의 예측 실패를 만회하기 위해 이번 총선에서는 출구조사를 제대로 실시할 수 있도록 계획을 미리 세워놓고 있었다. 방송 3사의 공동 예측조사는 이루어지지 않았다. MBC는 독자적으로 총선 예측조사를 실시하기로 결정했고, KBS와 SBS는 1998년 지방선거 때처럼 다시 공동조사하기로 손을 잡았다.

MBC는 한국갤럽을 신뢰하고 있었다. 1996년 총선에서 전체 39군데 당선자 예측에 실패했을 때도 한국갤럽은 2군데 밖에 틀리지 않았다. 당시 의석수 예측 실패는 컨소시엄을 구성했던 5개 여론 회사의 고르지 못한 조사능력 때문이라고 판단했다. MBC는 1997년 대선 때 1%포인트 차로 선거 결과를 정확하게 예측했던 한국갤럽과 단독 계약했다.

KBS와 SBS는 총선 예측을 위해 미디어리서치, 코리아리서치,

한국리서치, TNS 등 4개 조사기관을 선정했다. 총선은 227개 지역구를 예측해야 하는 대규모 조사가 필요하기 때문에 여러 조사기관의 힘을 합치는 것이 중요하다고 판단했다. KBS와 SBS는 자문교수들과 심사위원을 위촉하여 경쟁 프리젠테이션을 통해 조사기관을 선정했다. 심사 결과에서는 TNS가 가장 높은 점수를 받았던 것으로 기억하고 있다.

총선 사상 처음으로 출구조사가 이루어지면서 방송 3사의 예측보도 경쟁도 치열했고 총선 예측 결과에 대한 관심도 높았다. 전화조사에 비해 출구조사가 얼마나 정확한지 검증하는 기회이기도 했다. 총선 예측은 227개 지역구를 경합 지역과 비경합 지역으로 분류한 후, 경합 예상 지역은 출구조사로 예측하고 비경합 예상 지역은 전화조사로 예측하기로 계획을 세웠다.

'4.13 총선 비상' 걸린 청와대

선거를 한 달 앞두고 민주당과 한나라당이 지역구 100석을 목표로 두고 치열한 제1당 다툼을 벌이는 것으로 나타났다. 한국일보가 자체 취재한 내용과 각 당의 분석을 종합한 결과 민주당은 전국 227개 선거구 중 우세 93곳 경합 45곳, 한나라당은 우세 91곳 경합 69곳, 자민련은 우세 29곳 경합 53곳, 민국당은 우세 12

곳 경합 49곳으로 분류했다.[80] 우세 지역에는 경합우세도 포함한 수치였다.

하지만 절대우세 지역만을 우세로 분류할 경우 민주당은 우세 73곳 경합 52곳, 한나라당은 우세 72곳 경합 77곳이라고 주장했다. 판세분석 대로라면 전체 227개 지역구 가운데 민주당은 99석, 한나라당은 111석을 예상해 볼 수 있었다.[81]

청와대 내부에 4.13 총선 비상이 걸렸다. 판세분석 결과 민주당이 원내 제1당을 차지하지 못한다는 예측이 나왔기 때문이다.[82] 청와대가 최근 각종 자료와 정보를 종합한 지역구 판세에서 민주당은 우세 41곳, 상대우세 28곳, 경합 41곳으로 나타났다. 경합 지역의 절반인 20석을 당선으로 계산하면 지역구 89석 정도였다. 여기에 지역특성상 당선 가능성이 높은 일부 선거구를 포함하면 90~95석 정도 얻을 수 있다는 게 청와대의 결론이었다. 민주당 김한길 총선기획단장이 전망한 98~102석보다 낮게 나왔다. 반면에 한나라당은 우세 34곳, 상대우세 41곳, 경합 63곳으로 나타났다. 경합 지역 가운데 절반인 31석을 합하면 106석이었다. 이대로 총선이 치러지면 한나라당이 민주당보다 11~16석을 더 차지하여, 민주당의 총선 제1당 목표는 달성하기 어렵다는 분위기였다.

하지만 청와대의 분석과는 달리 언론사의 여론조사 및 전망 자료들을 분석해 보면, 민주당 100~105석, 한나라당 90~95석, 자민련 20석, 민국당과 기타 22~27석 정도로 전망하고 있었다. 청와대에서는 언론사의 분석이 현실과는 상당히 거리가 있다고 판단했다. 청와대에서는 민주당이 이처럼 고전하는 가장 큰 원인이 지역감정 때문이라고 생각했다. 한나라당과 민국당에서 '호남 편중인사' 공세를 펼치는 것이 먹혀들고 있다는 것이다.

청와대 판세분석에 대해 엄살이라는 얘기가 나오는 등 판세분석을 둘러싸고 여야 간 셈법이 미묘하게 엇갈렸다.[83] 민주당은 예상 의석수를 최소로 낮춰 잡는 '엄살형'인 반면 한나라당은 확보 가능 의석수를 최대로 늘리는 '거품형'이라는 얘기가 나돌았다. 자민련과 민국당은 대외적으로 공개하는 목표 의석수와 내부 분석용 수치가 엄청난 차이를 보이는 '이중형'이었다.

언론사의 막판 판세분석

공식 선거운동 기간이 시작되는 3월 28일부터 후보자 또는 정당 지지도 여론조사 공표가 금지된다. 언론사들이 자체적으로 실시한 여론조사 및 당의 판세분석 결과들을 종합하여 전국 227개 선거구의 판세분석 결과를 보도했다.

조선일보와 한국갤럽이 '100대 격전지 여론조사'와 각 정당의 판세분석을 종합한 결과, 전국 227개 선거구 가운데 한나라당 105~109곳, 민주당 95~100곳, 자민련 18~20곳에서 선두를 달리는 것으로 나타났다. 민국당은 2곳, 한국신당은 1곳, 무소속은 2~4곳에서 선두를 달리는 것으로 분석됐다. 지역구 예상 의석수에 비례대표 46석을 득표율로 배분하는 것까지 감안해 보면 원내 과반 의석(137석)을 차지하는 정당은 나오기 힘든 것으로 예상됐다.[84]

세계일보는 자체 여론조사 결과와 여야의 판세분석을 토대로 한나라당이 98곳, 민주당이 87곳의 지역구에서 우세한 것으로 보도했다.[85] 양당이 우열을 가릴 수 없는 혼전 지역은 20곳으로 집계됐다. 혼전 지역 20곳을 한나라당과 민주당에 절반씩 나누어 주면, 전체 지역구 227개 중 한나라당에서 108곳, 민주당 97곳에서 당선 가능성이 높은 것으로 예상해 볼 수 있었다.

총선을 사흘 앞두고 북한 변수가 발생했다. 김대중 대통령과 북한 김정일 국방위원장이 6월 12일부터 14일까지 평양에서 정상회담을 갖기로 했다고 남북한 당국이 동시에 발표했다. 남북한 간 첫 정상회담이 성사된 것이었다.

선거를 이틀 앞둔 4월 11일 언론이 일제히 남북정상회담과 경협 관련 기사들로 지면을 도배했다. 남북정상회담 성사가 4.13 총선에 어떤 영향을 미칠지 여야가 촉각을 곤두세웠다. 한나라당 등 야권에서는 선거 3일 전에 남북정상회담 합의를 발표하는 것은 '선거용'으로 볼 수밖에 없다며 강하게 반발했다. 여당인 민주당 입장에서는 선거에 도움이 될 것으로 기대했고, 야당 입장에서는 자신들에게 불리하다고 생각할 수밖에 없는 상황이었다.

총선에서 한나라당과 민주당 가운데 누가 1당이 될 것인지 최고의 관심사였다. 한나라당과 민주당 모두 의석수보다 '제1당 여부'를 승패의 기준으로 삼았다. 한나라당은 "의석수보다도 제1당을 못하면 패배"라는 절박한 분위기였다. 반면 민주당은 "제1당이면 최선이고, 5석 정도 뒤져도 무승부"라 생각했다. 지역구에서 100석 정도 얻으면 된다는 분위기였다. 자민련은 선거가 가까워질수록 충청권에서 우세 지역 수가 줄어들면서 지역구와 비례대표를 합쳐 25석 정도만 되면 좋겠다는 바람이었다. 민주국민당은 지역구 5석을 당 존립의 갈림길이라고 보았지만 분위기는 비관적이었다.

빗나간 출구조사 '대혼란'

4월 13일 오후 6시 투표 마감과 동시에 지상파 방송 3사가 총선 예측 결과를 발표했다. KBS, MBC, SBS 모두 새천년민주당이 원내 제1당이 될 것으로 예측했다. KBS·SBS와 TNS 등 4개 조사기관은 민주당이 지역구 112석에 전국구 20석을 더해 132석을 차지할 것으로 예측했고, MBC와 한국갤럽도 민주당이 지역구 107석에 전국구 20석을 합쳐 127석으로 제1당이 될 것으로 전망했다.

그러나 실제 개표 결과는 예측 결과와 크게 달랐다. 개표 결과를 보면 전국 227개 지역구에서 한나라당이 112석, 민주당이 96석, 자민련이 12석, 민주국민당이 1석, 한국신당이 1석, 무소속이 5석을 차지했다. 한나라당은 예측 결과보다 지역구에서 12~17석 더 얻은 반면, 민주당은 11~16석 줄어든 것으로 밝혀졌다. 출구조사 예측과는 정반대로 한나라당이 원내 제1당이 된 것이다.

2000년 16대 총선 지역구 의석수 예측과 실제 개표 결과

정당별	MBC 예측	KBS-SBS 예측	실제 결과
한나라당	100	95	112
민주당	107	112	96
자민련	12	12	12
민국당	2	1	1
한국신당	1	1	1
민노당	5	2	0
무소속		4	5

출구조사 예측에서 제1당이 뒤바뀐 것은 물론 1위 후보의 당락이 뒤바뀐 지역도 비일비재했다. KBS·SBS는 21개 지역구에서, MBC는 23개 지역구에서 당선자의 당락이 뒤집힌 것으로 나타났다. 이로 인해 방송사들이 당선 예상 후보들의 인터뷰까지 내보냈는데, 개표 결과 타 후보가 앞선 것으로 나타나는 해프닝을 빚

기도 했다.

지상파 방송 3사는 1996년 15대 총선에 이어 이번 16대 총선에서도 예측 실패를 되풀이하는 수모를 겪었다. 1996년 총선에서는 방송사 합동 예측조사 결과 무려 39곳에서 당선자 예측에 실패하면서 물의를 빚었다. 그 당시 방송사들은 출구조사 실시가 현실적으로 불가능한 상황에서 투표자 전화조사에 의존했기 때문에 예측이 크게 빗나갔다고 해명했었다. 하지만 이번 총선에서 80개 내외의 경합 지역들을 대상으로 출구조사를 실시했는데도 제1당 예측마저 실패하고 말았다.

방송사의 '엉터리 예측'으로 인해 신문사들이 일제히 오보를 내는 해프닝도 벌어졌다. 총선 투표가 마감되자마자 각 일간지의 첫 시내판들이 방송사 예측 결과를 그대로 받아 1면 머리기사로 보도했기 때문이다.

지상파 방송 3사는 15대 총선에 이어 이번 16대 총선에서도 정당 의석수 예측에 실패하면서 시청자들에게 실망을 안겨 주며 신뢰를 잃게 되었다. 총선 예측에 참여했던 여론조사기관들은 이번 총선이 워낙 박빙 선거구가 많은 데다 출구조사 현장에서 유권자들이 응답을 거절하거나 거짓 응답하는 경우가 많아서 예측에 실패했다고 해명했다. 특히 출구조사에서 야당지지 성향의 유권자들이 상대적으로 응답에 소극적이었다고 분석했다. 한나라당 후보에게 투표한 유권자들이 응답하지 않음으로 인해 한나라당 의석수가 과소평가되었다는 주장이다.

곳곳에 허점투성이 출구조사

2000년 16대 총선에서 방송사들은 처음으로 80곳 내외의 선거구에서 대규모 출구조사를 실시했다. 방송사와 예측조사를 수행한 여론조사기관들은 이번 총선에서 출구조사만 실시하면 정확한 예측이 가능할 것으로 기대했다. 방송사와 여론조사기관들은 나름대로 사전 준비도 철저히 했다. 출구조사를 실시한 투표소를 사전에 답사하여 점검하고, 면접원 교육도 수차례에 걸쳐 실시했다.

출구조사는 투표 당일 오전 6시부터 시작됐다. 하지만 출구조사 현장에서 예상치 못했던 크고 작은 사고들이 무수히 발생했다. 투표소 관리책임자들이 출구조사를 하지 못하도록 막는 경우가 여러 곳에서 발생했다. 처음으로 실시하는 출구조사였기 때문에 출구조사에 대한 인식이 부족했다. 투표소 관리책임자들은 출구조사가 선거에 영향을 미칠 수 있다고 지레 판단하여 면접원들을 투표소로부터 300m 밖으로 쫓아내는 일들이 곳곳에서 벌어졌다.

투표소들이 학교에 마련된 곳이 많았는데 면접원들은 300m 거리제한 규정 때문에 운동장 안으로 들어갈 수가 없었다. 하는 수 없이 학교 정문 앞에서 대기하다 보면 자가용을 타고 온 유권자들은 아예 조사조차 할 수 없는 경우가 허다했다. 게다가 출구조사가 부정선거를 조장할 수 있다면서 조사를 방해하거나 경찰에 신고하는 사람들도 있었다.

투표소의 출구가 여러 군데인 투표소들도 많았다. 조사 면접원이 한쪽 출구에서 기다리는데 투표한 유권자들은 다른 출구로 나가버리는 경우도 종종 있었다.

여론조사기관에서는 투표 당일 출구조사가 시작되는 오전 내내 전국의 출구조사 현장에서 걸려오는 비상전화를 받느라 정신이 없었다. 출구조사가 진행된 투표소들 가운데 20~30%에서 크고 작은 사고가 발생했다. 이들 투표소에서는 조사 자체를 아예 못하거나 일정 시간 중단되면서 정해진 원칙에 따라 조사를 할 수 없었다.

조사 거절자도 예상외로 많아 20%를 웃돌았다. 연령대별로는 50대 이상 유권자들이 거절하는 경우가 많았고 특히 60대 여성 투표자의 거절률이 가장 높았다. 응답을 거절하는 유권자들이 발생할 경우 성별과 연령만이라도 확인해야 하는데, 사고가 발생한 투표소에서는 이마저도 체크할 수 없는 상황이었다.

총선 예측 결과 엉터리 출구조사라는 비난 속에서도 KBS·SBS와 공동으로 예측조사에 참여했던 미디어리서치, 코리아리서치,

한국리서치, TNS 등 4개 여론조사기관들 가운데 TNS와 코리아리서치 두 곳이 상대적으로 돋보였다. TNS와 코리아리서치는 각자 예측을 맡았던 50여 개 선거구들 중에 예측에 실패한 곳이 각각 2군데에 불과했기 때문이다. 이에 비해 미디어리서치는 8곳, 한국리서치는 9곳의 선거구에서 예측에 실패했다.

  2000년 총선에서 방송사들이 예측에 실패한 이유는 출구조사에 대한 사전 준비가 치밀하지 못했기 때문이라고 생각한다. 1999년 재보선에서 3~4개 선거구에서 처음 실시한 출구조사 경험을 가지고 2000년 총선에서 전국 80개 내외의 선거구에서 출구조사를 실시했는데 시행착오가 필요했던 것으로 보인다. 무엇보다 중요한 것은 출구조사 300m 거리제한 규정을 폐지하지 않고서는 총선에서 정확한 출구조사를 기대하기 어렵다는 사실이다.

8. 반전을 거듭한 대선드라마

2002년 지방선거와 대통령선거

이회창과 이인제의 대세론

2002년은 월드컵의 해이자 선거의 해였다. 변방에 머물러 있었던 한국 축구가 4강까지 오르는 기염을 토했다. 국민들은 열광했고, 6월의 월드컵은 그야말로 뜨거웠다. 선거에 대한 관심 또한 월드컵 열기 못지않았다. 6월에는 지방선거가, 8월에는 재보선이, 12월에는 대통령선거가 기다리고 있었기 때문이다. 정치권은 월드컵 분위기가 선거에 어떤 영향을 미칠지 촉각을 곤두세우고 있었다.

언론의 관심은 코앞에 닥친 6월 지방선거보다 12월 대선을 향했다. 연초부터 대선주자 지지도를 발표하는 언론의 여론조사 보도가 쏟아졌다. 대선주자들 가운데 1997년 대선에서 격돌했던 이인제와 이회창이 가장 주목을 받았다. 이인제는 민주당 상임고문으로 여권의 선두주자였고, 이회창 한나라당 총재는 야권의 선두주자였기 때문이다.

12월 대선에서 이회창 총재와 이인제 상임고문 두 사람이 양자대결을 벌인다면 누가 이길 것인지가 최고의 관심사였다. 신년 여론조사에서 이회창 총재가 이인제 상임고문을 2%~13%포인트 차로 앞서는 것으로 나타났다.[86] 언론사별로 지지율의 차이는 있었지만, 모든 여론조사에서 이회창 총재가 앞서고 있었다.

지난 1997년 대선 결과가 그랬듯이 새해 여론조사 결과가 연말까지 이어지리라고 생각하는 사람은 없었다. 대선까지는 예상치 못한 변수들이 수없이 많을 것이고, 그에 따라 여론의 흐름도 변화할 것이기 때문이다.

이회창, 이인제 양자 구도도 가상 대결일 뿐 다른 주자들이 끼어들 경우 대선 구도는 언제든지 바뀔 수도 있다. 한나라당에서는 이회창 총재가 유력 주자이지만 박근혜 부총재의 추격도 만만치 않았다. 민주당에서는 이인제 고문의 대세론이 위협받고 있었다. 노무현, 정동영, 김근태, 한화갑 고문 등 대권주자들이 줄줄이 그의 뒤를 쫓고 있기 때문이다.[87]

대선 판도를 뒤흔든 '여론조사 태풍'

설 연휴를 지낸 2월 말 한나라당 박근혜 부총재가 12월 대선 판도를 흔들었다. 박근혜는 대선후보 예비경선제 도입과 당권·대권 분리를 거부한 이회창 총재를 비난하며 2월 28일 한나라당을 전격 탈당했다. 민주당의 대권주자들도 당내 개혁 요구를 수용하지 못한 이회창 총재를 비판하고 나섰다. 박근혜의 탈당으로 대선 구도는 양당 대결에서 3자 대결로 바뀌었다.

박근혜 탈당 직후 실시한 중앙일보 여론조사에서 이회창, 이인제, 박근혜가 3자 가상 대결을 벌일 경우, 이회창이 36%로 1위를 달리고 박근혜가 27%로 2위를 차지하는 반면 이인제는 25%로 오차범위 내이지만 3위에 머물렀다.[88] 대세론을 자처하던 민주당의 이인제가 한나라당을 뛰쳐나온 박근혜에게도 밀리는 여론조사 결과가 나오면서, 여권 내에서 이인제 대세론이 흔들리기 시작했다. 박근혜의 탈당으로 한나라당 이회창 총재도 대구경북 지역의 지지기반이 흔들리면서 상당한 타격을 받았다.

3월 13일 민주당 국민경선이 치러지고 있는 가운데 대선 지형을 뒤흔드는 강력한 '여론조사 태풍'이 몰려왔다. SBS가 TNS에 의뢰하여 실시한 여론조사에서 노무현 민주당 고문이 부동의 1위를 지켜온 이회창 한나라당 총재를 42% 대 41%로 1%포인트 앞서는 결과가 나왔다.[89] 여당 후보로서는 처음으로 야당 대세론

후보를 누른 것이다. 그동안 여론조사에서 민주당 내에 가장 경쟁력이 있다는 이인제 고문도 한나라당 이회창 총재를 일대일 대결에서 한 번도 이겨본 적 없었는데, 노무현 고문이 이를 뒤집은 것이다. 민주당 지지자들은 대선에서 한나라당 이회창 총재를 꺾을 사람은 이제 노무현뿐이라고 생각했다.

SBS 여론조사의 파장은 거셌다. 여론조사 발표 이틀 뒤에 치러진 민주당 광주 지역 경선이 향후 대선 판도를 완전히 뒤바꿔 놓았다. 민주당에서 이인제 대세론이 꺾이고 '노무현 대안론'이 급부상한 것이다. 3월 16일 민주당 광주 경선일은 노무현 후보의 날이었다. "노무현 후보 1등"이 발표되자 수백명의 지지자들이 단상으로 뛰어올라가 노 후보를 에워싸고 눈물을 펑펑 쏟았다. 이른바 노사모(노무현을 사랑하는 사람들의 모임)로 불리는 전국 각지에서 모여든 인터넷 팬클럽 회원들이었다. 민주당 대선후보 경선에 나선 노무현이 여야를 망라한 대권 경쟁에서 '태풍의 눈'으로 떠올랐다. 노무현은 당내 경선에서 '만년 2위'를 탈피하여, 1위로 급부상했다.

노무현이 이회창을 앞서는 여론조사가 잇따랐다. 노무현이 이인제보다 민주당 후보로서 경쟁력이 높아지는데 그치지 않고 이회창을 앞서는 여론조사 결과가 계속 나왔다. 3월 17일 MBC와 한국갤럽 여론조사에서 이회창과 노무현이 양자 대결을 할 경우 노무현이 40%의 지지율로 37%의 이회창을 오차범위 안에서 앞서는 것으로 나타났다. KBS 여론조사에서도 노무현이 열흘 전 조사에서는 이회창보다 14%포인트나 뒤졌으나, 이제는 노무현이 이회창을 45% 대 41%로 4%포인트 앞서 나갔다.[90]

노풍盧風에 무너진 이회창 대세론

'노무현 바람'이 거세게 불어 닥치면서 이인제 후보 진영에서 '여론조사 음모론'을 제기했다. 청와대와 언론이 합작해서 노무현을 띄우기에 나섰다는 주장이다. 이 와중에 SBS가 광주 경선 직후에 실시한 여론조사가 '정치권압력설' 등의 구설수에 오르내렸다.[91] SBS가 TNS에 의뢰해서 실시한 여론조사에서 노무현 고문이 이회창 총재를 17%포인트 차로 앞서는 결과가 나오자 SBS가 여론조사의 정확성을 재확인하는 과정에서 보도를 유보했기 때문이다.

노풍盧風의 기세는 거침없었다. 이인제 대세론을 넘어서 이회창 대세론을 무너뜨렸다. 노무현이 이회창에 1%포인트 앞선다는 SBS 여론조사 보도 이후 보름 동안 언론이 쏟아낸 모든 여론조사에서 노무현 후보가 이회창 총재를 앞질렀고 지지도 격차는 갈수록 벌어졌다. 노무현 후보가 이회창 총재를 15%포인트 이상 앞서는 여론조사가 계속 이어졌다. 반면 이인제 고문은 이 총재와의 가상 대결에서 10%포인트 이상 뒤졌다. 노무현의 지지율이 올라가면서 정당 지지도에서도 민주당이 한나라당을 앞서기 시작했다.

노무현 돌풍이 몰아치면서 한나라당 대선후보 경선에서 '이회창 필패론'의 목소리가 높았다. 이회창 총재와 경선을 벌이는 최병렬 후보가 이회창으로는 대선에서 이길 수 없다며 '이회창 필패론'을 내세우며 선제공격을 가했다. 이에 대해 이회창 후보 측에서는 이회창이라야 대선에서 이길 수 있다며 '이회창 필승론'으로 팽팽히 맞섰다.

결국 여론조사가 이회창 필패론을 잠재웠다. 한나라당 경선을 앞두고 실시한 대선후보 선호도 여론조사에서 이회창 후보가 48%로 압도적 1위를 차지한 반면, 이부영 후보는 19%, 최병렬 후보는 14%, 이상희 후보는 1%에 불과한 것으로 나타난 것이다. 노풍盧風에 이회창 대세론이 무너졌다고 하지만 한나라당 내에서 이회창을 대신할 주자는 나타나지 않았다.

꼬리문 악재에 노풍 조정국면

4월 27일 서울 경선 직후 노무현 후보가 공식적으로 새천년민주당 대선후보로 확정됐다. 하지만 사그라질 줄 몰랐던 '노무현 바람'이 주춤거리기 시작했다. 김대중 정부의 권력형 비리의혹이 불거지면서 노무현 후보 지지율의 발목을 잡았다. 김대중 대통령의 아들 비리 의혹에다 권노갑 전 고문에 대한 검찰 수사, 국정원의 4.13 총선자금 의혹 등 악재가 터지면서 노무현 후보의 지지율도 떨어지기 시작했다. 민주당 경선 직후 노무현 후보가 YS를 찾아간 것도 부정적인 영향을 미쳤다.[92]

5월 10일 이회창 총재가 한나라당 국민참여경선에서 압승하면서 대통령 후보로 확정됐다. 이제 대선 국면은 이회창, 노무현 후보의 대결을 기본 축으로 박근혜, 정몽준 의원 등 제3의 후보들의 출마 여부에 따라 다자 대결 구도로 짜일 가능성이 높아졌다.

6.13 지방선거가 한 달 앞으로 다가왔다. 지방선거는 민주당과 한나라당 대선후보로 확정된 노무현과 이회창의 대선 전초전이나 다름없었다. 지방선거 결과에 따라 대선후보들의 전국적 지지기반도 달라질 수 있기 때문이다.

지방선거를 앞두고 민주당 노무현 후보와 한나라당 이회창 후보에 대한 지지율 격차가 오차범위 내로 줄어들었다.[93] 민심이 무섭다는 사실을 실감케 했다. 지난 3월 11~12일 SBS 조사에서 이회창 후보를 근소하게 앞서기 시작하여 불과 한 달 전만 해도 25%포인트 이상 차이를 벌렸던 지지율이 이제 오차범위 내로 좁혀진 것이다.

정치권에서는 지방선거를 대선의 전초전이라 생각하여 총력을 기울였다. 하지만 정작 유권자들은 월드컵 열기에 도취되어 있었고, 지방선거는 유권자들의 관심 밖으로 밀려나 있었다. 투표율이 낮아질 것으로 예상되면서 민주당은 긴장하는 모습이 역력했다.

지방선거를 열흘 앞두고 정당과 언론의 판세분석 결과가 나왔다. 전국 16개 시도지사 선거의 판세를 보면 한나라당이 울산을 제외한 영남권 4곳과 인천·강원·충북 등 7곳, 민주당이 전북·전남 등 2곳, 자민련은 충남, 민주노동당은 울산에서 우세를 보이는 것으로 나타났다. 서울·대전·경기·제주 등 4곳은 오차범위 내의 혼전 양상을 보였다. 서울과 경기 지역에서는 한나라당과 민주당 모두 자기 당 후보가 우세라고 주장했다. 대전은 한나라당과 자민련이 서로 우세를 주장했고, 제주는 민주당이 우세를 주장하는 가운데 한나라당에서는 혼전 지역이라며 한발 물러섰다. 하지만 선거를 하루 앞두고 접전 지역이 일부 바뀌었다. 일주일 전과 달리 경기 지역이 한나라당 우세로 돌아선 반면, 울산 지역이 접전지로 변했다.

서울 지역은 한나라당 이명박, 민주당 김민석 두 후보가 초접전 양상을 보였다. 선거전에 돌입하면서부터 여론조사 공표가 금지된 이후 판세는 한치 앞을 예측하기 어려웠다. 하지만 월드컵 분위기에 밀려 투표율이 40%대로 떨어지면서 승부는 이명박 후보에 유리하게 돌아갔다.

경기 지역은 초반에 한나라당 손학규 후보가 앞서갔지만, 노무현 바람을 타고 민주당 진념 후보가 손 후보를 추월하기도 했다. 하지만 김대중 대통령 세 아들 비리 의혹 등의 악재로 민주당 지지도가 급격히 하락하면서 손 후보가 진 후보에 역전하며 승기를 잡았다.

울산 지역은 후보 등록 전까지 실시된 수차례 언론사 여론조사에서 민노당 송철호 후보가 5%포인트 전후의 우세를 유지했다. 하지만 낮은 투표율과 민노당 조직력 약화로 인해 선거 막판에 박맹우 후보가 송철호 후보를 누르고 역전에 성공했다.

제주 지역은 전직 도지사였던 신구범 한나라당 후보와 현직 도지사인 우근민 새천년민주당 후보가 박빙의 승부를 펼쳤다. 전국의 개표가 거의 끝난 선거 다음날 오전까지 박빙의 경합을 벌인 가운데 우근민 후보가 신구범 후보를 누르고 당선되었다.

SBS의 완벽한 지방선거 예측

6월 13일 오후 6시 투표 마감과 동시에 KBS, MBC, SBS 등 방송 3사가 전국 16개 시도의 광역단체장 당선자 예측 결과를 발표했다. 방송 3사 모두 한나라당이 11~12개 시도에서 당선자를 차지하는 대승을 거둘 것으로 예측했다. 다만, 제주도지사 선거에서는 방송 3사의 예측이 엇갈렸다. KBS는 한나라당 신구범, 민주당 우근민 두 후보가 오차범위 내 접전으로 예측불가 판정을 내렸고, MBC는 신구범 후보가 우근민 후보를 1.6%포인트 앞서는 것으로 발표했다. 반면, SBS는 우근민 후보가 신구범 후보에게 5.4%포인트 앞서는 것으로 예측했다.

방송 3사의 엇갈린 예측처럼 두 후보는 실제 개표 과정 내내 엎치락뒤치락 접전을 벌였다. 결국 민주당 우근민 후보가 51.4%를 득표하여 45.4%를 얻은 신구범 후보를 누르고 6%포인트 차이로 승리했다. SBS는 6.13 지방선거의 최대 격전지로 주목받았던 제주 지역의 우근민 후보의 득표율을 0.1%포인트 차이로 정확히 예측함으로써, 16곳 광역자치단체장 당선자를 모두 적중시키는 성과를 거두었다.

방송 3사가 독자적으로 선거 예측경쟁을 벌인 것은 이번 지방선거가 처음이었다. 지난 1995년 지방선거에서 MBC와 SBS가 각각 예측경쟁을 벌였지만, KBS는 당시 출구조사 금지규정 때문에 선거 예측방송을 하지 않았다. 1996년 총선에서는 방송 3사가 합동으로 투표자 전화조사 예측을 했다. 이어서 1997년 대선에서 방송 3사가 본격적인 예측경쟁을 벌였지만, 선거를 이틀 앞두고 방송 3사 사장단 회의에서 투표일 밤 12시까지 당선자 예측을 유보하기로 합의하면서 예측경쟁이 무산됐다. 하지만, MBC가 방송 3사의 합의를 깨고 혼자서 DJ 당선을 예측했다. 그 후

KBS와 SBS는 MBC를 배신자로 낙인찍고, 이듬해 1998년 지방선거와 2000년 총선에서 공동 예측조사를 실시하게 되었다. 하지만 2002년 지방선거와 대통령선거를 앞두고 KBS와 SBS도 각자 예측조사를 실시하게 되면서 방송 3사의 선거 예측경쟁이 본격적으로 시작됐다.

2002년 지방선거에서 방송 3사가 독자적으로 예측경쟁을 벌이면서 조사 방법이 각자 달랐다는 점도 눈여겨 볼만한 대목이다.

KBS는 코리아리서치센터와 미디어리서치와 함께 비경합으로 분류된 10개 지역은 전화조사로, 경합 지역인 서울, 경기 등 6개 지역에서는 출구조사를 실시했다. MBC는 한국갤럽과 함께 서울, 경기, 대전, 울산, 제주 등 경합 지역은 5회, 나머지 지역은 3회의 전화조사를 실시했다.

SBS는 TNS와 함께 경합 지역으로 예상된 서울, 대전, 울산, 제주 4개 지역을 대상으로 전화조사와 선거 당일 출구조사를 실시했다. 나머지 비경합 지역은 전화조사만으로 예측했다. SBS와 TNS가 경합 지역을 출구조사로 예측한 것으로 알려졌지만, 사실은 전화조사를 기반으로 예측했다. 경합 지역에서 실시한 출구조사는 후보의 지지율이 아니라 투표자의 성연령 구성비율을 파악하는 게 주목적이었다. 전화조사로 선거 결과를 예측할 때 가장 큰 문제점은 투표자를 파악할 수 없다는 점이다. 예측조사를 담당했던 TNS는 성연령별 투표자 비율을 정확히 파악할 수 있다면,

전화조사로도 정확한 예측이 가능하다고 믿었다.

당시 출구조사는 투표소 300m 밖에서 해야 한다는 규정이 있었기 때문에 출구조사의 정확성도 기대하기 어려운 상황이었다. 따라서 출구조사를 통해 투표자의 성연령 구성비율만 제대로 파악하여, 전화조사 결과를 토대로 예측해 보자는 것이 SBS와 TNS의 선거 예측전략이었다. 결국 SBS의 경합 지역 당선자 예측은 선거 하루 전날 실시한 전화조사 결과를 토대로 이루어졌다. 출구조사로 얻은 성연령별 투표자 구성비는 전화조사 결과를 보정하는데 이용했다. 사실상 SBS는 전화조사로 당선자 예측을 한 것이다. 제주도지사 당선자 예측 성공이 이러한 예측방법 덕분이었다고 단정 지을 순 없지만, 새로운 예측전략을 시도했다는 점에서 의미가 있었다.

MBC, 한국갤럽과 결별하다

6.13 지방선거를 계기로 MBC는 1992년 대선 이후 10년 동안 예측조사를 함께했던 한국갤럽과 결별했다. SBS가 TNS와 함께 16개 시도지사 당선자를 완벽하게 예측한 반면, 한국갤럽은 제주도지사 당선자 예측에 실패했기 때문이다. 한국갤럽은 MBC와 함께 1995년 지방선거에 이어 1997년 대선에서도 김대중과 이회

창의 1.6%포인트 차이의 초박빙 승부를 예측하면서 우리나라 최고의 여론조사기관으로 명성을 쌓아 왔지만, MBC는 단 한 번의 선거 예측 실패도 용납하지 않았다. 선거에서 정확한 당선자 예측이 방송사에게 얼마나 중요한 일인지 단적으로 보여준 사례다.

MBC와 헤어진 한국갤럽이 12월 대통령선거를 앞두고 KBS와 함께 예측조사를 실시한 것을 나중에 알았다. 그 당시 나는 KBS 선거방송 예측조사를 담당하는 김홍섭 부장과 자주 연락하며 지냈지만, 한국갤럽과 함께 예측조사를 준비하고 있는 줄은 꿈에도 몰랐다.

박무익 회장은 KBS가 한국갤럽에게 미디어리서치와 함께 공동으로 대선 예측조사를 실시할 것을 제안했다고 자신의 회고록에 남겼다. 하지만 내막은 당시 한국갤럽 최시중 회장이 KBS 박권상 사장에게 전화조사로 대통령선거를 예측할 것을 제안했던 것으로 알려졌다. 박권상 사장과 최시중 회장은 동아일보 선후배 사이였다.

KBS는 미디어리서치와 함께 12월 대선 예측을 위한 출구조사를 이미 준비하고 있었다. 두 회사가 서로 다른 조사 방법으로 공동 예측을 시도하는 것은 사실상 무리였다. 대통령선거는 단일 선거구이기 때문에 출구조사와 전화조사를 동시에 이용하는 공동조사로 당선자를 예측할 수는 없었다. 결국 한국갤럽과 미디어리서치는 각각 독자적으로 조사한 예측 결과를 KBS에 제공하기

로 결론이 났다.[94]

이회창 1위 탈환과 정몽준의 급부상

6.13 지방선거에서 한나라당이 싹쓸이나 다름없는 대승을 거두었다. 16개 광역단체장 선거에서 광주, 전남, 전북, 제주, 충북을 제외한 11개 시도에 한나라당의 깃발을 휘날렸다. 6명이던 시도지사는 11명이 되었고 74명이던 기초단체장도 140명으로 늘어났다. 2002년 지방선거에서 처음 실시한 정당투표제에서도 한나라당은 과반이 넘는 52.1%를 득표했다. 민주당은 29.1%, 민주노동당은 8.1%, 자민련은 6.5%를 얻었다. 정당투표제 득표율은 사실상 정당 지지도나 다름없는 수치여서, 다가오는 대통령선거에서 한나라당의 낙승을 예고하는 듯했다.

이회창 후보의 지지율도 상승세를 탔다. 6.13 지방선거 당일 실시한 SBS 여론조사에서 한나라당 이회창 후보와 민주당 노무현 후보가 양자 대결을 벌일 경우, 이회창이 38% 지지율로 36%를 얻은 노무현을 2%포인트 앞서는 것으로 나타났다.[95] 지난 3월 SBS 여론조사에서 노무현 후보가 이회창 후보를 처음 앞지른 이후 3개월 만에 전세가 역전된 것으로 나타났다. 대선 정국의 흐름을 두 차례나 바꾼 SBS의 여론조사 타이밍이 절묘했다.

지방선거 기간에 치러진 2002년 월드컵에서 한국 축구 대표팀이 유럽의 축구 강국 이탈리아와 스페인을 누르고 4강에 진출하는 쾌거를 이루면서, 무소속 국회의원이던 정몽준 월드컵 조직위원장이 대선 정국에 태풍의 눈으로 급부상했다. 월드컵 대회 이전부터 정몽준 의원은 언론매체와의 인터뷰에서 "월드컵이 지나면 큰 꿈을 꾸겠다"며 대통령선거에 나설 뜻이 있음을 여러 차례 내비쳐 왔었다.

월드컵에 대한 국민들의 환호와 열광 속에 정몽준의 인기는 계속 올라갔다.[96] 월드컵 4강 신화와 함께 정몽준은 민주당 노무현 후보 지지율을 단숨에 따라잡았다. 7월 초 문화일보 여론조사 보도에 따르면 한나라당 이회창, 민주당 노무현, 무소속 정몽준의 3자 가상 대결에서 이회창 39%, 노무현 25%, 정몽준 24%를 기록했다. 내일신문이 한길리서치에 의뢰한 여론조사에서는 이회창 34%, 정몽준 28%, 노무현 28%로 노무현 후보와 동률을 기록하기도 했다.

노무현 후보 교체론 vs 노무현 지키기

지방선거 참패로 민주당이 책임 논란에 휩싸이며 노무현 후보의 지지율이 급락했다. 이회창 후보와 노무현 후보의 지지율 격차가 더 크게 벌어지자,⁹⁷⁾ 이인제 의원을 비롯한 민주당 내 반노 反盧 세력이 노무현 후보에 대해 후보 사퇴를 주장하면서 민주당의 분란이 격화되었다. 민주당 지도부에서 노무현 후보를 재신임하고, 노무현도 '8.8 재보궐선거 이후 재경선' 안을 수용하면서 민주당의 내분은 일단 소강상태로 접어들었다.

민주당은 눈앞에 다가온 8.8 재보선을 반전의 계기로 삼기 위해 전력을 기울였다. 재보궐선거에서도 패배할 경우 12월 대선 승리가 완전히 물 건너갈 수 있다는 긴박감 때문이었다. 하지만 8.8 재보선을 보름 앞두고 언론사들이 발표한 여론조사 결과가 민주당의 미래를 암울하게 만들었다. 13개 지역구에서 국회의원 선거가 치러져 미니 총선으로도 불리는 8.8 재보선에서 한나라당이 압승할 것이라는 분위기가 지배적이었다. 언론사들의 여론조사 보도에 따르면 호남 2곳(광주 북구갑, 전북 군산)을 제외한 영남 지역 3곳(부산 진갑, 부산 해운대기장갑, 경남마산 합포), 수도권 7곳, 제주 북제주 등 11곳에서 한나라당 후보가 민주당 후보를 크게 앞서는 것으로 나타났다.

김대중 대통령 친인척 비리와 각종 게이트 파문이 확산되면서, 한나라당에서 주장하는 부패정권 심판론이 표심을 흔들어 놓고 있었다. 8.8 재보선을 일주일 앞두고 7월 31일 김대업 씨가 기자회견을 열어 5년 만에 '병풍'을 재점화시키면서 공방이 계속됐지만 재보선에 별 영향을 미치지 못했다. 새천년민주당은 미니 총선이라 불린 8.8 국회의원 재보궐선거 13곳에서도 11 대 2로 참패를 당하며 더욱 수렁 속으로 빠져 들었다.

　6월 지방선거와 8월 재보궐선거에서 연이은 참패로 민주당 내에서 노무현 후보의 입지가 급격히 흔들리면서, 대통령 후보를 교체해야 한다는 목소리가 높아졌다. 신당론도 더욱 활기를 띠고 있었다. 민주당 내 반노反盧와 친노親盧의 싸움이 더욱 치열해졌다.

　반노反盧 측에서는 사실상 노무현 후보를 배제하는 신당을 추진했다. 노무현 후보가 따라오든 말든 그것은 알아서 하고 따라오려면 후보를 내려놓고 오라는 것이었다. 한마디로 '노무현 후보 죽이기'나 다름없었다. 신당론의 근거는 두 가지였다. 하나는 노무현 후보로는 이회창 한나라당 후보를 이기기 어렵다는 것이고, 다른 하나는 민주당 간판을 가지고는 대통령선거를 치르기 힘들다는 이유였다.

　수세에 몰렸던 노무현 후보가 원군을 만났다. 노무현을 지지해 온 사회 각계 인사들이 당내 반노反盧 세력의 신당 창당을 통한 후보 교체 움직임에 맞서 '노무현 지키기'에 본격 나선 것이다. 200만 국민이 참여한 국민경선제를 도입하여, 국민의 뜻에 따라 노무현 후보를 선출해 놓고 이제 와서 여론조사에서 뒤진다는 이유로 후보를 교체해선 안 된다고 주장했다.[98]

월드컵 4강 열기에 떠오르는 정몽준

지방선거와 재보궐선거에서 연이어 승리한 한나라당은 '이회창 대세론'으로 정권 탈환의 고지를 눈앞에 두고 있었다. 하지만 여론조사 복병이 나타났다. 8.8 재보선 당일에 실시한 SBS 여론조사에서 정몽준 의원이 신당 대선후보로 나설 경우 이회창 한나라당 후보를 제치고 1위를 차지한다는 조사 결과가 나왔다. 무소속 정몽준 의원이 신당 후보로 출마해 한나라당 이회창 후보와 양자 대결을 벌일 경우 44% 대 40%로 4%포인트 앞서는 것으로 나타났다.[99] 이회창-노무현-정몽준 3자 대결에서도 이회창 32%, 정몽준 32%, 노무현 24%로 정몽준이 이회창과 대등한 지지율로 노무현을 8%포인트 차이로 따돌리며 이회창과 2강 구도를 형성하는 것으로 나타났다.

8.8 재보선 이후 무소속 정몽준 후보는 한나라당 이회창 후보와 어깨를 겨루는 대항마로 급부상했다.[100] 한때 노무현 민주당 후보에게 쏠렸던 40대 유권자들이 정몽준 후보 쪽으로 이동한 것으로 분석됐다. 민주당 경선에서 노풍盧風의 진원지였던 광주·전라 지역에서도 정몽준 후보가 노무현 후보보다 더 높은 지지를 얻고 있었다.

이회창-정몽준-노무현 3자 대결에서는 이회창, 정몽준, 노무현 순이었지만, 정몽준 의원이 민주당 신당 후보로 대선에 출마할 경우 한나라당 이회창 후보를 앞선다는 여론조사 결과가 잇따랐다. 이에 비해 노무현 후보는 양자 대결에서 이회창 후보에게 밀렸다.[101]

월드컵 이전에는 이회창, 노무현과 함께 3자 대결을 할 경우 여론조사에서 10%에 머물렀던 정몽준의 지지율이 월드컵 붐을 타고 20%를 넘어서더니, 7월에는 노무현을 제치고 8월에는 이회창을 위협하기 시작했다.

정몽준의 대선 출마 선언

추석을 앞두고 무소속 정몽준 의원이 9월 17일 대통령선거 출마를 공식 선언했다. 12월 대선은 이제 다자 대결 구도로 치러지게 됐다. 한나라당 이회창, 민주당 노무현, 민주노동당 권영길 후보가 이미 대선후보로 선출되었고, 이한동 전 총리도 대선 출마를 선언했다. 정몽준 의원까지 가세하면 16대 대선은 4자 또는 5자 대결 구도로 치러질 가능성이 높았다. 정 의원은 10월 중순 즈음 자원봉사자 등과 함께 신당을 창당하겠다는 의사도 밝혔다.

정몽준 의원의 출마 이후 추석 연휴(9월 20~22일)를 보내고 SBS 등 5개 언론사가 실시한 여론조사 결과는 한 달 전과 비슷한 흐름을 보이고 있었다.

5자 대결 구도에서 한나라당 이회창 후보는 32~35%, 무소속 정몽준 후보는 27~31%, 민주당 노무현 후보는 14~22%의 지지율을 얻고 있었다. 민주노동당 권영길 후보와 이한동 전 국무총리는 각각 1~2% 사이에 머물렀다. 통합신당 후보로서 정몽준 후보가 이회창 후보와 양자 대결을 벌일 경우는 여전히 정몽준 후보가 오차범위 내에서 근소한 차로 앞섰다. 하지만 노무현 후보가 신당 후보로 나서면 이회창 후보에게 뒤지는 것으로 나타났다.

　추석 이후 후보 단일화가 대선 정국의 핵심 변수로 떠올랐다. 민주당의 반노反盧 그룹에서 화두를 던지고, 무소속 정몽준 후보가 화답했다. 하지만 노무현 후보는 후보 단일화에 반대했다. 민주당의 일부 의원들은 이참에 '후보 단일화 협의회'를 결성하여, 노무현 후보의 사퇴 요구와 단일화 촉구를 주장하고 나섰다. 그동안 대안이 없었기 때문에 마음에 안 들어도 겉으로는 노무현 후보를 중심으로 단결했지만, 이제는 정몽준이라는 대안이 생겼기 때문에 노무현 후보 사퇴론, 후보 교체론이 공공연히 터져 나왔다. 후단협 소속 의원들은 탈당을 감행하는 등 노무현 후보에게 타격을 주어 자진 사퇴하기를 기대했지만 뜻대로 되지 않았다.

주춤거리는 정몽준의 지지율

10월 중순을 넘어서면서 2개월가량 고착돼 있던 대선주자 지지도에 변화 조짐이 나타났다. 이회창, 노무현 후보의 지지율에는 변화가 거의 없지만 정몽준 의원의 지지율이 하락세로 돌아섰다. 아이러니하게도 10월 13일 정몽준 후보가 주도하는 신당 명칭을 '국민통합21'로 결정하고, 10월 16일 창당발기인 대회를 추진하는 시점에 정 후보의 지지율이 떨어지기 시작한 것이다. 당시 국민통합21 창당 발기인 명단에는 인기 연예인 최진실, 강부자, 남궁원, 백일섭 등이 이름을 올리며 국민들의 관심을 끌었다. 하지만 정몽준 후보의 지지율을 끌어올리는 데는 실패한 것이다.

연일 계속되는 한나라당과 민주당의 현대그룹 정경유착 문제에 대한 집중 공격도 정 후보의 지지율을 주춤거리게 하는 요인이 되었다. 10월 27일 도쿄에서 이익치 전 현대증권 회장이 밝힌 현대전자 주가조작 사건과 정몽준 의원이 무관하지 않다는 이른바 '현대전자 주가조작 개입의혹'은 정 의원을 더욱 곤혹스럽게 만들었다.

10월 27일 KBS가 한국갤럽에 의뢰해 실시한 여론조사의 5자 대결에서 이회창 후보 34%, 정몽준 의원 24%, 민주당 노무현 후보 18%로 이회창 후보와 정몽준 후보의 지지율 격차가 10%포인트 차로 벌어졌다. 정몽준이 노무현 후보와 단일화하여 이회창과 양자 대결을 벌이더라도 이제는 이회창 후보에 뒤지는 것으로 나타났다. 정몽준 의원이 단일후보로 이회창 후보에 뒤지는 여론조사 결과는 후보 단일화 제기 이후 처음이었다.

정몽준 후보의 지지율 하락으로 대선 판도가 바뀌면서 2개월 넘게 지속되어온 '2강 1중' 형세가 깨졌다. 한나라당 이회창 후보가 확실한 선두에 나서며 민주당 노무현 후보와 '국민통합21'의 정몽준 의원이 2위를 다투는 '1강 2중'의 형국이 되었다.

앞서는 이회창, 후보 단일화가 최대 변수

11월에 들어서면서 대선 정국이 또다시 꿈틀거렸다. 국민통합21 정몽준 후보 진영에서 후보 단일화를 당론으로 채택하며 노무현 후보 측을 압박했다. 애초에 후보 단일화에 거부를 표시했던 노무현 후보 측에서도 대놓고 거부반응을 드러내지는 않았다. 선거일정을 감안하면 1~2주 내로 단일화에 대한 결론을 내려야하는 상황이었다.

후보 단일화 논의가 활발한 가운데 대선주자의 지지율 판세는 1강 2중의 구도가 더욱 뚜렷해지고 있었다. MBC, KBS, 한국일보에서 11월 9~10일 실시한 여론조사의 다자 대결 구도에서 이회창 후보는 36~37%의 지지를 얻어 23~24%의 정몽준 후보와

20~23%의 노무현 후보를 10%포인트 이상 앞서 나갔다. 노무현, 정몽준 두 후보의 2위 다툼은 오차범위 안에서 치열했다. 정몽준, 노무현 두 후보가 단일화를 할 경우, 이회창 후보와의 대결에서 오차범위 내 접전을 벌이는 것으로 나타났다. 이회창 대 정몽준 대결에서는 42% 대 43%로 정몽준이 앞섰고, 이회창 대 노무현 대결에서는 44% 대 42%로 이회창이 앞섰다.[102] 정몽준, 노무현 후보는 이제 후보 단일화 없이 누구도 대선에서 승리하기는 어려워 보였다.

결국 민주당 노무현 후보 측과 국민통합21 정몽준 후보 측이 11월 9일 후보 단일화 협상을 위한 첫 회담을 갖고 후보 단일화 원칙에 합의했다. 협상 과정에서 연일 후보 단일화에 따른 득실을 계산하느라 두 후보 측의 신경전이 치열했다. 노무현, 정몽준 두 후보 측은 11월 15일 밤 자정을 넘기며 담판을 벌인 끝에, 일반 국민을 대상으로 한 여론조사를 통해 11월 26일까지 단일후보를 결정하기로 극적인 합의를 이루었다.[103]

단일화 합의 직후 실시한 언론사 여론조사 결과들이 11월 17일 발표됐다. MBC, 한국일보, 조선일보, 중앙일보 등이 발표한 다자대결 여론조사에서 그동안 3위에 머물던 노무현 후보가 처음으로 정몽준 후보를 제치고 2위로 올라선 것으로 나타났다. 노무현 후보의 지율은 21~24%, 정몽준 후보는 19~22%로 오차범위 내에서 접전을 벌이고 있었지만, 앞서 발표됐던 여론조사 결과와 비교해 보면 노무현 후보가 상승세를 탄 반면 정몽준 후보는 하락세를 보이고 있었다.

노무현과 정몽준 가운데 누구로 단일화가 돼야 한다고 보느냐는 질문에 대해서는 노무현으로 단일화돼야 한다는 응답이 많았다. 하지만 이회창 한나라당 후보와 단일후보로 경쟁할 경우에는, 정몽준 후보가 노무현 후보에 비해 경쟁력이 높다는 여론조사 결과들이 많았다.

단일후보 선호도냐 본선 경쟁력이냐?

단일화 합의 직후 발표된 언론사들의 여론조사에서 노무현 후보의 지지율이 상승하면서 민주당의 분위기가 한층 고조됐다. 하지만 후보 단일화 방식에 대한 합의가 이루어진지 하루 만에 합의 자체가 깨질 위기에 직면했다. 민주당과 국민통합21 단일화 추진단이 합의한 여론조사 세부 방식이 언론에 공개된 것이 불씨가 되었다.

국민통합21은 11월 18일 오전 "여론조사 방식 공개로 한나라당 지지층의 역선택이 우려된다"며 여론조사 방식에 대한 재협상을 요구하고 나섰다. 그러나 민주당이 재협상을 거부하면서 단일화 합의는 결렬 위기에 처했다. 결국 노무현 민주당 후보가 "정몽준 후보의 추가 요구를 전면 수용하겠다"고 밝히면서 두 후보의 단일화 협상은 극적으로 타결됐다.

11월 22일 민주당과 국민통합21은 단일후보를 결정할 여론조사 문항에 최종 합의했다. 구체적인 설문 문항은 공개하지 않았다. 다만 한나라당 지지자들의 '역선택' 여부를 파악하기 위해 우선 한나라당 이회창 후보와 민주당 노무현, 통합21 정몽준 후보를 포함한 다자 구도에서의 단순 지지도를 먼저 묻기로 했다.

여론조사 설문 문항을 합의하는 과정에서 "단일후보 선호도냐, 후보의 본선 경쟁력이냐"를 놓고 두 후보의 단일화 협상팀 사이에 대립이 있었던 것으로 알려졌다. 단일화를 앞두고 실시한 언론사들의 여론조사 결과에서 그 이유를 찾을 수 있다. 노무현, 정몽준 후보 가운데 누구로 단일화가 이루어져야 하느냐는 '단일후보 선호도' 문항에서는 노 후보가 정 후보를 앞서는 반면, 이회창 한나라당 후보와 단일후보로 맞설 경우 누가 경쟁력이 있느냐는 '후보의 본선 경쟁력' 문항에서는 정 후보가 노 후보에 비해 유리한 것으로 나타났기 때문이다.

11월 24일 실시한 후보 단일화 여론조사는 노무현 후보의 손을 들어 주었다. 리서치앤리서치와 월드리서치 등 2개 여론조사기관에서 실시한 여론조사 결과는 25일 0시를 넘겨서 발표됐다. 리서치앤리서치 여론조사에서는 노무현 후보 46.8%, 정몽준 후보 42.2%로 노 후보가 4.6%포인트 앞섰다. 월드리서치의 경우는 노무현 후보 38.8%, 정몽준 후보 37.0%로 역시 노 후보가 1.8%포인트 간발의 차이로 정 후보를 따돌린 것으로 나타났다.

하지만 월드리서치 조사 결과는 사전에 합의한 '무효화 조항'의 기준에 따라 무효 판정을 받았다.[104] 리서치앤리서치의 경우는 이회창 후보의 단순 지지도가 32.1%로 무효기준(30.4%)을 1.7%포인트 넘겨 무효를 면했다. 여론조사에 의한 후보 단일화 결정은 양측 모두에게 피를 말리는 '숫자 게임'이었다.

노무현, 정몽준 두 대선후보의 단일화 운명을 갈라 놓은 여론조사 설문 문항은 "한나라당 이회창 후보와 견주어 경쟁력 있는 단일후보로 노무현, 정몽준 후보 중 누구를 지지하십니까"였다. 본선 경쟁력을 강조한 국민통합21과 단순 지지도를 선호한 민주당 측의 이해관계를 반영하려는 흔적이 엿보였다. 하지만 결과적으로 민주당 협상팀의 승리였다. 국민통합21 측은 협상 내내 유리한 문항이라고 흡족해 했다고 하지만, 결국은 '누구를 지지하십니까'라는 마지막 문구가 중요했다. 실제 리서치앤리서치 조사의 경우 노무현 46.8%, 정몽준 42.2%로 최근 두 후보의 단순 지지도와 비슷했다.

한편 11월 24일 후보 단일화 여론조사가 실시되고 있는 예민한 시점에 이익치 전 현대증권 회장이 서울지검 기자실에서 기자회견을 자청해서 현대전자 주가조작 사건에 정몽준 후보도 책임이 있다고 주장했다. 모든 여건이 정몽준에게 불리하게 돌아가고 있었다.

이회창 vs 노무현, "승부는 이제부터"

이회창 한나라당 후보와 노무현 민주당 후보가 다시 원점에 섰다. 올 초부터 두 후보의 지지율은 역전에 역전을 거듭하다가, 후보 단일화가 이루어진 공식 선거운동 개시 시점에서 다시 두 후보는 오차범위 내의 혼전 속으로 빠져들었다.

민주당 노무현 후보의 지지율은 후보 단일화 이후 급상승하여 선거전에 돌입하기 직전인 11월 25~26일 실시한 방송 3사의 여론조사에서 한나라당 이회창 후보를 6~7%포인트 차이로 앞서 나갔다.[105] 노무현 후보는 서울 등 수도권, 충청권, 호남에서 이회창 후보를 앞섰고, 영남에서만 열세를 보였다. 하지만 당선 가능성에서는 이회창 후보가 여전히 30%포인트 이상 노무현 후보보다 높게 나타났다.[106] 흥미롭게도 이번 대선 여론조사에서는 후보들의 단순 지지도와 당선 가능성이 서로 엇갈리는 기이한 현상이 벌어졌다.

연이어 발표되는 여론조사 결과들은 후보 단일화의 시너지 효과를 확인해 주었다. 후보 단일화 이전에는 이회창과 노무현의 양자 대결에서 이회창이 다소 유리한 것으로 나타났지만, 후보 단일화 이후에는 노무현 후보가 이회창 후보를 계속 앞서기 시작했다. 정당 지지도의 격차도 줄어들었다. 민주당의 정당 지지율이 후보 단일화 이전에 비해 크게 상승하면서 한나라당과 비슷한 수준이 되었다.

후보 단일화 시너지 효과로 막판까지 노무현 '리드'

11월 27일 공식 선거운동 기간이 개시되면서 선거법에 따라 여론조사 결과 공표가 일체 금지됐다. 여론조사 깜깜이 기간 동안의 지지율에서는 노무현 민주당 후보가 이회창 한나라당 후보를 선거 직전까지 줄곧 앞섰다.

노무현은 후보 단일화의 시너지 효과를 톡톡히 누리며 선거 직전까지 이회창에게 5~9%포인트 앞서며 격차를 계속 유지했다. 노무현 후보는 정몽준 대표의 분권형 대통령제 개헌 요구를 수용하고 행정수도 이전을 공약하는 등 지지율 상승세를 유지시켜 나갔다. 반면 이회창 후보는 국정원의 도청 의혹을 폭로하고 민주당을 탈당[107]한 이인제 의원의 지지 표명에 힘입어 반전을 꾀했지만 지지율을 끌어올리지 못했다.

12월 3일 열린 대선후보 1차 TV 합동토론 직후 이회창, 노무현 후보의 지지율이 5%포인트 차로 좁혀지는 듯했지만 격차가 다시 벌어졌다. 그러다 15일에 다시 격차가 좁혀지는 추세를 보이며 6%포인트 차로 줄어들었다. 12월 12일 북한의 '핵시설 전면 재가동' 선언으로 인한 북핵 파문이 표심에 영향을 미쳤다는 분석이 나왔다.

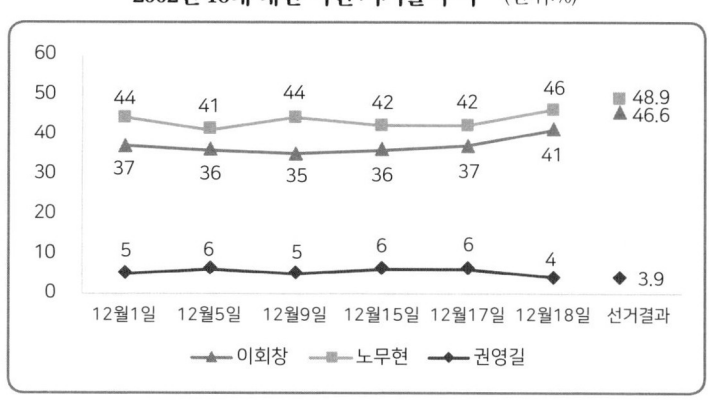

2002년 16대 대선 직전 지지율 추이[108] (단위:%)

대통령선거가 사흘 앞으로 다가온 가운데, 민주당은 노무현 후보의 우세를, 한나라당은 이회창 후보의 역전을 각각 주장했다. 핵심 쟁점으로 떠오른 행정수도 이전 논란과 북한의 핵시설 전면 재가동 선언으로 야기된 북핵 위기 등이 선거에 미칠 영향에 대해 촉각을 곤두세웠다. 수도 이전에 직접적인 영향을 받는 지역인 충청권과 수도권 지역은 이번 대선의 승패에 가장 큰 변수로 꼽혔다. 충청권은 부동층이 가장 많은 지역이고, 수도권은 전국 유권자의 절반이 거주하는 지역이기 때문이다.

선거를 하루 앞두고 부동층이 8%로 줄어들었다. 노무현, 이회창 두 후보의 격차는 5%포인트 차로 다소 좁혀졌다. 젊은 층의 투표율만 어느 정도 뒷받침해 줄 수 있다면 노무현 후보의 승리를 예상할 수 있는 상황이었다.

막판 변수, 정몽준의 노무현 지지 철회

선거 전날 밤 아무도 예상치 못했던 일이 벌어졌다. 국민통합21 정몽준 대표가 18일 밤 10시 30분쯤 김행 대변인을 통해 민주당 노무현 후보에 대한 지지 철회를 선언했다.[109]

민주당은 12월 18일 천당과 지옥을 오갔다. 저녁 무렵까지만 해도 거의 모든 여론조사에서 노무현이 이회창을 앞서고 있었기 때문에 승리를 확신하고 있었다. 하지만 선거 하루 전날 밤 정몽준이 노무현에 대한 지지를 철회하면서 수도권과 충청권, 울산 등지의 민심이 어떻게 흔들릴지 걱정이 태산 같았다. 반면 한나라당은 결정적 승기를 잡았다고 반색했다. 정몽준을 지지했던 표심이 한나라당으로 고스란히 연결될 것으로 기대하며 승리를 확신하는 표정이었다.

당선자 예측에도 문제가 생겼다. KBS와 MBC는 선거일 당일 출구조사를 실시하기 때문에 정몽준 지지 철회가 별로 문제가 안 됐다. 하지만 SBS는 사정이 달랐다. 대외적으로는 SBS도 출구조사로 당선자를 예측하는 것으로 알려져 있었다. 하지만 SBS의 예측 방법은 전화조사에 기반을 두고 있었다. SBS는 당선자 예측을 위해 사전에 전국 7,000명을 대상으로 전화조사를 이미 마친 상태였다. SBS가 출구조사를 하는 주목적은 후보들의 지지도를 파악하는 것이 아니라 투표자들의 성연령 구성비를 파악하는 데 있었다. SBS는 유권자 7,000명 대상의 사전 전화조사 결과에 출구조사에서 얻은 투표자 성연령 구성비를 적용해서 당선자를 예측하려고 했었다. 그런데 선거 전날 밤 정몽준의 지지 철회로 인해 7,000명에 대한 사전조사 결과로는 당선자 예측이 어려운 상황에 처하게 되었다. 결국 선거 당일 투표자 전화조사를 3,000명 정도 실시하기로 결정했다. SBS의 최종 예측은 선거 당일 실시한 투표자 전화조사 결과로 이루어졌다.

지상파 방송 3사 당선자 예측 정확했다

12월 19일 오후 6시 투표 마감과 함께 방송 3사의 당선자 예측 결과가 발표됐다. KBS와 미디어리서치의 출구조사 결과는 49.1% 대 46.8%, MBC와 코리아리서치 48.4% 대 46.9%, SBS와

TNS 48.2% 대 46.7%로 노무현 후보가 1.5~2.3%포인트 차로 앞서는 것으로 발표했다.[110] 그런데 또 하나의 예측발표가 있었다. KBS는 한국갤럽이 선거 당일 실시한 투표자 전화조사 결과도 동시에 발표했다. 그 결과는 흥미롭게도 이회창 후보 48.5% 대 노무현 후보 46.2%로 이 후보가 2.3%포인트 이길 것으로 예측한 것이다.

KBS는 2개의 상반된 예측 결과를 TV 화면을 통해 동시에 발표했다. 하나는 미디어리서치의 출구조사 결과로 노무현 대 이회창 후보의 득표율을 49.1% 대 46.8%로 노무현 후보가 2.3%포인트 차로 승리할 것으로 예측한 반면, 다른 하나는 한국갤럽의 투표자 전화조사 결과로 노무현 대 이회창 후보의 득표율을 46.2% 대 48.5%로 이회창 후보가 2.3%포인트 차로 이긴다고 발표한 것이다. 실제 개표를 앞두고 미디어리서치의 출구조사가 정확할지 아니면 한국갤럽이 투표자 전화조사로 또 다른 예측 신화를 만들어낼지 관심이 쏠렸다.

2002년 대통령선거 개표가 마감됐다. 노무현 후보가 48.9%를 득표하여 46.6%를 얻은 이회창 후보를 2.3%포인트 차이로 누르고 제16대 대통령에 당선됐다. KBS와 미디어리서치가 출구조사로 예측한 1, 2위 후보의 2.3%포인트 차이와 똑같았다. MBC와 SBS도 당선자 예측에 성공했지만 KBS의 '족집게 예측'에 가려 빛을 보지 못했다. 선거 직전 노무현 후보에 대한 정몽준의 지지 철회라는 돌발변수에도 불구하고 방송 3사의 당선자 예측은 정확했다.

한국갤럽의 대선 예측 실패와 좌절

KBS가 선거 예측에서 오랜만에 웃었다. 그동안 약삭빠른 MBC 때문에 마음고생이 많았는데 '족집게 예측'으로 한국 대표 공영방송으로서 체면을 유지하게 되었다. 하지만 한편으로 KBS는 대선 예측보도 과정에서 노무현 후보와 이회창 후보 양쪽 진영에 보험을 들었다고 놀림을 받았다. KBS가 노무현 후보 당선과 이회창 후보 당선이라는 상반된 예측을 동시에 보도했기 때문이다. 2002년 대선에서 만약 이회창 후보가 당선됐더라도 KBS는 한국갤럽의 예측 결과 발표가 있었기 때문에 체면치레는 할 수 있었을 것이다.

2002년 대선은 한국갤럽에 치욕을 안겨주었다. 방송 3사 예측조사에서 유일하게 당선자 예측을 정반대로 했기 때문이다. 한국갤럽은 1997년 대선 때 실제 개표 결과와 불과 0.4%포인트 차이로 김대중 당선자의 득표율을 예측하여 화제를 뿌렸다. 하지만 16대 대선에서 한국갤럽의 예측은 빗나갔다.

박무익 회장은 한국갤럽이 그동안 쌓아놓은 명성이 하루아

침에 무너지는 듯한 고통과 좌절감을 느꼈다고 회고했다. 대선 하루 전인 12월 18일 저녁까지만 하더라도 한국갤럽은 노무현 48.2%, 이회창 46.4%로 노 후보가 1.8%포인트 앞서는 것으로 예측하고 있었다. 하지만 선거 전날 밤 10시 30분경에 발생한 정몽준의 노무현 지지 철회라는 돌발적 상황이 한국갤럽을 혼란에 빠뜨렸다. 한국갤럽은 선거 당일 새롭게 투표자 전화조사를 실시하는 수밖에 없다고 판단했다.

선거 당일 투표자 전화조사 결과는 오전 10시부터 시간대별로 체크됐다. 이회창 후보가 노무현 후보를 앞서고 있었다. 오전 11시에도, 12시 정오에도 추세는 비슷했다. 박무익 회장의 고민은 깊어갔다. 사전 전화조사에서는 노무현 승리를 예상했는데, 선거 당일 실시하는 투표자 전화조사에서는 이회창 후보가 앞서고 있으니 판단이 쉽지 않았다. 박무익 회장의 회고록에 따르면, 선거 당일 방송사와 출구조사를 실시하고 있던 두 조사 회사의 대표와 예측정보를 공유하면서 이회창 후보 쪽으로 마음이 기울었다고 술회했다.[111]

한국갤럽은 1987년 대선 이후 처음으로 대선 예측에 실패했다. 예측 실패의 원인을 두 가지로 분석했다. 첫째, 정몽준 대표의 노무현 후보 지지 철회 선언의 영향력을 과대평가한 점이다. 둘째, 선거 당일 투표를 마치고 귀가한 투표자를 대상으로 실시한 전화조사를 오후 2시 30분까지만 진행해 투표 종반부의 변화를 감지 못한 점이다. 오후에 집중적으로 투표한 20~30대 젊은 층의 노무현 후보에 대한 지지 표심을 예측 결과에 반영할 수 없었던 것이다.

2002년은 한국갤럽에게 불운이 겹친 한 해였다. 6월 지방선거에서 제주도지사 선거의 예측 실패 이후 MBC와의 파트너십이 깨진 데다가, 12월 대선에서 대통령 당선자 예측에 실패함으로써 그동안 쌓은 명성이 땅에 떨어졌다.

한국갤럽의 예측 실패의 원인은 선거 당일 투표자 전화조사에 대한 지나친 확신 때문이 아니었을까 짐작해 본다. 1997년 대선에서 잘했기 때문에 이번에도 문제없을 것이라는 안일한 인식이 화를 자초했을 수 있다. 2002년 대통령선거를 기점으로 우리나라 선거여론조사의 상징이라 할 수 있는 한국갤럽이 방송사의 선거예측에서 멀어지게 되었다.

9. 탄핵 역풍이 불다

2004년 제17대 국회의원선거

사상 초유의 미니 여당 열린우리당 출범

2003년 노무현 대통령 집권 1년차는 여당인 새천년민주당에 대한 쇄신론으로 어수선했다. 노 대통령을 중심으로 하는 친노 세력과 이른바 천신정(천정배, 신기남, 정동영)을 중심으로 하는 호남 신주류 세력이 당 쇄신을 위해 재창당을 주장하고 나섰다. 하지만 권노갑, 박상천 등 동교동계 호남 구주류는 자신들을 배제하려는 음모라며 재창당에 동조하지 않았다. 여기에는 노 대통령이 한나라당에서 국회에 제출한 대북송금특검법을 거부하지 않고 그대로 수용한 것에 대한 동교동계의 불만도 함께 작용했다.

결국 당 쇄신을 주장하는 개혁세력들이 탈당하여 열린우리당을 창당하면서 새천년민주당은 둘로 쪼개졌다. 노무현 대통령도 당적을 열린우리당으로 옮겨 가면서, 새천년민주당은 하루아침에 여당에서 야당의 처지가 되었다. 2004년 총선을 5개월 앞두고 열린우리당은 47석을 가진 사상 초유의 미니 여당으로 출범하였다.[112] 지역주의 타파와 참여 민주주의 기치를 내건 열린우리당의 창당 직후 지지율은 17% 수준에 머물러 한나라당 22%, 민주당 20%에도 미치지 못했다.[113] 하지만 열린우리당은 새해 1월 11일 정동영 의원을 당의장으로 선출한 이후 지지율이 상승하면서 민주당을 앞지르고, 한나라당과 정당 지지율 1위를 다투었다. 이제 잘하면 열린우리당이 다가오는 4월 총선에서 제1당을 차지할 수도 있다는 희망 섞인 전망도 나왔다.

함께 살아남을 수 없는 운명, 우리당과 민주당의 사생결단

열린우리당의 지지율이 점점 올라가면서 민주당의 불안감이 더욱 커졌다. 민주당과 열린우리당은 다가오는 4월 총선에서 함께 살아남을 수 없는 운명이었다. 호남 지역에서 민주당과 열린우리당은 생사를 건 주도권 싸움을 벌여야 했다. 특히 서울 등 수도권 지역에서는 민주당과 열린우리당 모두 '반한나라당 지지표'

에 기댈 수밖에 없는 상황이었다. 만일 '반한나라당 지지표'를 민주당과 열린우리당이 고르게 나눠 가진다면, 3자 대결 구도에서 한나라당에 어부지리를 안겨주는 꼴이었다.

열린우리당과 민주당 모두 한나라당과 양당 구도에서 총선을 치르지 않는 한 승산이 없었다. 2004년 총선 승리를 위해서는 열린우리당과 민주당이 먼저 승부를 겨룰 수밖에 없는 상황이었다. 노무현 대통령이 "민주당을 찍으면 한나라당을 돕는 것"이라는 발언도 결국 총선을 열린우리당과 한나라당의 대결 구도로 몰고 가겠다는 전략을 드러낸 것이었다.

민주당 조순형 대표는 연초부터 노무현 대통령의 행보에 대해 탄핵 발의를 경고하는 등 초강수를 두었다.[114] 노 대통령이 총선에서 재신임을 명분으로 삼아 열린우리당을 지원할 경우 민주당이 고사할 수 있다는 위기감이 컸기 때문이다.

민주당은 새해 들어서 지지도가 하락하고 있는 원인도 노 대통령의 "민주당 찍으면 한나라당을 돕는 것"이라는 발언 때문이라고 생각했다. 민주당 조순형 대표는 지지율 침체에 빠진 당을 다시 살리겠다는 각오로 서울 지역구를 떠나 '정치적 사지死地'인 대구 지역 출마를 선언하는 등 승부수를 던졌지만 민심은 좀처럼 움직이지 않았다.

설 연휴가 지나면서 열린우리당이 정당 지지도에서 선두로 나서기 시작했다.[115] 열린우리당과 한나라당의 양강 대결 구도가 더욱 뚜렷해지는 가운데 민주당의 지지율은 10% 선을 유지하기도 힘에 겨워 보였다. 설 연휴를 기점으로 호남 지역의 표심이 크게 흔들렸다. 호남 지역에서 민주당 지지층과 무응답층이 열린우리당 쪽으로 대거 이동한 것으로 나타났다.

노무현 정부 1년에 대한 평가는 낙제점이었지만, 여당인 열린우리당 지지율은 31%로 한나라당(18%)과 민주당(12%)을 따돌렸다. 정당 지지율과 대통령 국정 지지율이 서로 분리되는 현상이 나타났다.[116] 연초 정동영 당의장 체제 출범 이후 정당 지지율 1위에 오른 열린우리당은 노무현 정부에 대한 부정적 여론과는 상관없이 30% 선의 안정된 지지율을 보이고 있었다. 열린우리당의 지지율이 상승하면서 정동영 의장이 차세대 지도자로 급부상하기도 했다. 정동영 의장은 차기 대권주자 지지도에서 34%의 지지를 얻어 선두를 달렸다. 그 뒤를 강금실 법무장관과 한나라당 박근혜 의원, 민주당 추미애 의원, 그리고 이명박 의원이 각각 25%와 17%, 15%, 13%로 순으로 추격하고 있었다.[117]

탄핵 카드 꺼내든 민주당

열린우리당의 지지율이 높아지면서 민주당이 위기에 직면했다. 2월 24일 노무현 대통령이 방송기자클럽 초청 대통령 기자회건에서 "국민들이 총선에서 열린우리당을 압도적으로 지지해줄 것을 기대한다"는 발언과 "대통령이 뭘 잘해서 열린우리당이 표를 얻을 수만 있다면 합법적인 모든 것을 다하고 싶다"라고 발언했다.

이 발언은 대통령의 '선거중립 의무 위반' 논란을 촉발시켰다. 3월 3일 중앙선거관리위원회가 노무현 대통령에게 공직선거 및 선거부정방지법 위반이라며 중립의무 준수를 요청했다. 하지만 노 대통령은 선관위의 결정에 납득할 수 없다고 맞섰다.

3월 5일 민주당은 긴급 의원총회를 열어 노 대통령이 선거법 위반 및 측근비리 등에 대해 사과하고 재발방지를 약속하지 않으면 탄핵을 발의하겠다고 선언했다. 한나라당과 자민련에 대해서는 탄핵안에 협조해줄 것을 요청했다. 하지만 3월 6일 노 대통령은 부당한 정략적인 압력이라며 사과를 거부했다.

마침내 새천년민주당과 한나라당 의원들이 서명한 대통령 탄핵소추안이 3월 9일 전격 발의되었다. 자민련은 동의하지 않은 채 재차 대통령의 사과를 요구했다. 국민 여론도 60%가 노무현 대통령의 열린우리당 지지 발언에 문제가 있다고 생각하고 있었다. 하지만 야당이 대통령 탄핵을 추진하는 것에 대해선 국민 70%가 부정적인 반응을 보였다.[118] 또한 60% 넘는 국민들이 중앙선관위의 결정에 따라 노무현 대통령이 사과해야 한다고 생각했다.[119] 다수의 국민 여론은 서로 한 발 뒤로 물러나 대통령은 사과하고 야당은 탄핵안을 철회하는 게 바람직하다고 생각했다.

하지만 민주당 조순형 대표는 "30~35%의 국민이 대통령을 탄핵해야 한다는 여론을 무시할 수 없다"면서 "특히 대통령이 사과해야 한다는 의견이 60~70%나 되는데 주목해야 한다"는 명분에 방점을 찍었다. 노무현 대통령도 끝내 사과를 거부했다. "탄핵 모면을 위해 사과할 순 없다"는 노 대통령 발언에 대해서는 공감 47%, 비공감 51%로 국민 여론이 팽팽히 맞섰다.[120]

탄핵 후폭풍 '탄핵 잘못됐다' 70%

2004년 3월 12일, 노무현 대통령 탄핵 소추안이 국회에서 가결됐다. 헌정 사상 초유의 일이었다. 지상파 방송 3사가 일제히 긴급 여론조사를 실시했다. 국민의 70%가 "잘못한 일"이라고 응답했다.[121] 탄핵안 통과 이후 정당 지지율이 요동을 쳤다. 언론사들이 실시한 여론조사에서 열린우리당 지지율은 34~38%로 치솟았고, 한나라당은 10~16%, 민주당은 5~7%로 떨어졌다. 자민련은 충청권에서 지지율이 하락하면서 비상이 걸렸다. 탄핵안 통과 전날까지도 당론 반대와 표결 불참을 지시했던 김종필 총재가 갑자기 찬성으로 돌아선 배경도 의아했다.[122]

탄핵 후폭풍이 몰려왔다. 탄핵안 가결 이후 한나라당과 민주당 등 야권은 후폭풍에서 좀처럼 빠져나오지 못했다. 탄핵 후폭풍은 시간이 지날수록 더욱 거셌다. 민주당의 지지율이 급락하면서 민주노동당에도 뒤처져 정당 지지율이 4위로 떨어졌다.[123] 호남 지역에서 민주당의 지지율은 열린우리당의 절반에도 미치지 못했다.

탄핵 이전 30% 선을 오르내리던 대통령 지지율은 탄핵정국의 후폭풍에 힘입어 50% 안팎으로 치솟았다. 대통령은 직무정지 상태로 아무 일도 안 하고 가만있는데 지지율이 올라가는 기현상이 벌어졌다.[124]

대통령 탄핵안 가결에 대한 비판 여론이 거세지자, 한나라당과 민주당 지도부가 책임을 언론 탓으로 돌렸다. 언론사의 여론조작이 아니고는 이런 여론조사 수치가 나올 수 없다는 주장이었다. KBS와 MBC를 직접 찾아가 항의하는 상황도 벌어졌다. 탄핵안이 국회에서 가결된 직후 벌인 여론조사에서 신문사와 방송사를 가릴 것 없이 탄핵에 대한 부정적 여론이 67~76%에 달하고 있었다.

야당은 대통령 탄핵이 몰고 올 사태를 예상할 수 있었다. 대다수 언론이 여론조사를 통해 탄핵에 대한 국민의 부정적 반응을 예고했고 탄핵사태만은 피해야 한다는 점을 강조했었기 때문이다. 하지만 야당은 대통령의 사과 거부를 빌미로 탄핵소추를 강행했던 것이다.

한나라당 박근혜 대표 체제로

탄핵안 가결 후 열흘이 지났지만 한나라당과 민주당은 아직도 대통령 탄핵 역풍의 충격에서 벗어나지 못하고 있었다.

한나라당은 3월 23일 임시 전당대회에서 박근혜 대표를 선출했다. 탄핵안 가결로 위기에 처한 한나라당을 구할 수 있을지 관심이 쏠렸다. 박 대표는 "부패정당, 기득권 정당이란 오명에서 벗어나 진정한 국민 정당이 되도록 하겠다"고 밝혔다. 박근혜 새 대표에 대한 기대가 높았다. 한나라당의 지지율이 10% 초반에서 20%를 향해 상승세를 타기 시작했다.

이와는 달리 새천년민주당은 탄핵 이전부터 지속돼 오던 당내 갈등이 더욱 심해지면서 민주노동당보다 낮아진 지지율을 회복하지 못했다. 민주당의 지지 텃밭이었던 호남 지역의 민심이 열린우리당으로 완전히 돌아서면서, 민주당은 분당 위기에까지 몰렸다. 후보 등록을 하루 앞둔 3월 30일 추미애 선대위원장이 박상천 의원 등 호남 중진 의원들에 대한 공천취소 결정을 내리자 조순형 대표를 중심으로 한 당권파가 이를 번복하는 등 '옥새전쟁'을 벌이며 당의 지지율을 더욱 떨어뜨렸다.

총선을 2주 앞두고 열린우리당이 과반 의석(150석)을 차지할 것인지가 최대 관심사로 떠올랐다. 탄핵안 가결 후 열린우리당 지지율은 45% 내외의 고공비행을 계속했다. 이런 추세라면,

과반 의석을 충분히 넘길 수 있다는 게 여론조사 전문가들의 일치된 견해였다.[125] 하지만 정동영 의장은 "예상 목표 의석수는 120~130석"이라며 연일 엄살을 떨었다. 정동영 의장이 자신의 비례대표 의석 순번을 22번으로 정한 것도 비례대표 정당 득표율 40%는 얻어야 한다는 의지가 담겨 있었다.

한나라당은 탄핵 후폭풍 속에서 목표 의석수를 개헌저지선인 100석으로 낮춰 잡았다. 그러나 지지 텃밭인 영남권마저 흔들리고 있는 상황이어서 100석 확보도 어려워 보였다. 민주당의 상황은 더 힘들었다. 총선을 앞두고 60명의 의원을 보유하고 있는 민주당이 이번 선거에서 교섭단체를 구성할 수 있는 의석 20석을 확보할 수 있을지도 불투명했다.

민주노동당은 상대적으로 좋은 기회를 만났다. 2000년 1월 진보정당으로서 첫 발을 디딘 민노당은 창당 첫해 16대 총선에서는 1.2%의 정당 득표율을 얻는데 그쳤지만, 이번 총선에서는 각종 여론조사에서 볼 때 강세가 완연했다. 비례대표 정당 지지도에서 민노당은 6~8%를 유지하고 있었다. 정당 득표율이 3% 이상만 되면 비례대표 의원을 우선 배분받을 수 있기 때문에 기대가 컸다. 민노당이 민주당을 제치고 3당이 될 수도 있다는 관측도 나왔다.

일파만파로 번지는 정동영의 '노풍老風'

4월에 접어들면서 열린우리당 상승세가 한풀 꺾이기 시작했다. 반면, 한나라당은 박근혜 대표 체제 이후 지지율이 회복세로 돌아서고 있었다. [126]

총선에서 투표할 정당에 대한 지지율이 열린우리당 45%, 한나라당 21%, 민주노동당 5%, 민주당 4%로 집계됐다. 열린우리당 지지율은 한풀 꺾였지만 여전히 45% 선을 유지했고, 한나라당 지지율은 오랜만에 20%대를 돌파하며 호조를 보였다. 반면 민주당 지지율은 여전히 고개를 들지 못했다. 4월 3일 민주당 추미애 선대위원장이 호남 민심을 향한 참회와 속죄의 씻김굿을 선택했다. 추 위원장은 광주 금남로에서 5.18 묘역까지 3보 1배를 이틀째 이어갔다. 무릎의 살갗이 벗겨지면서도 주위의 부축을 받아가며 고행의 길을 걸었다.

총선을 열흘 남기고 열린우리당의 지지율이 급락했다. 정동영 의장의 '노인 폄훼' 발언이 지지율 하락의 진원지였다. 지난 3월 26일 "60~70대 노인들은 투표하지 않고 집에서 쉬셔도 된다"며 "곧 무대에서 퇴장하실 분들"이라고 했던 열린우리당 정동영 의장의 발언이 구설수에 오르면서 일파만파로 번지고 있었다. 언론에서는 '노풍老風'이라 불렀다.

'노풍老風'은 선거가 가까워지면서 더욱 거세게 몰아쳤다. 한나라당에서는 '노풍'을 자극하는데 더욱 열을 올렸다. 한나라당의 지지율이 상승하면서 열린우리당과의 지지율 격차가 10%포인트 이내로 좁혀지고 있었다.

탄핵 후폭풍의 여파로 열린우리당은 정당 지지율이 50%에 달했던 선거전 초반 비례대표에서 적어도 27석은 차지할 것으로 예상했다.[127] 그러나 정 의장의 노풍 발언 등으로 지지율이 40%로 떨어지면서 정동영 의장의 비례대표 순번 22번이 위협받을 수 있다는 전망도 나왔다. 이에 반해 한나라당은 최대 17석 정도로 예상했던 비례대표 목표 의석수를 20석까지 늘려 잡았다. 비례대표 의석 20석을 확보하기 위해서는 정당 지지율이 35%를 넘어야 했다.

민주노동당이 비례대표 의석수에서 3위 정당이 될 것이라는 예상에는 이견이 없었다. 여론조사기관에 따라 차이는 있지만, 민노당이 정당 지지율 10% 선을 넘어서면서 비례대표에서 8석까지도 가능하다는 전망이 나왔다. 민주당의 경우는 추미애 선대위원장의 3보 1배 효과가 있었는지 완만하지만 지지율 회복의 기미를 보이며 4~5석의 비례대표 의석이 가능하다는 희망 섞인 전망도 나왔다. 자민련은 충청 지역의 지지에 힘입어 3%의 정당 지지율을 얻어 비례대표 1번인 김종필 대표 정도는 의석을 차지할 것으로 기대했다.

한편, 열린우리당 유시민 의원이 선거를 이틀 앞두고 "정당 표는 민주노동당에 주더라도 후보 표는 우리당에 던져야 한다"는 글을 자신의 홈페이지에 올리면서 '사표론' 논란이 선거전 종반을 뜨겁게 달구었다.

선거 막판 한나라당의 추격전이 전개되면서 수도권 지역의 절반에 가까운 선거구가 오차범위 내 경합을 벌이는 양상으로 변했다. 한나라당의 추격전은 특히 서울에서 거셌다. 전통적 강세 지역인 강남이 우세로 돌아선 것을 발판으로 한나라당의 상승 분위기가 서울 전역으로 확대되는 추세를 보였다.

선거를 사흘 앞두고 열린우리당 정동영 의장이 결국 선대위원장과 비례대표 22번 자리를 내놓고 사퇴했다. 노인 폄훼 발언 파문에 대한 책임을 지고 백의종군하겠다는 뜻을 밝혔다. 선거 막판 수도권 경합 지역에서 우위가 뒤집어지면서 당 내부에서 정 의장의 용퇴를 요구하는 목소리가 높았기 때문이다.

세 번째 총선 예측 실패의 악몽

4월 15일 오후 6시 투표 종료와 동시에 지상파 방송 3사가 정당별 의석수 예측 결과를 발표했다. MBC는 열린우리당 155~171석, 한나라당 101~115석, 민노당 9~12석, 민주당 7~11석, 자민련 3~6석을 예상했다. SBS는 열린우리당 157~182석, 한나라당 92~114

석, 민노당 9~12석, 민주당 7~13석, 자민련 2~7석 등이었다. KBS는 열린우리당 142~188석, 한나라당 87~129석, 민노당 11석, 민주당 7~9석, 자민련 3~4석 등이었다.

방송 3사는 열린우리당이 과반수를 훨씬 넘는 170석 가까운 의석을 차지하여 압승할 것으로 예측했다. 하지만 개표 결과는 열린우리당 152석, 한나라당 121석, 민노당 10석, 민주당 9석, 자민련 4석, 국민통합21 1석, 무소속 2석이었다.

방송 3사는 16대 총선에 이어 일방적인 여당 의석수 과대 예측으로 총선 예측 실패의 쓴맛을 다시 맛보아야 했다. KBS와 SBS는 공동 출구조사를 진행했는데, 두 방송사 예상 의석수는 크게 달랐다. KBS는 최소-최대 의석수 범위를 너무 넓게 잡으면서 거의 의미 없는 예측이 되어버렸고, SBS는 의석수 범위를 20석 내외로 잡았지만 결과적으로 예측에 실패했다.

선거를 앞두고 선거법 개정으로 출구조사 제한거리가 투표소로부터 300m에서 100m로 크게 줄었다. 출구조사 실시 선거구 수도 120여 곳으로 늘리는 등 총력을 기울였지만 '총선 예측 실패의 악몽'에서 벗어나지 못했다. 최소 의석과 최대 의석 수치를 발표하여 예측 실패의 위험을 줄이려 했지만 예상 밖의 오차 앞에 방송사들이 무릎을 꿇었다.

도대체 무엇이 문제일까? 어디서부터 잘못된 것인가? 총선 예측을 담당했던 방송기자로서 17대 총선 예측 결과에 대한 사후

분석을 꼼꼼히 해보았다.

　총선을 예측하는 데 있어서 출구조사가 전화조사보다 정확한 조사 방법이라는 점에서는 이론의 여지가 없다. 하지만 17대 총선 예측조사 결과를 사후 분석하는 과정에서 출구조사의 한계가 부각되었다. 출구조사는 투표소에서 투표를 마친 유권자들을 체계적으로 조사하기 때문에 전화조사에 비해 정확한 예측이 가능한 것은 분명했다. 하지만 상황에 따라서는 출구조사가 예상치 않은 오류를 범할 수도 있겠다는 사실을 확인할 수 있었다. 출구조사는 면접원이 투표를 막 하고 나온 유권자들을 대상으로 면접조사를 실시하기 때문에, 면접 과정에서 투표자들이 응답을 회피하거나 민감한 반응을 보일 경우 오히려 전화조사보다도 더 심각한 예측오류를 일으킬 수도 있다는 걸 알게 됐다.

　예측오류의 실체는 바로 여당 과대 예측 편향bias이었다. 17대 총선에서는 전화조사에 비해 출구조사가 더 여당을 과대 예측하는 오류를 범한 것으로 나타났다. 출구조사에서 여당 후보들에 대한 과대 예측 편향이 평균 2.8%포인트 더 높게 나왔다.[128] 이에 비해 전화조사에서는 여당 과대 예측 편향이 평균 0.1%포인트로 거의 나타나지 않았다.

　이와 같은 여당 과대 예측 편향은 15대 총선과 16대 총선에서도 나타났었다. 15대 총선에서는 당시 여당이었던 신한국당이 실제 139석을 얻었는데 175석을 얻을 것으로 과대 예측했다. 16

대 총선에서도 여당인 새천년민주당이 실제 96석을 얻었는데 107~112석을 얻을 것으로 과대 예측하는 현상이 되풀이된 것이다. 향후 총선 예측에서 이 같은 여당 과대 예측 편향 문제를 어떻게 해결해야 할 것인지가 커다란 과제로 남았다.

10. 참여정부 심판, 진보의 몰락

2006년 지방선거

지방선거보다 2007년 대선에 더 관심

2006년 초 집권 4년차에 접어든 노무현 대통령의 지지율은 30%를 간신히 유지하고 있었다.[129] 참여정부에 대한 국민들의 실망감이 커지면서 자연스럽게 '다음 대통령'에 대한 관심이 쏠렸다. 5월 지방선거를 눈앞에 두고 있었지만 언론의 관심은 이듬해 열리는 대통령선거를 향했다. 2006년 신년 벽두부터 여야 차기 대선주자들의 경쟁 양상이 심상치 않았다.

여권에서는 정동영 전 통일부 장관과 김근태 의원의 경쟁이 치열했다. 하지만 여론조사를 보면 여권 주자들은 지지율 10%를 넘는 주자가 한 명도 없을 정도로 신통치 않았다. 고건 전 국무총리, 이명박 서울시장, 박근혜 한나라당 대표 등 이른바 '빅Big 3'를 따라잡기엔 힘이 부족했다.[130]

노무현 대통령이 열린우리당의 거센 반발에도 불구하고 유시민 의원을 보건복지부 장관에 임명하려는 의중에 대해 말들이 많았다. 여권 대선주자들이 부각되지 않는 가운데 유시민 의원을 영남권 대선주자로 키우기 위한 사전포석이라는 분석이 흥미를 끌었다.

정동영 전 장관은 2.18 전당대회에서 당의장에 선출되면서 여권의 대선후보 경쟁에서 한발 앞서 나갔다. 다가오는 5.31 지방선거에서 선전한다면 유력 대선주자의 입지를 한층 다질 수 있는 기회가 온다. 하지만 열린우리당의 지지율은 2004년 총선 이후 2년 사이에 절반으로 줄어들어 20% 초반을 유지할 정도였다. 지방선거의 승패를 가늠하는 지표라 할 수 있는 대통령 지지율도 30%를 겨우 넘기고 있었다. 이런 추세로 5.31 지방선거를 치른다면 결과는 불을 보듯 뻔했다.

반면에 박근혜 대표가 이끄는 한나라당의 지지율은 꾸준히 40%대를 유지하고 있었다. 17대 총선 이후 치러진 재보선에서 27 대 0이라는 무패 기록을 세우며 승승장구했다. 한나라당은 여당의 무덤이라는 지방선거를 벼르고 있었다.

한편 2004년 총선에서 치욕적인 참패를 당했던 민주당은 지방선거에서 열린우리당과의 설욕전을 벌이기 위해 칼을 갈고 있었다. 2004년 총선에서는 호남 표심이 열린우리당의 손을 들어주었지만, 2006년의 분위기는 총선 때와는 크게 달랐다. 민주당은 호남에서 높은 정당 지지율을 앞세워 내심 '싹쓸이'를 자신했다.[131] 충청권에서는 자민련을 대신하는 국민중심당이 어느 정도 위력을 발휘할지도 관심사였다.[132] 정당 지지율만 놓고 보면 국민중심당에 대한 여론은 낙관하기 어려웠다.

강금실 vs 오세훈, 출마 선언 16일 만에 본선 티켓 따낸 오세훈

5.31 지방선거의 최고 관심은 서울시장 선거였다. 열린우리당은 서울시장 후보로 강금실 전 법무부 장관을 내세우면서 반전을 노렸다. 강 전 장관은 출마 선언을 앞두고 실시한 여론조사에서 한나라당 서울시장 후보로 거론되는 맹형규 전 의원과 홍준표 의원을 10%포인트 이상 앞서는 것으로 나타났다.[133] 한나라당 후보들이 강 전 장관과의 가상 대결 여론조사에서 맥없이 무너지면서 한나라당 내에서 외부인사 영입론이 제기되었다. 외부 영입 인물로는 오세훈 전 의원이 입에 오르내렸다.

4월 5일 강금실 전 법무장관이 열린우리당 서울시장 출마를 공식 선언했다. 강 장관 출마 선언 다음날 실시한 서울시장 후보 가상 대결 여론조사에서 강금실 41%, 오세훈 38%로 강 전 장관이 오세훈 전 의원을 오차범위 내에서 앞서는 것으로 나타났다.[134] 강금실의 출마 선언 나흘 만에 오세훈 전 의원도 서울시장 출마를 공식 선언했다.

5.31 서울시장 선거에서 강풍과 오풍의 대결이 시작됐다. 두 후보의 가상 대결은 여론조사마다 오차범위 내에서 앞서거니 뒤서거니 치열했다. 오세훈이 출마 선언한 날 한국일보가 서울시장 선거 가상 대결에서 한나라당 오세훈 전 의원과 열린우리당 강금실 전 장관이 42.4% 대 42.0%로 팽팽한 접전을 벌이는 여론조사 결과를 보도했다.[135] 출마 다음날 조선일보 보도에서도 강금실 대 오세훈 지지율은 43% 대 41%로 오차범위 내에서 접전을 벌였다.[136]

강금실 대세론은 오래 가지 않았다. 오세훈의 등장으로 서울시장 선거가 혼전 양상으로 바뀌었다. '오풍'은 갈수록 드세지는 반면, '강풍'은 잦아들었다. 박빙을 보였던 두 사람의 지지율 격차는 일주일 사이에 크게 벌어지기 시작했다.[137]

오세훈 바람이 한나라당의 높은 지지율을 타고 거세게 불었다. 오세훈이 강금실의 강력한 대항마로 부상하면서, 한나라당 지지자들이 오세훈 쪽으로 빠르게 결집됐다. 정당 지지도가 뒷받침되지 않으면 '바람'만으로 선거에서 이기기는 힘들다. 지방선거에서는 '정당 60%, 인물 30%, 정책 10%'라는 법칙이 적용된다고 할 정도로 정당의 중요성이 컸다.

오세훈은 서울시장 출마 선언 16일 만에 한나라당 서울시장 후보 본선 티켓을 따냈다. 뒤늦게 경선에 합류했지만, 각종 여론조사에서 40%대를 넘나드는 지지율로 승기를 잡았다. 여론조사의 힘을 다시 한 번 실감나게 해 주었다. 오세훈 전 의원을 불러들인 것도 여론조사였고, 후보로 만든 것도 여론조사였다. 열린우리당의 강금실 전 장관 영입도 여론조사에서의 높은 지지율 때문이었다. 여론조사는 여론의 흐름을 보여주는데 그치지 않고 여론을 조성해 나가고 있었다.

참여정부 심판론이 먹혔다

5.31 지방선거가 한 달 앞으로 다가왔다. 열린우리당은 대다수 지방자치단체장을 차지하고 있는 한나라당을 겨냥하여 '지방권력 심판론'으로, 한나라당은 노무현 정부의 실정을 비판하는 '참여정부 심판론'으로 맞섰다.

KBS가 실시한 16개 광역단체장 선거 여론조사에서 한나라당이 11곳에서 우세한 것으로 나타났다.[138] 한나라당은 대전, 광주, 전남, 전북 등 호남권과 제주 등 5곳을 제외한 전 지역에서 우세를 보였다. 열린우리당은 대전과 전북 2곳에서 우세한 것으로 나타났다. 민주당은 광주와 전남 2곳에서 열린우리당 후보를 앞섰

다. 제주에서는 무소속 김태환 현 지사가 한나라당 현명관 후보를 앞서 나갔다.[139]

열린우리당 입장에서 대전은 반드시 사수해야 할 지역으로 꼽혔다. 열린우리당의 유일한 현역 단체장이기도 하지만, 대전에서 패하면 충청 지역을 통째로 내줘야 하기 때문이다. 하지만, 대전 지역의 밑바닥 민심은 여론조사 수치와 다르다는 얘기가 많았다. 박근혜의 영향력이 중요한 변수였다. 사람들은 박근혜 효과가 대전 동구와 중구 등 구도심에서 나타날 것으로 예상했다. 특히 대전 동구는 육영수 여사의 고향인 충북 옥천과 인접한 곳이기 때문이다.

제주는 전국에서 거의 유일한 접전지로 떠올랐다. 한나라당 현명관 후보가 무소속 김태환 후보를 맹추격하면서, 제주에서는 무소속과 한나라당 후보의 치열한 접전이 예상됐다. 5월 15일 후보 등록을 앞두고 무소속 김태환 34%, 한나라당 현명관 28%, 열린우리당 진철훈 19%로 나타났다.[140] 4월 30일 조사 때보다 현명관 후보가 김태환 후보를 10%포인트 이상 추격해 오차범위 안으로 따라 잡았다. 투표 확실층에서는 두 후보 간 격차가 더 좁혀졌다. 선거 한 달 전만 해도 현직 도지사인 김태환(무소속) 후보의 여유 있는 승리가 점쳐졌으나 최근 그의 열린우리당 입당 및 번복 파문 이후 현명관 한나라당 후보가 무서운 상승세로 맹추격했다.

박근혜 대표 피습 사건 여파, "대전은요?"

2006년 지방선거를 열흘 앞두고 박근혜 한나라당 대표가 피습당하는 사건이 발생했다. 5월 20일 박근혜 대표가 오세훈 서울시장 후보 지원유세에 참가하던 중 신촌 현대백화점 앞에서 괴한에게 피습당해 얼굴을 크게 다친 것이다. 지방선거 판세에 미칠 파장에 주목하며 정치권이 긴장했다.

피습 사건 다음날 제주와 대전 지역에서 긴급 여론조사가 실시됐다. 두 지역 모두 심상치 않은 변화가 감지됐다.[141] 제주지사의 경우 19~20일 조사에서 한나라당 현명관 후보가 31%로 무소속 김태환 후보의 36%에 5%포인트 뒤졌으나, 피습 사건 다음날 조사에서는 현 후보가 32% 대 31%로 오히려 1%포인트 차로 앞서는 것으로 나타났다. 대전시장 조사에서도 열린우리당 염홍철 후보와 한나라당 박성효 후보의 지지도 격차가 급격히 좁혀지는 추세를 보였다.

박근혜 대표는 병상에서도 "대전은요?"라고 물을 정도로 대전에 대한 애착을 보이면서 사람들의 입에 회자되기도 했다. 박근혜 대표는 지방선거 운동 첫날에도 가장 먼저 대전으로 달려갔을 정도로 대전에 올인하고 있었다. 전북을 빼고 유일하게 열린우리당이 '당선 확실'이라 믿었던 대전이 피습 사건으로 요동쳤다.

선거 하루 전날 박근혜 대표가 제주를 찾아가자 현명관 후보의 승리가 예감됐다. 5월 24일 발표한 KBS-미디어리서치 여론조사에서는 한나라당 현명관 후보 31%, 무소속 김태환 후보 31%, 열린우리당 진철훈 후보 19%였다. 5월 중순까지만 해도 김태환 후보가 앞서 나갔지만, 이제는 우열을 가리기 힘든 상황이 되었다.

한나라당 압승, 열린우리당 참패

KBS와 SBS, MBC가 31일 오후 6시 투표 마감과 동시에 예측조사 결과를 발표했다.[142] 16개 광역단체장 선거에서 한나라당이 11곳, 민주당 2곳, 열린우리당 1곳의 승리를 예측했다. 예상했던 대로 대전과 제주는 방송 3사 모두 접전 지역으로 분류했다.

2006년 지방선거는 한나라당 압승, 열린우리당 참패는 기정사실화되었다. 다만, 대전과 제주의 승패는 아무도 장담할 수 없었다. KBS·SBS의 대전시장 선거 예측 결과는 한나라당 박성효 후보 44.4%, 열린우리당 염홍철 후보 42.2%로 2%포인트 차의 접전을 예고했다. 제주지사 선거는 한나라당 현명관 후보 42.3%, 무소속 김태환 후보 42.1%로 초박빙의 동률이나 다를 바 없었다. MBC는 구체적인 수치를 발표하지 않고 두 지역을 경합 지역으로만 분류하는 신중함을 보였다.

개표 결과 제주는 무소속 김태환 후보가 승리했다. 42.7%의 득표율로 41.1%를 득표한 현명관 후보를 제치고 당선되었다. 대전에서는 한나라당 박성효 후보가 대역전극을 펼치며 43.8%의 득표율로 열린우리당 염홍철 후보를 2.7%포인트 차로 꺾고 승리를 거두었다. 한나라당은 지방선거 사상 최대의 승리를 거두며 고공비행을 시작했고, 안 그래도 내리막을 걷고 있던 열린우리당은 지방선거 이후 지지율이 계속 떨어지면서 역사의 뒤안길로 사라져갔다.

11. 신자유주의, 보수의 부흥

2007년 대통령선거

이명박 대세론 가속화

참여정부 5년차인 2007년 새해는 노무현 대통령에 대한 국민들의 실망으로 정권교체의 목소리가 점점 커지고 있었다. 노 대통령의 국정 지지율은 10%대로 떨어지면서 참여정부는 국정 동력을 상실한 '식물정부'나 다름없었다. 여당인 열린우리당의 지지율도 대통령 지지율과 비슷하게 겨우 10%대를 유지하고 있었다.

새해를 맞이하여 언론의 관심은 대선주자 여론조사에 집중됐다. 거의 모든 신문과 방송이 대선후보 지지율을 일제히 보도했다. 여론조사 결과로 보면 다음 대통령은 단연 이명박이었다. 이명박 전 시장의 대세론은 지난 2006년 10월부터 시작됐다. 그해

9월까지만 해도 지방선거를 승리로 이끈 박근혜 전 대표, 고건 전 총리 등과 대선주자 지지도에서 각축을 이루기도 했지만, 추석 이후 30%대로 올라선 이명박 전 시장의 지지율은 고공행진을 계속하며 2007년 새해에는 40%를 넘기면서 이른바 '이명박 대세론'을 공고히 했다. 반면 박근혜 전 대표의 지지율은 20% 선으로 떨어졌고, 2005년에 대선주자 지지율 30%로 1위를 달리던 고건 전 총리의 지지율은 이제 10%대로 추락한 상태였다.

고건 전 총리는 여권 후보로 출마하겠다는 의사를 밝히진 않았지만, 노무현 대통령 탄핵 당시 총리로서 대통령 권한대행을 맡아 무난한 행정능력을 보임으로써 국민들의 지지를 받으며 유력한 여권 후보로 거론되어 왔다. 여론조사에 나타난 범여권 후보 지지도에서는 고건 전 총리가 단연 선두를 달렸다. 하지만 고건 전 총리의 지지율이 계속 떨어지면서 집권 여당에서는 이러다가는 힘 한번 제대로 써보지도 못하고 정권을 넘겨주는 것 아니냐는 위기감이 더욱 커지고 있었다.

고건의 불출마 선언

1월 16일 범여권의 유력한 대선주자로 떠올랐던 고건 전 총리가 갑자기 대선 출마 포기를 선언했다. 불과 두 달 전만 해도 독자적으로 신당을 만들겠다고 공언했던 고건 전 국무총리가 2년 8개월 만에 대권의 꿈을 접었다. 그 이유는 여러 가지가 있겠지만 저조한 여론조사 결과가 크게 영향을 미쳤을 것으로 짐작해 볼 수 있다. 2006년 10월까지만 해도 20%대를 유지하던 지지율이 11월 신당 창당 선언 직후 10%대로 떨어지더니, 새해 들어 10% 초반대로 급락했기 때문이다. 고건 전 총리의 지지율 하락 원인에 대해서는 꼭 찍어서 말할 순 없지만, "고건 초대 총리 기용은 실패한 인사"였다는 노무현 대통령의 발언이 영향을 미쳤다는 분석이 있다.[143]

고 전 총리의 대선 불출마가 대선 판도를 크게 흔들었다. 조선일보와 한국갤럽이 1월 17일 긴급 실시한 여론조사에서 고건 전 총리의 불출마 선언 이후 이명박 전 시장과 박근혜 전 한나라당 대표 등 한나라당 후보들의 지지율 상승이 두드러지게 나타났다.

고건 전 총리를 후보군에서 제외하고 올해 대통령선거에서 지지할 후보를 물은 결과, 선두인 이명박 전 시장의 지지율은 40%에서 50%대로 10%포인트 상승했고 박근혜 전 대표의 지지율도 5%포인트 정도 올라갔다. 하지만 손학규 전 경기도지사, 정동영 전 열린우리당 의장, 김근태 열린우리당 의장 등 다른 주요 후보들의 지지율은 변화가 적었다.

고건 전 총리의 불출마 선언으로 이전까지 고 전 총리를 지지하던 유권자들 중에서 42%가 이명박, 23%는 박근혜, 5%는 손학규로 지지후보를 바꾼 것으로 나타나, 기존 고건 지지층의 10명 중 7명이 한나라당 후보로 옮겨간 것으로 밝혀졌다.

한편 범여권의 대선후보 선호도는 지난 연말에 비해 정동영 전 의장이 8%에서 20%로, 김근태 의장은 4%에서 13%로 상승세가 두드러졌다. 다음으로 강금실 전 법무부장관과 정운찬 전 서울대 총장이 10%, 한명숙 국무총리 8% 등의 순으로 나타났다. 한나라당 대선후보의 선호도는 이명박 전 시장 58%, 박근혜 전 대표 28%, 손학규 전 지사 8% 순으로 나타났다.[144]

고건 전 총리가 대선 불출마를 선언함에 따라 여권에서는 지지율이 5%를 넘는 후보가 한 명도 없는 상황이 되었다. 대선을 11개월 남겨둔 상황에서 여당에 두 자릿수 지지를 받는 후보 자체가 없는 것은 초유의 일이었다.

손학규를 유혹하는 여론조사

고건 전 총리가 대선 레이스에서 중도 하차하자 한나라당 대선주자였던 손학규 전 경기지사의 주가가 올라갔다. 손학규는 흥미롭게도 한나라당 후보가 아닌 여권의 후보 1순위로 떠올랐다.[145] 손학규는 여론조사에 나타난 의미를 애써 축소하려고 했지만, 여권에서는 손 전 지사에게 통합신당에 동참할 것을 제안하는 등

환영의 손짓을 했다.

한편 소설 『무궁화 꽃이 피었습니다』(1993)로 유명한 작가 김진명의 신작 소설 『나비야 청산가자』(2007)에는 손학규가 범여권 후보로 대선에 출마해 대통령에 당선된다는 '손학규 필승론'이 담겨져 있었다. 소설에서 손학규는 여권 신당에 영입되어 극적인 경선을 통해 후보로 선출된 후 대통령선거에서 승리하고 북한 핵문제를 평화적으로 해결하는, 이 시대가 필요로 하는 새 정치인으로 묘사되었다. 소설 내용이 사람들의 입에 회자되면서 손학규 전 지사의 마음에도 동요가 생겼을 것이다.[146]

손학규 전 지사는 딜레마에 빠졌다. 가상의 범여권 후보로서는 각종 여론조사 지지도에서 수위를 달리고 있지만 정작 소속당인 한나라당 내에서는 좀처럼 의미 있는 지지율을 얻지 못하고 있었기 때문이다.[147] 한국일보가 3월 11일 발표한 한나라당 가상 경선 여론조사에서 이명박 전 서울시장이 48%로 1위를 달렸고, 박근혜 전 대표는 35%의 지지율을 얻었다. 이에 비해 6%의 지지율을 얻은 손학규 전 지사의 성적표는 초라했다.

마침내 손학규 전 경기지사가 3월 19일 기자회견을 갖고 한나라당 탈당을 공식 선언했다. 신당 창당을 포함한 새로운 정치 질서를 모색하겠다고 밝혔다. 손학규의 지지율은 반짝 상승했다.[148] 손 전 지사가 이명박 전 서울시장이나 박근혜 전 대표에 맞서는 여권의 대항마가 될 수 있지 않을까 하는 기대 심리가 반영된 것으로 보였다.

한나라당은 물론 노무현 대통령까지 나서서 손학규 전 지사의 탈당을 비난했다. 노 대통령은 "원칙을 파괴하고 반칙하는 사람은 진보든 보수든 관계없이 정치인 자격이 없는 것"이라고 비난했다. 호시탐탐 당을 깨거나 떠나려는 정동영 전 통일부장관과 김근태 전 의장을 겨냥한 우회적인 비난이란 얘기도 나돌았다.

한나라당 경선 "산 넘어 산"

12월 대선에서는 이명박 전 서울시장과 박근혜 전 대표 가운데 누가 한나라당 대선후보가 되든 여권의 후보들을 물리치고 승리한다는 한나라당 대세론이 지배적이었다. 한나라당 경선 승리는 곧 대통령 당선을 의미했다. 하지만 한나라당으로서는 혹시나 생길 수 있는 분열 가능성이 최대 걱정거리였다.

이명박 전 서울시장과 박근혜 전 대표 사이의 힘겨루기가 심상치 않았다. 언론사 여론조사에서는 이명박 전 서울시장이 대세였다. 여야를 포함한 대선주자 지지도에서 이명박 전 서울시장이 연초부터 계속 압도적인 선두를 유지했다. 박근혜 전 대표는 언론사의 여론조사가 "여론을 정확히 반영하지 못하고 있다"며 불만을 터트렸다. 박 전 대표 측에서는 일반 국민과 한나라당 대의원 지지율에서 이 전 시장과 각축을 벌이거나 앞서고 있는데, 언론사의 여론조사 결과를 보면 박 전 대표가 열세인 것처럼 보도하고 있다는 것이다.[149]

여론조사에 따라 편차가 있었지만, 이명박 전 서울시장은 일반 국민들의 지지도가 높고 박근혜 전 대표는 당원들의 지지도가 높은 건 사실이었다. 이 전 시장은 샐러리맨 성공 신화의 이미지와 서울시장 재임 시절 이룬 버스체계 개편과 청계천 복원사업 등으로 일반 국민들에게 인기가 있었다. 박근혜 전 대표도 대중적 지지도가 높았지만 이 전 시장에 미치지는 못했다. 상대적으로 박 전 대표는 2년간 한나라당 대표를 지내며 확고한 당내 기반을 구축하여 당원들의 높은 지지를 받고 있었다.

일반 국민과 한나라당 대의원들의 지지도 차이는 한나라당 대선후보 경선에서 승패를 가르는 중요한 변수가 되었다. 일반 국민과 대의원의 지지도를 경선 룰에 어떻게 반영하느냐에 따라 경선에서의 유불리가 달라질 수 있기 때문이다.

따라서 당 지도부에서는 이명박, 박근혜 두 후보의 입장을 중재하려 애썼지만, 양쪽 다 만족하는 경선 룰을 제시하기가 쉽지 않았다. 이명박 후보 측은 당의 결정에 따른다는 입장이었는데, 이는 자신에게 유리하게 일반 국민 참여폭을 늘릴 수 있었기 때문이다. 반면 박근혜 후보 측은 원칙을 내세우며 경선 룰 변경을 거부했다. 이 와중에 오픈프라이머리를 요구하던 손학규 전 경기지사는 경선 룰에 반발해 탈당하게 된 것이다.

한나라당의 분열 위기 직전까지 가는 우여곡절 끝에 가까스로 경선 룰 합의가 이루어졌다. 6월 13일 한나라당 경선에는 이명박 전 서울시장, 박근혜 전 대표, 원희룡 전 최고위원, 홍준표 의원, 고진화 의원 등이 후보로 등록했다.

한나라당의 경선 과정에서 이명박, 박근혜 두 후보의 공방이 치열했다. 한나라당 경선은 사실 대통령선거 본선이나 다름없었다. 당시 대선주자 여론조사에서 이명박, 박근혜 두 후보의 지지율을 합하면 60%를 훨씬 넘었다. 이에 비해 여권에는 고건 전 총리의 대선 불출마 이후 지지율이 10%를 넘는 후보가 한 명도 없었다. 정당 지지율 면에서도 한나라당은 50%를 넘어서는데 여당인 열린우리당은 10%대에 불과했다.

달아오른 경선 과정에서 이명박 후보의 BBK 문제, 박근혜 후보의 정수장학회 문제 등이 불거져 나왔다. 훗날 대통령 탄핵사태로까지 이어진 최순실 일가의 문제도 거론되었으나, 다른 이슈들이 부각되며 흐지부지됐다. 이명박 후보와 관련해서는 친인척 관여 부동산 투기 의혹, 부인의 15차례 위장전입 의혹, X파일 존재 논란, 산악회 선거법 위반 논란, 도곡동 땅 문제 등이 계속 터져 나왔다.

후보 검증 과정을 거치면서 이명박 후보의 독주가 흔들렸다. 언론이 발표한 여론조사에 이명박, 박근혜 두 후보의 지지율 차이가 6%포인트 정도까지 좁혀진 것으로 나타났다.[150] 그러나 놀랍게도 이명박 후보의 지지율은 각종 의혹에도 35% 밑으로 떨어지지 않고 꿋꿋이 버텨내고 있었다.

이명박 vs 박근혜, 여론조사가 승패 갈랐다

한나라당 대선후보 경선을 위한 전당대회가 보름 앞으로 다가왔다. 하지만 경선 여론조사 문제로 당내 파열음이 심각해지면서, 경선도 정상적으로 치르지 못하는 것 아니냐는 우려의 목소리가 나왔다.

"누구를 뽑겠느냐" 대 "누가 낫다고 생각하나"는 여론조사 질문 문구를 놓고 싸움이 벌어진 것이다. 일반인이 보기엔 별 반 차이도 없어 보이는데 이명박, 박근혜 두 후보 측의 줄다리기는 필사적이었다. 당시 언론사 여론조사에서는 대의원·당원 선거인단과 일반 국민 대상 여론조사 모두 이명박 후보가 앞서는 것으로 나타났다.

박근혜 후보 쪽에서는 여론조사 문구 하나에도 신경이 쓰일 수밖에 없었다. 여론조사를 '선호도' 조사가 아닌 '지지도' 조사로 해야 이명박 후보와의 격차를 최대한 좁힐 수 있다고 생각했다. 이명박 후보 쪽에서는 박근혜 후보 쪽이 '경선 판을 깨기 위한 명분

쌓기'라며 불만을 터뜨렸다.

결국 한나라당 경선에서 사용할 일반 국민 여론조사 질문은 지지도와 선호도를 적절히 섞어 "한나라당 대통령 후보로 누구를 뽑는 게 좋다고 생각하십니까?"로 최종 확정지었다. 경선 여론조사는 리서치앤리서치, 동서리서치, 중앙리서치 등 3개 조사회사가 맡아서, 8월 19일 오후 1시부터 8시까지 실시하기로 했다.

8월 20일 한나라당 대선후보 경선에서 이명박 후보가 박근혜 후보에게 1.5%포인트 박빙의 차이로 한나라당 대통령 후보에 선출되었다.[151] 결국 일반 국민 대상 여론조사가 승패를 갈랐다. 이명박 후보는 대의원 당원을 포함한 선거인단 투표에서 박근혜 후보에게 졌지만, 일반 국민 여론조사에서 표를 만회함으로써 신승을 거두었다. 박근혜 후보는 깨끗하게 경선 결과에 승복을 선언했다.

언론사들이 발표했던 한나라당 대선후보 경선 예측보도가 도마 위에 올랐다. 경선을 앞두고 언론사와 여론조사기관들은 경선 결과를 예측하기 위한 여론조사를 여러 차례 실시하여 보도했다. 그 결과는 한결같이 이명박 후보가 일반 국민 여론조사는 물론 선거인단 투표에서도 승리하는 것으로 예측했다. 경선 일주일 전부터 언론사들이 한나라당 경선 방식대로 시뮬레이션한 경선 예측 결과를 보면 이명박 후보가 5~7%포인트 가량 박근혜 후보를 앞서는 것으로 분석했다.[152] 그러나 막상 투표함 뚜껑을 열어보니 1.5%포인트 차에 불과했다. 게다가 선거인단 투표에서는 박근혜 후보가 이명박 후보보다 앞선 것으로 나타났다. 예측에 실패한 언론사들은 유구무언이었다.

민심 떠난 '빈 배'에 대선주자들만 가득

한나라당 경선 여론조사 신경전이 치열하던 8월 5일 대통합민주신당이 창당됐다. 2007년 대선을 앞두고 여당인 열린우리당은 2006년 지방선거 참패 이후 지지율이 10%대로 떨어지며 지리멸렬했다. 여권의 대권 후보군으로 정동영, 김근태, 이해찬, 한명숙 등이 거론되고 있었지만, 여야 대선주자 여론조사에서 그 누구도 10% 넘는 지지율을 얻지 못했다.

미래가 암울한 상황에서 열린우리당 원내대표였던 김한길이 범여권 재편을 명분으로 일찌감치 탈당하여 중도개혁통합신당을 창당하는 등 변화를 모색하고 있었다. 하지만 중도개혁통합신당도 흐지부지되면서 열린우리당과 민주당 탈당파에 손학규 세력이 합류하면서 우여곡절 끝에 대통합민주신당이 새롭게 모습을 드러냈다. 창당의 컨벤션 효과는 없었다. 정당 지지율은 기존 열린우리당과 비슷하게 10%대에 머물렀다.

한나라당 후보 경선이 끝난 8월 22일 대통합민주신당도 대선 예비후보 등록을 시작으로 경선 절차에 돌입했다. 경선 예비후보로는 정동영 전 열린우리당 의장, 손학규 전 경기지사, 이해찬 전 총리, 한명숙 전 총리, 유시민 전 보건복지부 장관, 천정배 전 법무부 장관, 신기남 전 열린우리당 의장, 추미애 전 새천년민주당 최고위원, 김두관 전 행정자치부 장관 등 11명이 등록했다. 당에 대한 민심은 멀어져 가고 있었지만, 대선주자들은 붐비는 기이한 현상이 벌어졌다.

노무현 대통령 탄핵을 주도했다가 역풍을 맞아 존립마저 위태롭던 민주당도 중앙선관위에 경선 관리를 위탁하여 10월 8일 대선후보를 뽑기로 결정했다. 민주당도 5% 정도의 낮은 지지율에도 불구하고 조순형, 이인제, 신국환 의원 등 대선주자들이 5명이나 되었다. 예비 대선후보들이 난립하면서 '총선용 얼굴 알리기'란 비난이 제기되기도 했다.

한편, 범여권 일각에서는 '문국현 대안론'이 꿈틀거렸다. 대통합민주신당이 후보 등록을 마치고 경선에 돌입하던 8월 23일 문국현 유한킴벌리 전 사장이 대선 출마를 선언했다. 문국현 후보는 참신하고 깨끗한 이미지를 내세워, 여론조사에서 50% 넘는 지지율을 얻고 있던 이명박 후보를 상대로 '진짜경제론'을 내세웠다. 경제가 2007년 대선의 최대 화두로 떠오른 상황에서 '사람중심 진짜경제'를 표방함으로써, 경제대통령 이미지를 선점한 이명박 한나라당 후보의 경제론을 깨뜨리겠다는 전략이었다.

예비경선 1위 손학규, 본선에서 정동영에게 패하다

손학규 후보가 대통합민주신당 대선후보 예비경선에서 정동영 후보를 근소한 차로 누르고 1위로 통과했다. 3위는 이해찬 후보, 4위와 5위는 유시민, 한명숙 후보가 차지했다. 추미애, 신기남, 천정배, 김두관 후보는 예선 탈락했다.[153]

손학규 후보는 예비경선에서 1위를 차지했지만 정동영 후보에 비해 당내 조직이나 지지기반이 약했기 때문에 지역별 순회투표로 이루어지는 국민경선에서는 승리를 장담하기 어려운 상황이었다. 민심에서 앞선다 하더라도 당심에서는 불리한 상황이었기 때문이다.

16개 시도 지역을 순회하는 국민경선이 9월 15일 제주를 선두로 시작됐다. 예상했던 대로 제주, 울산, 강원, 충북에서 연이어 손학규 후보가 정동영 후보에게 밀리며 단 한 번도 1위를 차지하지 못했다. 결국 손학규 후보가 경선 시작 나흘 만에 정동영 후보 측이 조직 동원 및 관권 선거를 하고 있다는 의혹을 제기하며 칩거에 들어갔다. 며칠 후 손학규 후보는 경선에 복귀했지만, 지지율을 만회하기는 이미 늦었다. 3위의 이해찬 후보는 친노 진영의 한명숙, 유시민 후보 등이 사퇴하며 지지 표명으로 힘을 실어주었지만 정동영과 손학규 후보를 따라 잡을 수는 없었다.

경선 초반부터 제기돼 오던 정동영 후보 측의 조직 동원 의혹으로 경선이 잠정 중단되는 사태가 발생하기도 했다. 정동영 후보 측에서 선거인단 명부를 박스째로 여기저기서 실어 나르다가 손학규 후보 측에 의해 적발되면서 '박스떼기 경선'이라는 오명을 남기기도 했다.

10월 15일, 대통합민주신당 전당대회에서 전날 실시한 현장 투표와 모바일 투표 등의 결과를 발표하고 최종 합산한 결과 정동영 전 통일부 장관이 제17대 대선후보에 선출되었다. 다음날 민주당 대선후보 경선에서는 이인제 후보가 조순형 후보를 물리치고 민주당 대선후보가 되었다.

이회창의 무소속 대선 출마

이명박 후보에 대한 BBK 주가조작 의혹이 한창이던 11월 7일 이회창 전 한나라당 총재가 무소속으로 대선 출사표를 던졌다. "이명박 후보로는 안 된다"는 것이 출마의 명분이었다. 선거구도가 이명박, 정동영, 이회창을 주축으로 하는 3자 구도로 재편되면서 정국이 요동쳤다.

이회창 전 총재 출마 직후에 실시한 리얼미터 여론조사에서 후보들의 지지율이 급변했다. 50% 넘는 지지율로 대세론을 구가하던 이명박 후보의 지지율이 40% 아래로 떨어졌다. 반면, 이회창 후보는 단숨에 25%의 지지율로 2위를 차지했다. 힘겹게 20%의 지지율을 확보하며 2위를 달리고 있던 정동영 후보는 14%로 하락하며 3위로 내려앉았다.[154]

이회창의 느닷없는 대선 출마로 보수 진영의 표가 분열될 수 있다는 우려 속에 박근혜 전 대표의 존재감이 더욱 부각됐다. 이명박 후보가 박 전 대표에게 공동선대위원장을 맡아달라고 긴급 SOS를 쳤다. 박근혜의 마음을 달래기 위해 경선 이후 친박과 갈등을 초래했던 이명박 캠프의 2인자였던 이재오가 백의종군하겠다며 한나라당 최고위원직을 사퇴했다.

이회창 후보도 적극적으로 박근혜 영입에 나섰다. 박근혜와 연대만 할 수 있다면 단번에 대구경북 지역에 교두보를 구축하고 수도권과 충청 지역에서 선전하면 승산이 있다고 판단했기 때문이다. 이 와중에 친박계 의원이 개별적으로 탈당해 이회창을 지지하고, 박사모도 공식적으로 이회창 지지를 선언하는 등 분위기가 심상치 않게 돌아갔다. 하지만 박근혜는 이회창의 러브콜에 대해 정도가 아니라며 거리를 두었다.

박근혜의 마음을 얻지 못한 이회창 후보의 지지율은 오래가지 못했다. 출마 직후 25%였던 지지율이 일주일 만에 20%로 떨어지더니, 이명박 후보의 BBK 주가조작 의혹 사건에 대한 검찰의 무혐의 발표가 나온 12월 초에는 13%로 급락하면서 대통합민주신당 정동영 후보에게 2위 자리를 내주었다.[155]

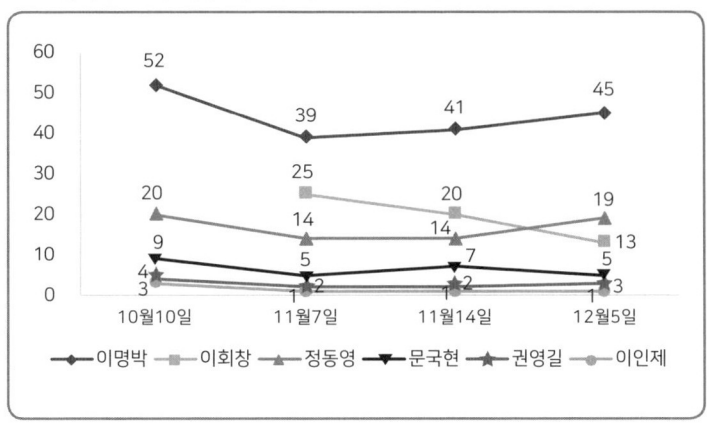

이회창 출마 이후 대선주자 지지율 추이(리얼미터 참조, 단위:%)

이회창 후보는 선거 막판까지도 세 차례에 걸쳐 박근혜의 집을 찾아가는 등 삼고초려했다. 하지만 박 전 대표는 끝내 이회창을 만나주지 않았다. 이명박 후보 지지유세에 합류하는 것으로 답변을 대신했다. 한나라당의 단일대오가 그대로 유지됐다.

이명박 후보의 지지율은 11월 16일 BBK 의혹의 핵심인 김경준 씨가 귀국하면서 다시 한 번 출렁거렸다. 마지막으로 선거 사흘 전에 이명박 후보의 BBK 관련 육성 동영상이 공개되었을 때도 심하게 요동쳤다.

정동영의 마지막 희망은 범여권 단일화

범여권의 마지막 승부수는 후보 단일화였다. 이회창 후보의 대선 출마 직후인 11월 9일 민주당 이인제 후보가 범여권 후보 단일화의 필요성을 주장하며 대통합민주신당과의 당 대 당 통합을 언급했다. 정동영 후보도 통합만이 한나라당의 집권을 막는 길이라며 호응했다. 범여권 후보 단일화 대상으로 꼽혀온 창조한국당 문국현 후보 측은 한발 물러섰다.

대통합민주신당과 민주당의 통합 추진이 급물살을 탔다. '통합민주당(가칭)'이란 이름으로 11월 19일까지 합당을 완료하고, 23~24일 이틀간 여론조사를 통해 대선후보를 단일화하기로 합의했다.

이회창 후보의 출마 이후 각종 여론조사에서 이명박, 이회창 후보에 밀려 3위에 머물렀던 정동영 후보로서는 민주당 이인제, 창조한국당 문국현, 민주노동당 권영길 후보 등을 모두 아우르는 대통합만이 유일한 희망이었다. 하지만 대통합민주신당과 민주당의 합당은 당 지분을 놓고 대통합민주신당 내부의 반발로 무산됐다. 140석 대통합민주신당이 8석의 민주당에게 당 지분 50%를 주기로 한 것이 발목을 잡았다.

그 후에도 정동영은 어떻게든 범여권 및 진보 진영 후보와 단일화를 시도하려 했으나, 끝내 무산되었다. 한편 보수 진영의 국민중심당 심대평 후보는 12월 3일 이회창 무소속 후보와의 단일화를 선언하고 후보직을 사퇴했다. 이 와중에 정몽준 무소속 의원은 12월 3일, 김종필 전 총리는 12월 6일 각각 한나라당에 입당하여 이명박 후보 지지를 선언했다. 김종필 전 총리는 지난 2004년 자민련 탈당 이후 처음으로 정치 활동을 재개했다.

선거를 일주일 앞두고 여론조사 결과로 보면 이명박 후보의 당선이 유력했다. 하지만 선거를 사흘 앞두고 공개된 이명박 후보의 'BBK 관련 동영상'이 유권자들의 표심에 어떤 영향을 미칠 것인지 각 후보 진영이 촉각을 곤두세웠다. 이명박 후보 측에서는 막판 판세에 별 영향을 주지 못할 것으로 보았지만, 정동영 후보 측은 BBK 특검법 통과와 이명박 후보의 동영상 공개를 계기로 선거판이 크게 흔들리고 있다고 주장했다. 자체 여론조사 결과 이 후보와 정 후보의 차이가 오차범위 이내로 좁혀졌다고 주장했다. 'BBK 동영상'이 이명박 후보 지지율을 6%포인트 가량 끌어내렸다. 12월 14일 조사에서 43%이던 이명박 후보 지지율이 동영상 공개 직후인 17일에는 37%로 낮아졌기 때문이다. 대선 막판 돌발변수였던 'BBK 동영상'에 대한 여론은 '막판 판세 전환을 노린 폭로전일 뿐'(43%)이라는 의견과 '검찰의 수사 잘못을 입증할 새로운 증거'(41%)라는 의견으로 크게 갈렸다.[156]

2007년 대선은 1, 2위 후보 사이에 초접전이 벌어졌던 1997년이나 2002년 대선과는 달리 당선자 예상이 어렵지 않았다. 이명박 후보가 과연 50%의 지지율을 넘길 수 있을지가 관심사였다.

당선자 예측 결과 YTN이 빛났다

투표가 끝나는 오후 6시에 방송사들이 출구조사 결과를 발표했다. SBS의 출구조사 결과는 이명박 51.3%, 정동영 25.0%, 이회창 13.8% 순으로 나타났다. KBS·MBC의 공동 출구조사 결과에서도 이명박 50.3%, 정동영 26.0%, 이회창 13.5% 순으로 이명박 후보가 50% 넘는 득표율을 얻을 것으로 예측했다. YTN의 모바일 예측조사에서는 이명박 후보가 49%의 득표율을 얻을 것으로 전망했다.

실제 개표 결과 한나라당 이명박 후보가 48.7%의 득표율로 26.1%를 얻은 대통합민주신당 정동영 후보에 압승을 거뒀다. 무소속 이회창 후보는 15.1%, 창조한국당 문국현 후보는 5.8%, 민주노동당 권영길 후보는 3.0%를 득표했다. 민주당 이인제 후보는 0.7%를 얻었다.

KBS·MBC·SBS 등 방송사 출구조사는 각각 50.3%와 51.3%로 과반 득표를 예상했으나, 과반 예상은 빗나갔다. 이에 비해 그해 대선에서 처음으로 예측을 시도했던 YTN이 당선자의 예상 득표율을 49%로 발표하여, 실제 득표율과 0.3%포인트 차로 가장 근접했다.

　이번 대선에서는 KBS와 MBC가 손잡고 미디어리서치와 코리아리서치에 의뢰하여 출구조사를 실시했다. SBS는 TNS와 함께 단독 출구조사를 실시했다. 그동안 방송 3사의 선거 예측경쟁에서 앙숙처럼 여겼던 KBS와 MBC가 손을 잡은 반면, KBS와 함께 선거 예측을 실시해 왔던 SBS는 독자적으로 예측조사를 실시한 것이다. SBS가 월드컵 중계권을 독점한 것에 대한 KBS와 MBC의 앙갚음 때문이었다.

　방송 3사에 비해 이명박 당선자를 근접하게 예측한 YTN의 예측조사 결과가 주목을 받았다. YTN의 예측조사를 실시한 한국리서치는 방송 3사가 실시한 출구조사와는 다른 이른바 '휴대전화 출구조사'라는 조사 방법을 처음으로 사용했다.

　휴대전화 출구조사란 유권자들 가운데 선거 당일 투표 결과를 알려주겠다는 응답자를 사전에 모집한 후, 이들을 대상으로 휴대전화를 이용해서 투표 당일 조사하는 방법이었다. 이는 투표 당일 투표소 앞에서 투표를 마치고 나온 유권자들을 대상으로 면접조사를 실시하는 방송 3사의 출구조사와는 다른 방식이었다. 사실상 출구조사가 아니라 투표자 전화조사였다.

　방송 3사 출구조사의 응답자가 7~10만 명에 이르는 반면, 한국리서치가 실시한 YTN 예측조사는 5,500명의 응답자들을 대상으로 실시했다는 점에서 비용 대비 효율적인 조사였다. 또한 휴대전화 예측조사는 기존의 투표자 전화조사에서 투표를 마치고 귀가하지 않은 투표자들을 조사할 수 없었던 단점을 보완했다는 점에서 진일보한 조사 방법이었다. 휴대전화를 이용한 한국리서치의 정확한 당선자 예측은 휴대전화 이용자만으로도 당선자를 예측할 수 있었다는 점에서 그 의미가 컸다.

12. 보수 분열의 시작

2008년 국회의원선거

뭉치면 살고 흩어지면 죽는다

　2008년 총선은 이명박 대통령 취임 후 한 달 보름 만에 치러진 허니문 선거로 애초부터 한나라당의 압승이 예상됐다. 대통령 집권 초기에 새 대통령에 대한 기대감이 작용하는 밀월 효과를 감안하면 한나라당이 과반 의석 확보는 물론 개헌 의석까지 가능할 것이라는 전망이 지배적이었다.
　언론사의 신년 여론조사에 따르면 다가오는 4.9 총선에서 국민 절반 이상이 한나라당 후보를 지지하겠다고 응답한 것으로 나타났다. 반면 제1야당인 대통합민주신당 후보를 찍겠다는 응답은 10%대에 불과했다. 한나라당이 2007년 대선 압승의 기반 위에

총선에서도 여대야소 차원을 넘어 압승할 것이라는 분위기를 뒷받침해 주고 있었다.[157]

2007년 대선에서 이명박 후보가 전국 248개 시군구 중 197곳에서 1위를 차지했다. 반면에 정동영 후보는 호남 전 지역과 충북 1곳 등 43곳에서, 이회창 후보는 충남 8곳에서 1위를 차지했다. 이러한 결과를 놓고 보면 한나라당이 총선에서 200석도 차지할 수 있다는 주장도 나왔다.

한나라당은 대선의 여세를 몰아 과반 압승하자는 분위기였고, 대통합민주신당에서는 대선에 이어 4.9 총선에서도 참패가 재연될지 모른다는 위기감이 팽배했다. 대통합민주신당은 수도권에서 참패할 경우 전체 의석수 50석밖에 얻지 못할 수도 있다는 공포감에 휩싸여 있었다. 수도권에서 선전해야 겨우 100석 가까이 얻을 수 있을 정도로 비관적인 상황이었다.

총선 위기감이 커지면서 대통합민주신당 내부에서 텃밭 호남을 중심으로 공천 물갈이의 목소리가 높았다. 지역구 31곳 중 30곳을 석권하고 있는 호남에서 쇄신을 통해 새 바람을 일으켜야 수도권에서도 승산이 있다는 주장이었다. 대통합민주신당과 민주당도 4년 5개월에 걸친 '별거'를 청산하고 다시 통합하기로 전격 합의했다.

진보 진영은 하나로 뭉치고 있는 반면 보수 진영은 한나라당과 자유선진당으로 나뉘지는 모습을 보였다. 국민중심당이 자유선진당으로 흡수되면서 보수 진영의 표가 분산될 가능성이 커졌다. 자유선진당이 원내교섭단체를 구성할 수 있는 20석을 차지할 것인지도 관심사였다. 충청권이나 영남권에서 한나라당과 자유선진당이 혈투를 벌일 것으로 전망하는 사람들이 많았다.

민주노동당이 부활할지도 궁금했다. 2004년 총선에서 민주노동당은 비례대표 정당투표제의 덕을 톡톡히 봤다. 비례대표 배분에서 13%의 정당 득표율로 무려 8석을 확보했다. 지역구에서도 2석이나 당선됐다. 하지만 다가오는 총선 전망은 매우 비관적이었다. 자주파와 평등파가 딴살림을 차리고 있었기 때문이다.

박근혜, "저도 속았고 국민도 속았다"

새해부터 공천을 둘러싸고 벌어진 한나라당의 내부 갈등이 볼썽사나웠다. 공천 주도권을 잡은 친이명박 계파가 친박근혜 계파에 대한 '공천학살'을 자행하면서 당내 잡음이 끊이지 않았다. 게다가 이명박 정부 출범 초기 국민정서를 외면한 '강부자, 고소영 내각' 등 일방통행의 인사 파문으로 대통령과 여당에 대한 민심의 분위기가 갈수록 험악해지고 있었다.

대통령 취임을 앞두고 70% 넘는 지지율을 보였던 이명박 대통령의 국정 지지율은 취임 열흘 만에 50%대로 곤두박질했다. 연초에 총선 지지정당 여론조사에서 55%에 이르는 지지를 받았던 한나라당의 지지율도 40%대로 떨어졌다.[158]

한나라당 내의 권력다툼이 점입가경이었다. 친이계와 친박계로 편을 갈라 연일 공천문제를 놓고 싸움질을 계속했다. 공천혁명으로 대선에서 지지를 보내준 국민들의 기대에 부응하겠다는 약속은 휴지조각이 되었다. 당내에선 이명박 줄이나 박근혜 줄이 없으면 새끼줄이라도 잡아야 한다는 말이 나돌 정도였다. 한나라당의 총선 공천 작업은 철저히 계파 나눠먹기식으로 진행되었다.

박근혜 전 한나라당 대표가 국회에서 기자회견을 열고 정당정치를 후퇴시킨 무원칙한 공천에 대한 책임을 지고 강재섭 한나라당 대표의 사퇴를 촉구하고 나섰다. 이에 대해 강 대표는 총선 불출마로 맞불을 놓으면서 공천을 둘러싼 한나라당의 내부 갈등이 극에 달했다. 박근혜는 "저도 속았고 국민도 속았다"며 강한 배신감을 드러내면서 이번 총선에서 당 차원의 지원유세에도 나서지 않겠다는 뜻을 밝히기도 했다.

내전이나 다름없는 공천 갈등 속에 한나라당은 총선 압승은커녕 이러다 과반 의석조차 얻기 어려운 것 아니냐는 우려가 당내에 퍼졌다. 서울과 수도권을 중심으로 당 지지율이 하락하는 가운데, 영남권 공천에서 탈락한 박근혜 계파 의원들이 반발하며 무소속 출마가 잇따랐다. 벼랑 끝에 몰린 박근혜 전 대표는 공천 탈락한 의원들에게 전화를 돌려 "살아서 돌아와 달라"고 호소했다는 얘기가 전해졌다. 4.9 총선을 앞두고 한나라당 박근혜 전 대표의 거취에 정치권의 관심이 쏠렸다. 박근혜가 어떤 선택을 하느냐에 따라 총선 판도가 크게 달라질 수도 있었기 때문이다.

박재승이 민주당을 살렸다

이명박 대통령과 박재승 통합민주당 공천심사위원장이 총선 정국의 변화를 주도하는 핵심 인물로 떠올랐다. 이명박 대통령이 인사 카드를 꺼내들 때마다 논란이 뒤따랐고, 박재승 위원장은 공천 정국의 뉴스메이커로 집중 조명을 받았다. 이로 인한 최대 수혜자는 바로 통합민주당이었다.

이 대통령의 '숭례문 국민성금 복구' 발언과 영어몰입교육 등 인수위의 잇단 파문에 이은 '고소영 청와대', '강부자 내각', '사정기관장의 영남 향우회', '형님 인사' 논란 등이 한나라당의 지지층을 이반시키는 결과를 초래했다.

이와는 반대로 민주당의 공천은 '박재승 혁명'으로 일컬어질 정도로 우호적 평가를 받았다. 수도권에서는 인물난으로 인해 현역 의원 위주로 공천해 참신성이 떨어지긴 했지만, 텃밭인 호남에서는 현역 의원 35%를 교체할 정도로 대대적인 물갈이를 감행했다. 특히 김대중 전 대통령의 아들과 측근까지 탈락시킴으로써 여당의 공천에까지 상당한 영향을 끼칠 정도였다.

선거를 20여 일 앞두고 발표되는 언론사의 여론조사 결과를 보면 수도권의 표심 변화가 심상치 않았다. 한나라당과 통합민주당이 오차범위 안에서 접전을 벌이고 있는 지역구가 급격히 늘어나면서, 한나라당의 일방적인 독주를 장담할 수 없는 상황이 되었다. 서울 등 수도권에서 민주당 후보들이 대부분 참패할 것이라는 애초의 예상을 깨고 오히려 선전하는 것으로 나타났다.

하지만 이명박 정부와 한나라당에 대해 실망한 표심이 통합민주당을 비롯한 다른 정당에 대한 지지로 곧바로 이어지지는 않았다. 한나라당은 50%에 육박하는 지지율을 견고하게 유지하며, 20%를 겨우 유지하는 통합민주당을 큰 차이로 앞서갔다.[159]

한나라당 과반이냐 절대안정 의석이냐?

18대 총선의 최대 관심사는 한나라당이 과연 몇 석을 차지할 것인가에 집중되었다. 한나라당이 단순 과반 150석을 넘기느냐, 아니면 국회 전체 상임위를 장악할 수 있는 절대 안정 의석 168석을 확보하느냐가 주요 관심사였다. 다음은 통합민주당이 개헌저지선인 100석을 차지할 수 있을지, 충청권 기반의 자유선진당이 원내교섭단체를 구성해 '제2의 자민련'으로서의 위상을 회복할 수 있을지도 궁금했다.

선거를 일주일 앞두고 기존 여론조사 결과와 각 당의 분석들을 종합하여 정당별 의석수를 예상하는 언론사들의 판세분석 보도가 쏟아졌다. 언론사들의 예상치는 대체로 일치했다. 한나라당 158~170석, 통합민주당 75~94석, 자유선진당 11~13석, 친박연대 5~6석, 민노당 4~5석, 창조한국당 3석, 진보신당 1석, 무소속 18석 정도 얻을 것으로 예상했다.

여론조사기관 리얼미터와 CBS가 4월 2일과 3일에 실시한 여론조사 결과, 이번 총선에서 한나라당에 투표하겠다는 응답이 47%로 가장 높았고, 통합민주당 지지율은 21%로 한나라당의 절반에도 미치지 못했다. 다음으로 친박연대 7%, 자유선진당 4%, 민주노동당 4%, 창조한국당 3%, 진보정당 2% 순으로 나타났다. 총선에서 정당별 비례대표 득표율이 이처럼 나타날 경우, 정당 비례대표 의석수는 한나라당 29석, 통합민주당 13석, 친박연대 5석, 자유선진당 3석 등으로 예상되었다.

KBS와 MBC로부터 왕따 당한 SBS

18대 총선에서 정당별 의석수를 예측하기 위해 KBS와 MBC의 연합팀과 SBS, YTN 등이 독자적으로 경쟁을 벌였다. KBS와

MBC는 공동 출구조사로, SBS와 YTN은 각각 전화조사로 정당별 의석수 예측을 시도했다. 서로 다른 조사 방법을 사용하는 만큼 조사 방법에 따른 예측 결과에도 관심이 쏠렸다.

전국 245개 지역구의 당선자를 예측해야 하는 총선 예측조사는 단일 방송사나 조사 회사가 감당하기에는 쉽지 않은 규모였다. 그래서 KBS와 SBS는 2000년과 2004년 총선에서 공동으로 예측조사를 실시했다. SBS 입장에서는 총선 예측조사는 지상파 방송 3사가 합동으로 실시하는 게 좋겠다는 생각을 늘 가지고 있었다. 하지만 MBC는 독자적으로 예측하는 것을 선호했고, KBS도 굳이 MBC와 함께 하길 원치 않았다. KBS와 MBC 사이에는 겉으로 드러내지 않는 미묘한 경쟁심리가 깊게 자리 잡고 있었기 때문이다.

하지만 2008년 총선에서는 KBS와 MBC가 공동으로 예측조사를 실시하는, 생각지도 않았던 일이 벌어졌다. 그동안 공동조사를 원하던 SBS가 오히려 혼자서 총선 예측조사를 실시해야 하는 상황이 되었다. 그동안 원수처럼 지내던 KBS와 MBC가 2007년 대선 때부터 손을 잡고 SBS를 왕따시킨 것이다. 그 까닭은 SBS가 2010년 남아공월드컵 등의 중계권을 단독으로 구매했기 때문이었다. 이 일로 2006년 이후 SBS는 KBS와 MBC의 '공공의 적'이 되었다.

SBS는 혼자서 총선 예측조사를 치러야 했다. 총선 예측조사는 대선이나 지방선거와는 달리 수많은 초경합 지역구의 당선자들을 예측해야하기 때문에 전화조사만으로 예측하기가 쉽지 않았다. 정확한 예측을 위해서는 출구조사가 꼭 필요했다. 하지만 예산이 가장 큰 문제였다. 출구조사를 실시하는 데는 수십억 원의 예산이 필요하다. 지난 2004년 총선 때 KBS와 공동으로 예측조사를 실시하면서, 100여 곳의 경합 지역구에 출구조사를 실시하고 나머지 지역을 전화조사로 예측하는데 34억 원의 비용을 지출했다. 총선 예측을 위해 SBS와 KBS 각각 17억 원을 쓴 셈이다.

이번 총선에서 SBS가 혼자서 출구조사를 기반으로 예측조사를 실시하기 위해서는 적어도 30억 원의 예산이 필요했다. 현실적으로 감당하기 어려운 비용이었다. 총선 예측조사 포기도 검토했지만, 정해진 예산의 범위 내에서 예측조사를 실시할 수밖에 없었다.

SBS의 홀로서기, 총선 예측에 ARS 조사 처음 도입

방송 3사는 선거 때마다 예측조사를 함께 실시했던 파트너 여론조사기관들이 있었다. SBS의 파트너는 TNS였고, KBS는 미디어리서치, MBC는 코리아리서치였다. KBS와 MBC는 이번 총선에서 미디어리서치와 코리아리서치 두 회사와 출구조사 및 전화조사를 병행해서 예측조사를 준비했다.

하지만 SBS는 예산 부족으로 출구조사는 아예 엄두도 낼 수 없었다. 여론조사 파트너사인 TNS에 전화조사로 예측할 경우 예상되는 비용에 대한 견적을 요청했다. 하지만 TNS가 보내온 비용을 보니 전화조사만으로 예측한다고 해도 책정된 예산을 훨씬 초과했다. TNS에 2000년 이후 SBS와 선거 예측조사를 함께 해온 인연을 생각해서 전화조사 단가를 조정해 달라고 요청했지만 단가를 낮출 수는 없다는 답변이 돌아왔다. 해외 본사에서 정한 단가 이하로는 조사를 할 수 없다는 것이었다.

예산 문제를 고민하다가 결국 조사 비용이 적게 드는 ARS 조사를 총선 예측에 도입하기로 마음먹었다. ARS 조사의 신뢰도에 대해 우려하는 시선도 있었다. ARS 여론조사 결과는 주요 신문사나 방송사에서 인용조차 하지 않던 시절이었다. 하지만 개인적으로 1997년 대선 때부터 ARS 조사 방법을 관심 있게 지켜봐 왔기 때문에 비용 대비 효율적인 방법이라 생각하고 있었다. 주요 정당에서도 ARS 조사를 상시적으로 활용하고 있었으며, 선거 때마다 예측성과도 괜찮은 것으로 파악하고 있었다.

2008년 총선 예측조사 계획안의 윤곽이 그려졌다. 먼저 245개 지역구에 대한 ARS 조사를 실시한 후에 경합 지역과 비경합 지역으로 분류한 다음, 경합 지역은 일반 전화조사로 예측하고 비경합 지역은 ARS 조사로 예측하기로 결정했다. 전국 245개 지역구 가운데 호남과 영남 지역의 선거구가 99곳인데, 이들 지역구의 대부분은 조사를 실시하지 않아도 누가 당선될지 알 수 있었다. 당선자 예측이 쉬운 지역들이 대부분이었다. 따라서 ARS 조사를 이용한 선거 예측은 이번이 처음인 만큼 예측이 비교적 쉬운 영호남 지역과 비경합 선거구에서 실시하기로 했다.

2008년 총선 예측조사를 수행할 조사기관으로 한국갤럽과 한국사회여론연구소, 그리고 리얼미터를 선정했다. 한국갤럽은 경합 지역으로 분류되는 140개 선거구를 전화조사로 예측하기로 했고, 비경합 지역으로 분류되는 100여 개 선거구는 한국사회여론연구소와 리얼미터에 맡겼다.

KBS와 MBC는 공동으로 미디어리서치, 코리아리서치에 의뢰해 100여 개 선거구의 900개 투표소에서 20만 명을 대상으로 출구조사를 실시하는 동시에 사전에 실시한 전화조사 결과를 분석하여 최종 결과를 발표했다. SBS는 선거 당일 출구조사 대신 한국갤럽과 한국사회여론연구소와 리얼미터 등에 의뢰한 전화조사 결과를 발표했다. 출구조사를 실시하지 않는 대신 표본수를 50만 명으로 늘리고, 전국 245개 선거구의 경합 정도를 5단계로 나누어 조사 횟수와 표본수를 치밀하게 조정했다.

지난 대선에서 휴대전화 예측조사로 가장 정확한 예측 결과를 발표했던 YTN은 한국리서치와 함께 전화조사를 이용하여 총선 결과를 예측하기로 했다. YTN의 조사 방법은 전화조사에다 지역

유선방송사업자를 연계한 방식으로 알려졌다.

총선 예측 출구조사 '4번째 악몽'

18대 총선의 방송사 출구조사가 또 빗나갔다. 1996년 15대 총선 이후 네 번째 실패였다. 여론조사 공표가 가능했던 투표 1주일 전까지 각 여론조사기관들이 실시한 조사도 실제 개표 결과와 비교해 보면 별로 정확성이 높지 못했던 것으로 드러났다.

4월 9일 오후 6시 투표 마감과 동시에 방송사들이 일제히 총선 예상 의석수를 발표했다. KBS는 한나라당 155~178석, 민주당 75~93석, MBC는 한나라당 154~178석, 민주당 67~89석 등으로 발표했다. SBS는 한나라당 162~181석, 민주당 68~85석, YTN은 한나라당 160~184석, 민주당 72~88석 등으로 예상했다.

방송사의 예측대로라면 한나라당이 과반 의석을 훨씬 넘어 170석까지 확보 가능한 것으로 나타났고, 통합민주당은 80석 내외, 무소속은 20석 가량을 얻을 것으로 예상됐다.

그러나 실제 투표함을 열어본 결과 방송사들이 공통적으로 개표 결과보다 한나라당 의석수를 과대 예측한 반면, 야당과 무소속 의석수는 과소 예측한 것으로 드러났다. 직전 세 차례 총선 때와 마찬가지로 여당 과대 편향의 예측이 재현되었다.

18대 총선 의석수 예측 및 실제 결과 비교표

방송사	한나라당	통합민주당	자유선진당	친박연대	민주노동당	창조한국당	무소속
KBS/MBC	155~178	67~93	13~18	5~10	3~7	1~3	19~26
SBS	162~181	68~85	10~18	6~11	2~6	0~4	19~30
YTN	160~184	72~88	11~15	6~10	2~5	2~4	15~24
실제	153	81	18	14	5	3	25

실제 개표 결과는 지역구에서 한나라당이 131석, 민주당이 66석, 자유선진당이 14석, 친박연대가 6석, 민주노동당이 2석, 창조한국당이 1서, 무소속이 25석을 차지했디. 비례대표까지 합하면 한나라당은 전체 153석으로 과반을 가까스로 넘겼고, 통합민주당이 81석, 자유선진당이 18석, 친박연대가 14석, 민주노동당이 5석, 창조한국당이 3석, 무소속이 25석을 차지했다.

총선 예측 결과 왜 틀렸나?

KBS와 MBC는 미디어리서치, 코리아리서치와 함께 출구조사와 전화조사를 실시했다. 통합민주당과 무소속, 자유선진당과 민주노동당, 창조한국당은 예측 범위를 벗어나지 않았지만 한나라당과 친박연대의 의석수 예측은 크게 빗나갔다.

출구조사는 선거 전에 실시한 여론조사 결과를 토대로 경합 지역으로 분류된 90곳에 대해 실시했다. 출구조사 예측 지역에서 당선자와 실제 당선자가 다른 경우가 12곳에 이르렀다. 전화조사를 실시한 155곳 가운데서도 10곳에서 당선자 예측에 실패했다. 결국 지역구 22곳에서 당선자 예측에 실패한 것이다.

SBS는 한국갤럽과 한국사회여론연구소, 리얼미터에 의뢰해 50만 명을 대상으로 전화조사를 실시했으나, 무려 62곳에 이르는 초경합 지역의 표심을 파악하는데 전화조사만으로는 한계가 있었다. 결국 지역구 29곳에서 당선자 예측에 실패했다. 특히 선거 막바지 돌풍을 일으킨 친박연대 지지자들의 표심을 정확히 파악하지 못한 것으로 분석됐다.

YTN은 한국리서치와 함께 전화조사 방법으로 예측을 시도했지만, 한나라당을 비롯해 자유선진당, 친박연대, 무소속의 예상 의석수가 모두 빗나갔다. 지역구 31곳에서 당선자 예측에 실패했다.

지역구별 당선자 예측에도 오류가 있었지만, 정당 명부 비례대표 예측에서 한나라당에 대한 과대 예측이 총선 예측 실패의 주요 원인이었던 것으로 밝혀졌다. KBS와 MBC는 한나라당이 정당 득표율 50.5%를 얻어 비례대표 29석을 얻을 것으로 예상했다. SBS도 한나라당이 48.0%로 26석을 차지할 것으로 예측했다. 하지만 선거 결과는 한나라당이 37.5% 득표율로 비례대표 22석을 차지하는데 그쳤다.

총선 과정에서 50% 안팎을 기록하던 한나라당의 지지율이 총선을 앞두고 40%를 밑돌면서 당초 예상보다 비례대표 의석수가 줄어든 반면, 친박연대는 투표일이 다가올수록 지지율이 올라가면서 예상외로 많은 비례의석을 얻은 것으로 해석해 볼 수 있다.

하지만 전화조사의 문제로 인해 한나라당의 정당 지지도가 과대평가되었을 가능성도 배제할 수 없었다. 집전화 여론조사의 대표성 문제가 제기되기도 했지만, 아무도 심각하게 받아들이지 않았다. 다가오는 2010년 지방선거에서의 '여론조사 대참사'를 예고하고 있었다.

13. 노무현의 부활

2010년 지방선거

진보 진영의 권토중래

2010년 지방선거는 다가오는 2012년 총선과 대선의 지지기반을 확인할 수 있는 중요한 선거였다. 6.2 지방선거를 앞두고 정치권은 한나라당, 민주당, 자유선진당, 민주노동당, 국민참여당,[160] 진보신당 등 다양한 정치 세력들이 사분오열하는 모습을 보였다. 여당인 한나라당은 2008년 총선에서 과반 의석을 차지하면서 겉으로는 안정돼 보였지만, 총선 공천 갈등으로 점화된 친이계와 친박계의 내부 갈등이 심각했다. 대선과 총선에 연이어 참패한 통합민주당은 2009년 노무현, 김대중 두 전직 대통령이 서거한 이후 심기일전의 각오로 권토중래를 노리고 있었다. 특히 2009년

5월 검찰 수사 과정에서 노무현 전 대통령의 급작스런 죽음은 친노 세력에 대한 민심이 호의적으로 돌아서는 계기가 되었다. 노무현 전 대통령 국민장이 치러진 일주일 동안 전국 각지 분향소에는 500만여 명의 추모객들이 방문하는 등 추모 열기가 식을 줄 몰랐다.

한나라당의 주도권을 거머쥐고 있는 친이계 세력은 다가오는 지방선거에서 반드시 승리해야 했다. 친이계 내부에 마땅한 대권 주자가 없는 상황에서 지방선거에 패배할 경우 한순간에 주도권을 잃을 수도 있기 때문이다. 특히 이명박 정부 집권 3년차에 치르는 선거인만큼 중간평가의 성격이 크기 때문에 지방선거의 패배는 대통령의 조기 레임덕 상황을 초래할 수도 있었다.

지방선거 승리를 위한 야권의 화두는 단일화였다. 2008년 18대 총선에서 야권 단일화가 이루어졌다면 선거 결과가 뒤바뀌었을 지역구들이 상당히 많았다는 사후 분석이 나오면서 야권 단일화의 필요성이 거듭 강조되었다. 하지만 통합민주당, 민주노동당, 국민참여당, 진보신당 등 여러 갈래로 나누어진 야권의 단일화는 쉽지 않아 보였다.

2010년 지방선거는 오세훈 서울시장 등 광역자치단체장 16명 가운데 14명이 재선 또는 3선에 도전하는 것도 주요 관심거리였다. 현직 프리미엄을 안고 수성을 노리는 현 시도지사들과 각 당에서 공천을 받기 위한 도전자들의 한판 싸움도 어느 때보다 치열했다.

2010년 새해 이명박 대통령의 지지율은 40% 선을 돌파하여 50%에 육박하고 있었다. 2009년 5월 노무현 전 대통령 서거 직후 20%대로 떨어졌던 지지율이 조문정국을 기점으로 남북관계가 회복되고 친서민 중도실용 노선을 취하면서 40%대로 올라섰다.

40%대의 대통령 지지율만 놓고 보면 다가오는 지방선거에서 한나라당이 패배할 가능성이 높았다. 지방선거는 여당 심판의 성격이 강하기 때문에, 대통령 지지율이 승패의 바로미터가 되는 경향을 보여 왔다. 여당이 지방선거에서 승리하기 위해서는 대통령 지지율이 적어도 50% 선을 돌파해야 한다는 것이 과거 경험이기 때문이다.

지방선거 최대 변수로 떠오른 세종시 수정안

1월 11일 이명박 정부가 행정부처 이전 계획을 전면 백지화하고 세종특별자치시를 행정중심복합도시에서 교육 중심의 경제도시로 전환하는 '세종시 수정안'을 발표했다. 하지만 야당은 물론 한나라당 친박계가 수정안에 거세게 반발하며 원안대로 추진할 것을 주장하면서, 세종시 수정안이 6.2 지방선거의 최대 변수로 떠올랐다.

세종시 수정안 발표 직후 실시한 각종 여론조사에 나타난 민심은 전국적으로는 수정안에 대한 찬성 여론이 대체로 높게 나타났다. 이에 반해 충청 지역의 민심은 수정안에 반대하는 '세종시 원안' 찬성 여론이 월등히 높았다.[161] 지역별로 좀 더 자세히 들여다보면 충청과 호남 지역에서는 수정안 반대 여론이 높았고, 수도권과 대구경북 지역에서는 수정안 찬성 여론이 높게 나타났다.

세종시 수정안 여론조사 결과(조사일 1월 11~12일)

조사기관	전국		충청권	
	원안찬성 (수정안 반대)	수정안 찬성	원안찬성 (수정안 반대)	수정안 찬성
리얼미터	40.2%	40.1%	73.0%	17.0%
한국일보 미디어리서	34.0%	51.3%	55.4%	32.8%
MBC 코리아리서치	40.5%	47.5%	51.4%	36.4%
동아일보 코리아리서치	37.5%	54.2%	53.0%	40.7%
중앙일보	40.0%	49.9%	54.2%	38.6%

정부가 발표한 세종시 수정안을 놓고 국민들의 여론이 양쪽으로 갈리면서, 정치권에서는 다가오는 지방선거에 어떠한 영향을 미칠지 촉각을 곤두세웠다. 청와대가 주도하는 세종시 수정안이 수도권에서 더 많은 지지를 받는 만큼 여당에 유리하게 작용할

것이란 얘기가 많았다. 하지만 여당에 불리할 수도 있다는 분석도 나왔다. 수도권 지역에서 충청 지역 사람들의 표심이 사실상 캐스팅보트casting vote를 쥐고 있는데, 충청 지역 표심이 야당 후보 쪽으로 기울어질 경우 여당에게 불리할 수밖에 없다는 주장이다. 한편 서울 시민들 가운데 46%는 세종시 수정안이 여당에 유리할 것이라고 생각했고, 36%는 야당에 유리할 것이라고 생각하고 있었다. [162]

종횡무진 유시민, 친노계의 총출동

2007년 대선 패배 이후 스스로를 '폐족'이라 부르며 벼랑 끝에 섰던 친노 정치인들의 움직임이 활발했다. [163] 친노親盧의 핵심인 한명숙 전 총리와 유시민 전 보건복지부 장관이 서울시장에 출마할지가 관심사였다. 한 전 총리는 뇌물수수 사건의 1심 재판을 앞두고 조용한 행보를 보이는 반면, 유시민 전 장관은 참여정부 시절의 핵심 인사들과 함께 국민참여당을 출범시키는 등 종횡무진하는 모습을 보였다. 유시민 전 장관은 지난해 노무현 전 대통령 서거 이후 리얼미터의 대선주자 지지도에서 한나라당 박근혜 전 대표에 이어 줄곧 10% 넘는 지지율로 2위를 달려 왔다.

친노 정치인들은 6.2 지방선거에서 이명박 정부에 대한 심판을 위해 똘똘 뭉쳤다. 노무현 전 대통령 서거 이후 노 대통령을 기리는 민심이 되살아나면서 친노 세력이 재기를 노리고 있었다. 한명숙, 유시민, 안희정, 이광재, 김두관, 김정길 등 친노 핵심 인사들이 시도지사 선거에 출사표를 던졌다. 한명숙 전 총리가 민주당 서울시장 후보로 유력하게 거론되면서 유시민 전 장관은 경기지사 선거로 선회했다. 유시민의 출전으로 한나라당 김문수 경기지사의 일방 독주로 굳어져 가던 경기도지사 선거판이 뜨거워졌다. 노무현의 핵심 '386 측근' 안희정과 이광재는 각각 충남도지사와 강원도지사 선거에 출사표를 던졌다. 행자부 장관을 지낸 김두관은 무소속으로 경남지사 선거에, 노무현의 정치적 동지이자 지역주의 타파에 앞장섰던 김정길은 부산시장에 출마했다. 대중적 지명도가 있는 친노 정치인들이 지방선거에 총출동한 셈이었다.

수도권 판세 흔드는 '한명숙 무죄', '유시민 단일화' 효과

4월 9일 뇌물 혐의로 기소됐던 한명숙 전 총리가 '1심 무죄' 선고를 받으면서 민주당의 서울시장 유력 후보로 급부상했다. 한 전 총리가 범야권 단일후보로 출마할 경우 현재 지지율 1위를 달리고 있는 한나라당 오세훈 서울시장과의 격차가 오차범위 내로 좁혀지는 것으로 나타났다. 무죄 선고 직후 실시한 여론조사에서 오세훈이 41%로 1위를 차지했고, 한명숙이 34%로 그 뒤를 바짝 추격했다. 노회찬 진보신당 대표는 7%, 이상규 민주노동당 서울시당위원장은 4%를 기록했다.[164] 한명숙이 야권 단일후보로 나설 경우, 오세훈과의 격차는 더 좁혀졌다. 오세훈과 한명숙이 일대일로 맞붙으면 각각 47% 대 42%로 5%포인트 차에 불과했다.

야권의 후보 단일화 경선에서 국민참여당 유시민 후보가 민주당 김진표 후보를 제치고 승리하면서 6.2 지방선거의 새로운 변수로 급부상했다. 유시민은 50.5%의 득표율로 49.5%를 얻은 김진표를 1%포인트 근소한 차이로 누르고 극적인 승리를 거뒀다.[165] 김진표는 1만 5천 명의 선거인단이 참여한 국민참여경선에서 유시민에 앞섰지만, 경기도민 2천 명을 대상으로 실시한 전화 여론조사에 뒤지면서 유시민에게 무릎을 꿇었다. 유시민이 야권 단일후보로 급부상하면서 경기도지사 선거는 현직 도지사인 한나라당 김문수 후보와 유시민 야권 단일후보 사이에 한 치 앞을 내다보기 힘든 접전 양상이 전개됐다.

단일화 직후 실시한 양자 대결 여론조사에서 유시민 후보가 48%로 김문수 후보(46%)를 오차범위에서 앞서는 결과가 나왔다. 유시민이 여론조사에서 김문수를 제친 것은 처음이었다.[166] 하지만 진보신당 심상정 후보를 포함한 3자 대결에서는 김문수 후보가 47%로 가장 앞섰고, 유시민 41%, 심상정 6% 순으로 나타났다. 심상정 후보에게는 야권 단일화를 압박하는 결과로 받아들여졌다.

5월 23일 노무현 전 대통령 서거 1주기의 추모 열기가 열흘도 채 남지 않은 지방선거에 어떤 영향을 미칠 것인지 관심이 쏠렸다. 노 전 대통령 서거 1주기를 하루 앞두고 하루 종일 비가 내리는 가운데 전국 곳곳에서 추모 행사가 열리며 추모객들의 발길이 이어졌다. SBS와 중앙일보의 패널조사에 따르면, 유권자 40%가 지지후보를 결정하는데 노무현 전 대통령 서거 1주기를 고려하겠다고 응답했다.[167]

천안함 침몰사고, '북풍효과?'

노무현 전 대통령 1주기를 앞둔 5월 20일 천안함 침몰사고에 대한 정부의 조사 결과 발표가 있었다. 3월 26일 백령도 해상에서 침몰한 천안함의 사고 원인을 놓고 말들이 많았지만, 민군합동조사단은 천안함이 북한의 어뢰 공격으로 침몰한 것으로 결론을 내렸다. 북한에 대한 제재조치가 이루어지는 등 남북한의 긴장이 더욱 고조되었다.

북한 변수로 인해 한나라당이 유리할 것이라는 분석과 '북풍'에 대한 거부감으로 오히려 정권 심판론이 먹히면서 민주당이 유리해졌다는 분석이 엇갈렸다. 지방선거 투표에서 지지후보를 결정할 때 천안함 사건을 고려하겠다는 유권자는 48%에 이르렀다.[168]

서울시장 선거에서는 한나라당 오세훈 후보의 우세 국면이 계속되었다. 민주당 한명숙 후보는 무죄 선고 이후 오 후보를 오차범위 내로 바짝 추격했지만, 여세를 몰아붙이지 못해 정체되는 분위기였다.

경기지사 선거에서도 김문수 한나라당 후보의 우세가 계속됐다. 야당 단일화에서 승리한 유시민 후보가 양자 대결에서 앞서는 여론조사도 있었지만, 선거가 임박할수록 여론의 흐름은 김문수 쪽으로 기울었다. 김 후보의 지지율이 꾸준히 오르는 반면, 유 후보의 지지율은 조금씩 빠지는 흐름을 보였다.

인천시장 선거는 안상수 후보가 선두를 달렸지만, 송영길 후보가 오차범위 내에서 추격의 고삐를 늦추지 않았다.

여론조사 공표 금지 기간을 앞두고 선거 일주일 전에 실시한 방송 3사의 여론조사 결과가 나왔다. 16개 시도지사 선거에서 한나라당이 수도권 3곳, 영남권 4곳, 그리고 강원 등 8곳에서 우세한 것으로 나타났다. 민주당은 호남권 3곳, 자유선진당은 1곳에서 우세를 보였다. 충남, 충북, 경남, 제주 4곳은 오차범위 내에서 접전 중인 것으로 조사됐다.

열흘 전 여론조사와 비교하면, 수도권에서는 한나라당 강세가 계속되었고 충남, 충북, 경남, 제주 지역의 혼전 양상은 더 심해졌다. 5월 20일 천안함 사건 조사 결과 발표 이후 수도권 야권 후보들의 추격세가 다소 주춤하면서 한나라당 후보들과 격차를 더 이상 좁히지 못하고 있는 것으로 분석됐다.

지방선거를 5일 앞두고 나온 여야의 판세분석이 엇갈렸다. 한나라당은 광역단체장 10곳 석권을 장담했다. 서울, 경기 등 수도권 2곳에다 대구, 경북, 부산, 울산 등 영남권 4곳, 그리고 강원 등 7곳에서 당선 안정권에 들어섰다고 장담했다. 여기에 박빙 지역이라는 인천, 경남, 충북에서도 승리를 기대했다. 민주당은 최대 8곳에서의 승리를 예상했다. 전북, 전남, 광주 등 텃밭 3곳에 인천, 충남, 충북, 경남, 강원 등 접전 지역에서 승리를 기대했다. 자유선진당은 대전과 충남은 절대 빼앗길 리가 없다며 최소 2곳에서의 승리를 확신했다. 여야가 승리를 장담하는 곳을 모두 합하면 20곳이나 되었다.

지상파 방송 3사 합동 출구조사 정확했다

2010년 지방선거를 앞두고 KBS, MBC, SBS 지상파 3사가 한국방송협회 회장단 회의에서 정확한 선거 예측을 위해 공동 예측조사를 실시하기로 3월 16일 합의했다. 한국방송협회 산하에 '방송사공동예측조사위원회KEP: Korea Election Pool'를 마련하여 6.2 지방선거의 16개 광역단체장 및 교육감 당선자 예측을 위해 전면 출구조사를 실시했다.

선거일 오후 6시 투표 마감과 동시에 지상파 방송 3사와 YTN이 16개 광역단체장 예측조사 결과를 발표했다. KBS, MBC, SBS 등 지상파 3사가 공동 실시한 출구조사 결과, 16개 광역단체장 가운데 한나라당이 5곳, 민주당이 5곳, 자유선진당이 1곳에서 우세한 것으로 나타났다. 나머지 5곳은 경합 지역으로 분류됐다. 한편 YTN과 한국갤럽의 예측조사 결과는 한나라당이 7곳, 민주당 3곳, 자유선진당 1곳에서 우세한 것으로 예상했다. 지상파 3사의 출구조사와는 달리 YTN의 예측에서는 수도권 3지역에서 여당인 한나라당이 앞서는 것으로 나타났다.

지상파 방송 3사 출구조사와 YTN 예측조사의 결과가 크게 엇갈렸다. 여야 정치권은 술렁거렸고, 시청자들은 혼란 속에서 선거 결과에 대한 비상한 관심을 보였다.

서울시장 선거 결과가 최고의 관심사였다. 지상파 3사 출구조사에서는 선거 전에 예상했던 것과는 달리 오세훈 후보와 한명숙 후보가 0.2%포인트 차 박빙의 승부를 펼칠 것으로 예측했다. 반면에 YTN은 오세훈 후보가 한명숙 후보를 10%포인트 이상 앞설 것으로 예측했다.

인천시장 선거에서도 YTN은 안상수 후보가 송영길 후보를 4%포인트 앞설 것으로 예측한 반면, 지상파 3사의 출구조사에서는 송영길 후보가 7%포인트를 앞서 당선될 것으로 예측했다. 충북 지사 선거에서도 지상파 3사 출구조사에서는 민주당 이시종 후보가 한나라당 정우택 후보를 1%포인트 간발의 차이로 앞서는 것으로 예상했지만, YTN에선 오히려 정우택 후보가 이시종 후보를 8%포인트 차이로 앞서 당선될 것으로 예측했다.

6.2 지방선거의 투표함을 열어본 결과, 지상파 3사의 출구조사 결과는 초박빙의 승부를 벌인 서울시장 당선자 예측은 물론 전국 16개 광역단체장 당선자를 족집게처럼 완벽하게 예측한 것으로 나타났다. 반면 한국갤럽과 함께 투표자 전화조사로 선거를 예측했던 YTN은 '엉터리 예측'으로 고개를 숙여야 했다.

전화조사 예측 왜 실패했나?

6.2 지방선거 이후 여론조사에 대한 비난이 쏟아졌다. 지방선거를 앞두고 발표된 사전 여론조사 결과들이 실제 선거 결과와 너무나 큰 차이를 보였기 때문이다. 선거 전 여권의 압승을 예상했던 전화 여론조사의 결과와는 전혀 딴판이었다. 반면에 지상파 3사의 출구조사는 0.6%포인트 차 초박빙의 서울시장 선거에서 당선자를 정확히 예측하면서 시청자들을 깜짝 놀라게 했다.

지방선거가 끝난 후 지상파 방송 3사 출구조사를 빼고는 사실상 모든 여론조사가 엉터리였다는 비난을 받으며 '여론조사 무용론'까지 나왔다. 선거 전 발표했던 전화 여론조사와 선거 당일 발표한 YTN의 투표자 전화조사 결과가 문제였다. 기존에 실시해 오던 전화 여론조사에서 한나라당 후보들의 지지도가 상대적으로 과대평가된 반면, 민주당 후보의 지지도는 과소평가되어 나타났다. 지상파 3사가 6.2 지방선거 전에 실시했던 전화 여론조사도 예외는 아니었다.

전화 여론조사 방법이 지방선거 예측 실패의 가장 중요한 원인으로 부각됐다. 다시 말해 전화 여론조사에서 '응답자 대표성'의 문제가 제기됐다. 지난 2006년 지방선거나 2007년 대통령선거에서 사전 전화조사 결과로 선거 결과를 예상하는데 큰 문제가 없었다. 하지만 2008년 총선을 거치면서 전화조사의 응답자 표본의 대표성에 심각한 문제가 나타나고 있었다.

그동안 전화 여론조사를 실시할 때, KT 전화번호부에 등재된 집 전화번호들을 바탕으로 조사대상 가구를 선정한 후 전화를 걸어 여론조사를 실시해 왔다. 하지만 KT 전화번호부에 등재된 집 전화번호들이 우리나라 전체 가구를 대표하지 못하는 것으로 밝혀졌다. 휴대전화나 '070 인터넷 전화'가 널리 보급되면서 집전화가 없는 가구들이 수년 사이에 급증했기 때문이다. 집전화가 있는 가구 수는 전체 가구의 50% 정도밖에 되지 않았다.

결국 전화 여론조사로는 자기 집에 유선전화가 없는 유권자,

다시 말하자면 휴대전화나 070 전화만을 쓰는 유권자는 조사대상에서 제외됐던 것이다. 그 대신 집전화가 있는 가구의 유권자들만을 대상으로 전화 여론조사를 하다 보니, 낮에 집에 없는 직장인이나 20~30대 대학생 등 바깥 활동이 많은 유권자들은 여론조사 대상에서 제외되는 문제가 발생한 것이다.

일반적으로 외부 활동을 주로 하는, 화이트칼라로 대표되는 직장인이나 대학생들은 진보정당을 지지하는 비율이 더 높았다. 따라서 집전화만으로 여론조사를 실시하게 되면 진보정당의 지지율이 실제보다 낮아질 수밖에 없는 상황이었다.

6.2 지방선거에서도 집전화를 이용한 여론조사가 이루어지면서, 보수정당인 한나라당 후보의 지지율이 실제보다 높게 평가될 수밖에 없었다. 진보정당을 지지할 가능성이 높은 화이트칼라 직장인이나 20~30대 학생들이 여론조사에서 배제되었으니 민주당 후보의 지지율이 실제보다 낮게 나오는 것은 당연한 일이었다.

한편 지방선거 결과 예측 실패의 또 다른 원인으로 야당을 지지하는 유권자들이 여론조사에 응하는 것을 꺼리거나 지지후보를 밝히지 않는 정치심리적인 요인도 생각해 볼 수 있다. 여당을 지지하는 유권자들은 여론조사에서 지지하는 후보를 적극적으로 드러내는 반면, 야당을 지지하는 유권자들은 지지후보를 숨기려는 경향을 보일 수도 있다. 여론조사에서 적극적으로 드러내지 않는 표심을 언론에서는 이른바 '숨은 표'라고 불렀다. '숨은 표'의

존재 가능성에 대해서는 이론의 여지가 없겠지만, '숨은 표'의 실제 규모와 속마음을 추정하는 것은 거의 불가능한 일이다.

강원도지사 재보궐선거 예측 소동

2011년 4.27 강원도지사 재보궐선거를 일주일가량 앞두고 SBS 보도국이 발칵 뒤집혔다. SBS에서 실시하지도 않은 여론조사 결과를 놓고 한나라당이 최문순 후보를 고발하는 일이 벌어졌기 때문이다. 한나라당은 최문순 후보를 '허위문자 22만 건 발송' 혐의로 선관위와 검찰에 고발했다. 최문순 후보 측의 휴대전화 문자메시지는 3월 18일 발송되었고, 그 내용은 "선거정보-1% 초박빙(SBS 4/15 8시 뉴스) 강원도 꿈. 미래 기호 2번 최문순"이라는 메시지였다.

최문순 후보 측에서 강원도민 유권자 22만 명을 대상으로 4월 15일 SBS 8시 뉴스에서 "엄기영, 최문순 두 후보의 지지율 차이가 1% 초박빙"이라고 보도했다는 내용의 문자메시지를 발송한 것이 문제가 되었다.

한나라당에서 확인해 본 결과, SBS 8시 뉴스에 이 같은 내용이 보도되지 않았다는 사실이 분명했다. 최문순 후보 측이 발송한 문자메시지의 내용은 허위사실에 해당할 수도 있었다. 이에 대해

최 후보 측에서는 SBS 8시 뉴스에 보도된 여론조사 결과인 것처럼 문자를 보낸 것에 대해 '단순 실수'라고 사과했다.

사건의 발단은 4월 15일 SBS 인터넷 뉴스에 실린 취재파일 기사에서 비롯되었다. 이 기사를 쓴 사람은 바로 나였다. 내가 쓴 기사의 요지는 4월 10일 현재 여론조사 결과를 보면 한나라당 엄기영 후보가 최문순 후보를 12%포인트 정도 앞서고 있지만, 보름 뒤에 실시하는 강원지사 재보궐선거에서 두 후보가 1%포인트 차의 초박빙의 승부가 될 것이라는 내용이었다. 최문순 후보 측에서는 내가 쓴 취재파일 기사를 보고, SBS 8시 뉴스에서 "1% 초박빙"으로 보도했다고 유권자들에게 문자를 보낸 것이었다.

선거 결과를 예상하는 분석 기사를 하나 썼다가 생각지도 않은 소동이 벌어지면서 입장이 매우 곤혹스러웠다. 내 의도와는 무관하게 한나라당 측으로부터 말도 안 되는 쓸데없는 편향적 분석을 했다는 애기를 들었다. 반면 최문순 후보 측에는 '선거에 희망을 주는 홍보자료'를 만들어준 셈이 된 것이다.

내가 분석 기사를 쓰게 된 배경은 이렇다. 2011년 나는 전화 여론조사의 문제점을 심각하게 생각하고 있었다. 2010년 지방선거 때 전화조사 결과들이 실제 선거 결과와 너무 달랐기 때문에 전화 여론조사 결과를 믿을 수가 없었다. 6.2 지방선거를 일주일 앞두고 강원지사, 인천시장, 충북지사 선거에서 여당인 한나라당 후보들이 5~10%포인트 앞서는 것으로 나타났다. 하지만 실제 결과는 민주당 후보들이 5~9%포인트 앞서며 당선된 것이다.

당시 강원지사 선거의 예를 들자면, 선거 D-7에 실시한 여론조사에서 이계진 한나라당 후보가 이광재 민주당 후보에게 10%포인트 이상 앞서는 것으로 나타났다. 하지만 선거 결과는 이광재 후보가 8.8%포인트 차이로 이계진 후보를 누르고 당선됐다.

나는 2011년 4.27 강원지사 재보궐선거에서도 2010년 지방선거 때와 똑같은 현상이 나타날 것으로 예상했다. 지방선거 때와 여론조사 방법 등 달라진 게 아무것도 없었기 때문이다. 재보궐선거를 보름여 앞둔 4월 10일 강원 지역 언론사들이 TNS에 의뢰하여 실시한 여론조사에 따르면 엄기영 후보 44%, 최문순 후보 32%로 엄 후보가 12%포인트 앞서고 있었다. 기타 후보는 5%, 무응답은 19%였다.

나는 TNS의 여론조사 결과를 바탕으로 엄기영, 최문순 두 후보가 '1% 초박빙'이 될 것이라고 분석했다. 그 근거는 무응답 19%에 있었다. 나는 무응답의 80%를 야당 후보 지지로 분류하고, 나머지 20%는 여당 후보 지지로 분류했다. 무응답층을 80 대 20으로 분류하면 엄기영 후보 48%, 최문순 후보 47%로 1%포인트 차이가 된다.

나는 이 분류법을 '무응답 80대 20 분류법'이라고 불렀다. 지난 지방선거의 사전 전화 여론조사 결과와 실제 선거 결과를 비교 분석하는 과정에서 나름대로 얻은 일종의 가설과 같은 것이었다.

이 분류법을 적용하면 2010년 지방선거에서 전화조사로 예측이 실패했던 인천시장, 강원지사, 충북지사 선거 또한 정확한 예측이 가능했다.

나는 강원지사 재보궐선거를 예측하려는 시도라기보다는 전화조사의 한계를 보완해서 재보선에서 검증해 보려고 했던 것이다. 어쨌든 강원지사 재보선에서 최문순 후보가 결국 승리하게 되면서 내가 던졌던 가설이 부분적으로 확인된 것 같아서 다행스럽게 생각했다.

서울시장 재보궐선거 예측, 나경원 vs 박원순, 누가 이길까?[169]

10.26 서울시장 보궐선거가 엿새 앞으로 다가왔다. 여론조사 공표 금지를 앞두고 박원순과 나경원 후보의 지지율 여론조사 결과들이 쏟아져 나왔다.

서울시장 선거에서 누가 당선될 것인지 가늠해 볼 수 있는 마지막 기회다. 하지만 신문과 방송 등 언론매체를 통해 보도되는 서울시장 선거 여론조사 결과를 보면 참으로 혼란스러웠다. 나경원, 박원순 두 후보의 지지율이 언론사나 조사기관별로 들쭉날쭉해서 도무지 누가 유리한지 알 수가 없었다. 같은 날 실시한 여론조사 결과가 서로 다른가 하면, 동일한 언론사의 여론조사 결과가 사흘 만에 후보 지지율이 뒤바뀌는 경우도 있었다. 중앙일보 보도가 그랬다.

2011년 서울시장 보궐선거 여론조사 결과(10월 14~19일 조사)

매체별	조사시점	후보 지지율(%)		조사 방법	표본수	조사기관
		나경원	박원순			
YTN	10.17~19	39	44	집전화+휴대전화	3,950명	한국리서치
중앙일보	10.17~18	46	42	집전화 RDD	1,695명	중앙일보
국민일보	10.18	42	39	집전화 RDD	800명	GH코리아
서울신문	10.17~18	43	47	집전화+휴대전화	1,000명	엠브레인
방송 3사	10.16~17	38	41	집전화+휴대전화	1,000명	MBMR
동아일보	10.16~17	42	41	집전화 RDD	1,000명	코리아리서치
한겨레	10.15	51	46	집전화 RDD	500명	KSOI
중앙일보	10.14~15	40	41	집전화+휴대전화	1,185명	한국갤럽

흥미롭게도 언론사들이 발표한 여론조사 결과들을 자세히 살펴보면 규칙성을 찾을 수 있다. 조사 방법에 따라서 조사 결과가 달랐다. 위의 표에서 보면 여론조사 방법이 '집전화 RDD' 방식이

냐 '집전화+휴대전화 RDD' 방식이냐에 따라 조사 결과가 다르게 나타났다.[170]

집전화 RDD 방식으로 조사하면 나경원 후보의 지지율이 박원순 후보보다 높게 나왔다. 반면에 집전화와 휴대전화를 병행해서 조사하면 박원순 후보의 지지율이 높았다. 조사 방법별로 두 후보의 지지율 평균치를 계산해 보았다. 집전화조사 방법의 여론조사에서는 46% 대 42%로 나경원 후보가 박원순 후보를 4%포인트 앞섰다. 반면, 집전화+휴대전화조사 방법의 여론조사에서는 43% 대 40%로 박 후보가 나 후보를 3%포인트 리드했다.

두 후보의 지지율 차이는 오차범위 내에 있어서 누가 이긴다고 장담하기는 어렵다. 하지만 나경원과 박원순 두 후보 가운데 누가 서울시장에 당선될 가능성이 조금이라도 높을지 예상해 볼 수는 있다. '집전화+휴대전화 RDD' 방식으로 여론조사를 실시하는 것이 표본의 대표성 측면에서 볼 때, 보다 정확한 결과를 얻을 수 있으므로 오차범위 내에 있지만 박원순 후보가 나경원 후보를 앞서고 있다는 추론이 가능하다. 여론조사 방법에 대해 아는 만큼 예측도 정확하게 할 수 있음을 보여준 사례다.

14. 보수와 진보의 한판 승부

2012년 국회의원선거와 대통령선거

2012년 대선을 겨냥한 여야의 전열 정비

2011년 연말은 다가오는 2012년 총선과 대선을 겨냥한 여야의 전열 정비로 정치권이 부산했다. 한나라당은 2011년 10월 26일 재보궐선거에서 MB정부 심판론을 내세운 야권연대에 서울시장을 내주며 완패했다. 재보궐선거 이후 여당의 한미 FTA 국회비준 강행처리 등 정치권의 갈등 양상이 지속되면서 이명박 대통령 지지율이 20%대로 떨어졌다. 정당 지지율은 한나라당 30%, 민주당 25%로 재보궐선거를 거치면서 5%포인트 차이로 좁혀졌다.

민주당이 2012년 총선과 대선에서 승리하기 위해서는 통합과 연대만이 살 길이었다. 손학규 민주당 대표가 민주진보세력의 통합을 제안하면서 친노 정치인들과 시민단체 세력들과 함께 12월 16일 민주통합당을 출범시켰다. 민주당 중심의 통합을 거부한 민주노동당과 국민참여당은 진보신당 탈당파들을 규합하여 통합진보당을 결성했다. 범야권에서 5개 정당이 2개로 줄어들면서 다가오는 선거에서 야권연대 및 후보 단일화의 기반을 마련했다. 새로 출범한 민주통합당과 통합진보당은 정책 합의와 여론조사 경선을 통한 후보 단일화 등으로 총선에서 연대하기로 결의했다.

민주통합당 출범 직후 야권통합에 위기감을 느낀 한나라당은 홍준표 대표를 비롯한 지도부가 모두 사퇴하면서 비상대책위원회가 조직되었다. 박근혜 전 대표를 비상대책위원장으로 추대하고, 김종인 전 청와대 경제수석을 비대위원으로 영입하는 등 전열을 새롭게 가다듬었다. 이명박 정부에 대한 민심 이반이 가속화되면서 서서히 박근혜 시대가 도래하고 있었다.

정치권의 핵으로 떠오른 안철수

2012년 새해 첫날부터 안철수가 언론의 주목을 받았다. 2011년 서울시장 재보선을 앞두고 서울시장 출마설에 이어 '아름다운 양보' 등 미담을 뿌리며 안철수 서울대 융합과학기술대학원장이 본인의 의사와는 무관하게 유력 대권주자로 떠올랐기 때문이다.

안철수 본인은 대선 출마 의사를 밝힌 바 없지만, 신년 대선주자 여론조사에서 박근혜 한나라당 비대위원장과 함께 양강 구도를 형성하고 있었다. 리얼미터의 대선주자 지지율을 보면 박근혜 29%, 안철수 28%, 문재인 9% 순으로 나타났다. 여권과 보수 진영의 대선주자로 유력한 박근혜 위원장과 안철수 원장의 일대일 가상 대결에서는 오히려 안 원장이 박 위원장을 앞서는 것으로 나타났다.[171]

안철수의 선택과 행보가 올해 총선과 대선 결과는 물론 향후 한국 정치의 지형을 흔들 것으로 전망됐다. 안철수가 정치를 시작한다면, 그를 지지하는 유권자의 성향으로 볼 때 야권주자가 될 가능성이 높았다.

떠오르는 문재인

다가오는 4.11 총선에서 부산 출마로 승부수를 던진 문재인 민주당 상임고문의 지지율이 상승세를 탔다. 1월 초만 해도 9%에 머물렀던 대선주자 지지율이 일주일 만에 15%로 가파르게 올랐다. 민주통합당 전당대회를 앞두고 대선 불출마를 선언한 한명숙 전 총리가 대선주자 여론조사에서 빠지자 친노 성향의 표심이 문재인 고문 쪽으로 옮겨간 것으로 분석됐다. 또한 SBS 토크

쇼 〈힐링캠프, 기쁘지 아니한가〉(이하 힐링캠프)에 출연해 인간적인 면모로 시청자들에게 호감을 준 것도 지지율 상승에 도움이 됐다.

설 연휴를 앞두고 한나라당이 돈 봉투 사건과 이명박 대통령의 내곡동 사저 논란 등으로 민심을 잃는 동안, 민주통합당은 합당 절차를 마무리하고 1.15 전당대회에서 한명숙 전 총리를 당대표로 선출했다. 민주통합당 지지율이 컨벤션 효과로 급상승하면서 한나라당을 뛰어넘어 40%를 향했다. 이명박 정부 들어서 민주통합당이 지지율에서 한나라당을 10%포인트 이상 앞선 것은 처음이었다.

민주통합당 지지율이 상승하면서 문재인 고문의 지지율도 동반 상승했다. 반면에 안철수의 지지율은 떨어지기 시작했다. 설 연휴를 지나면서 차기 대선 구도는 '박근혜-안철수' 양강 구도에서 '박근혜-안철수-문재인' 3파전 구도로 바뀌고 있었다. 대선주자 지지율은 박근혜 31%, 안철수 21%, 문재인 19%로 야권에서 안철수와 문재인이 초접전 양상을 보였다.

박근혜 "올해가 마지막 기회"

한나라당은 지난해 서울시 무상급식 주민투표, 재보선 참패,

선관위 디도스 공격사건 등 연이은 악재에 따른 위기를 극복하기 위해 박근혜 비상대책위 체제로 전환했다. 하지만 전당대회 돈봉투 살포 사건이 갑자기 불거지면서 한나라당은 당 해체의 위기로까지 내몰렸다.

2012년은 박근혜 위원장에게 정말 중요한 시기였다. 정치에 입문한 지 14년째인 박 위원장은 올해를 '마지막 기회'라고 생각했다. 박근혜 대세론을 계속 유지하기 위해서는 다가오는 총선에서 반드시 승리해야 했다.

하지만 한나라당의 지지도는 떨어지고 'MB 심판론'의 목소리는 더욱 고조되었다. 이명박 대통령 지지율은 이미 20% 선까지 떨어졌다. 이대로 가면 한나라당은 다가오는 총선에서 원내 1당을 유지하기도 어려운 상황이었다.[172]

2010년 지방선거 때처럼 4.11 총선에서도 친노의 부활이 예상됐다. 문재인 민주통합당 상임고문과 문성근 최고위원 등이 출마하는 부산 지역의 분위기가 심상치 않았다. 부산 지역의 기류가 반 MB 정서로 돌아서고 있었다. 부산 사상구에 출마한 문재인 고문은 부산경남 지역에서 5곳 이상 승리했으면 좋겠다고 목표치까지 밝혔다. 부산 지역의 총선 성적에 따라 대권의 향배도 달라질 가능성이 높았다.

박근혜 위원장은 총선에서 참패하면 대세론을 이어갈 동력을 잃을 수도 있다는 위기감에 직면했다. 박 위원장은 15년 만에 한나라당의 깃발 내리고 새누리당으로 간판을 새롭게 바꿨다. 새누리당 창당과 함께 박근혜 비대위원장은 경제민주화를 강조하며 복지 공약을 전면에 내세웠다. 새누리당은 사회양극화에 따른 대중들의 분노를 감지하고 보수정당으로서는 생각하기도 힘든 경제민주화 공약 등을 발표하며 중도층을 끌어들이기 위한 노력을 기울였다.

기로에 선 한명숙 리더십

4.11 총선을 두 달 앞두고 민주통합당의 분위기는 한껏 고무돼 있었다. 한명숙 대표 체제 이후 각종 여론조사에서 총선 승리가 점쳐지고, 정당 지지율에서도 한 달 이상 새누리당을 계속 앞서갔다. 여론조사 전문가와 정치 평론가들은 총선에서 민주통합당이 제1당이 될 가능성이 높다고 예상했다. 민주통합당이 134~143석을 얻어 120~129석을 얻은 새누리당보다 10석 이상 의석을 더 차지할 것으로 전망했다.[173)] 민주통합당이 과반 의석을 확보할 수도 있다는 얘기도 들렸다.

하지만 'MB정권 심판론'을 내세우며 연일 강공모드로 새누리당을 몰아붙였던 한명숙 대표의 리더십이 흔들리기 시작했다. 정권 교체 후 한미 FTA를 폐기하겠다는 한 대표의 공약이 부메랑이 되어 돌아온 것이다. 새누리당 박근혜 위원장은 "한미 FTA 폐기를 주장하고, 해군기지 건설을 반대하며 자기들의 과거를 부정하고 약속을 뒤집는 세력에게 국민의 삶을 맡길 수 있겠느냐"며 역공을 펼쳤다. 한미 FTA는 노무현 정부 시절에 추진했던 일이었다. 민주통합당은 뒤늦게 서야 한미 FTA 폐기가 아니라 재협상이 목표라며 공약을 수정하는 등 어수선한 모습을 보였다.

민주통합당의 공천도 도마 위에 올랐다. 공천권을 국민에게 돌려 드리겠다고 공언해 놓고서, 막상 공천 뚜껑을 열어보니 개혁이 아닌 '옛날 사람 봐주기 공천'이라는 비난이 쏟아져 나왔다. 여론에 밀려서 임종석 사무총장이 사퇴하는 일까지 벌어졌다.

총선을 한 달 앞두고 여야 공천이 마무리되는 시점에 이르러 정당 지지율이 다시 역전됐다. 새누리당이 민주통합당을 앞서기 시작한 것이다. 통합민주당의 압승이 예상됐던 서울, 경기 수도권 지역에서 새누리당 후보들이 선전하는 것으로 나타났다.

새누리당도 공천 과정에서 당권을 잡은 친박계가 친이계를 몰살시킨다는 말들이 많았다. 하지만 정권심판의 대상이 되었던 MB정부의 친이계 현역 의원들이 공천에서 탈락되면서 오히려 개혁을 위한 물갈이처럼 보였다.

새누리당과 민주통합당의 분위기가 한 달 사이에 완전히 딴판이 되었다. 한 달 전만 해도 한명숙 대표가 과반 의석 확보를 기대한다고 밝혔지만, 이제는 130석도 어렵다는 이야기가 나오기 시작했다. 반대로 새누리당에서는 야당이 지지부진한 가운데 제1당은 물론이고 과반 이상 의석을 차지할 수 있다는 희망을 보았다.

수도권과 PK가 총선 승부를 가른다

19대 총선에서는 수도권과 부산경남 지역이 승패를 좌우했다. 수도권에서는 112개 의석(서울 48, 인천 12, 경기 52) 가운데 새누리당과 민주통합당이 차지하는 의석수의 비율이 3 대 7이냐 4 대 6이냐에 따라 1당이 결정될 것으로 분석됐다. 수도권 의석수 비율이 3 대 7일 경우 민주통합당이 1당이 되고, 4대 6일 경우 새누리당이 1당이 될 가능성이 높았다.

총선을 이틀 앞두고 언론에서는 수도권에서 새누리당이 28곳, 민주통합당이 50곳에서 각각 앞서는 것으로 나타났으며, 아직까지 승부의 향배가 안개 속인 경합지가 31곳으로 알려졌다.[174] 경합 지역을 새누리당과 민주통합당이 1/2씩 나누어 가지면 새누리당은 43~44석, 민주통합당은 65~66석이 예상됐다. 수도권 판세로 보면 새누리당이 1당이 될 가능성이 높아 보였다.

한편 부산경남은 민심이 박풍朴風과 노풍盧風 사이에서 어느 쪽을 택하는가에 따라 선거 결과가 달라지는 국면이었다. 새누리당 박근혜 비대위원장의 '살아있는 바람'과 노무현 전 대통령의 '부활한 바람'이 맞서고 있었다. 부산경남 지역에서 민주통합당은 김정길(부산 진구을), 박재호(부산 남구을), 문성근(부산 북강서을), 문재인(부산 사상), 김경수(경남 김해을), 송인배(경남 양산) 등 친노 핵심인물들이 노풍을 기대하고 있었다. 부산경남 지역을 놓고 여야의 기대는 커다란 차이를 보였다. 새누리당은 "2석 이상 내줄 수 없다"는 기세지만, 민주통합당은 "5석 이상 챙기겠다"는 의지가 강했다.

총선 D-5 언론의 판세분석

4.11 총선이 닷새 앞으로 다가온 가운데 새누리당과 민주통합당이 '135석 고지'를 두고 쟁탈전이 치열했다.[175] 서울신문이 각종 여론조사와 여야 판세분석을 취합한 결과, 전체 246개 지역구에서 새누리당과 민주통합당의 우세 지역은 각각 93곳과 70곳으로 예상됐다. 자유선진당, 통합진보당, 무소속 후보의 강세 지역은 10~15곳 정도였다. 경합 지역은 수도권 50여 곳을 포함하여 총 70곳 내외로 분류됐다. 여론조사 전문가와 각 당 분석에 따르면 70여 개 경합 지역 가운데 40~50곳은 야당인 민주통합당의 몫으로 판단했다. 이에 비해 새누리당은 20~30곳 정도 가져갈 가능성

이 높다고 예상했다.

　이처럼 될 경우 새누리당은 우세 지역 93석, 비례대표 20석, 경합 지역 중 20~30석 등을 합쳐서 130~140석 정도를 확보 가능 의석수로 계산했다. 민주당 역시 우세 지역 70석, 비례대표 20석, 경합 지역 40~50석 등 총 130~140석을 확보할 것으로 전망했다. 새누리당과 민주통합당의 원내 1당 싸움이 치열한 것으로 예상됐다. 어느 정당이 1당을 차지할 것인지 장담하기 어려웠다.

　여론조사 전문가와 정치평론가 등 선거 전문가들 사이에서는 민주통합당이 1당이 될 가능성이 높다고 보는 전망이 다소 우세했다.[176] 하지만 어느 당도 과반 의석을 차지하기는 어렵다고 판단했다. 전문가들은 4.11 총선 예상 의석수는 민주통합당이 평균 135~140석, 새누리당이 평균 132~136석이 될 것으로 전망했다.[177] 여소야대 정국이 될 것이란 전망에는 대체로 전문가들의 의견이 일치했다.

　4.11 총선의 막판 변수로 국무총리실 공직윤리관실의 민간인 불법사찰 파문과 김용민 후보의 막말 파문이 확산됐다. 불법사찰 파문이 정권 심판론을 자극하여 야당에 유리한 선거가 될 것이라는 전망과 김용민 후보의 막말 파문이 악재로 작용하여 새누리당에 유리한 선거가 될 것이라는 분석이 팽팽하게 맞섰다.

5번째 예측 실패, 총선 예측은 불가능한가?

4월 11일 총선 투표일. 투표 마감과 동시에 발표된 지상파 3사의 출구조사에서 새누리당과 민주통합당이 오차범위 내에서 접전을 벌일 것으로 예측했다. KBS는 새누리당과 민주통합당이 각각 131~147석을 얻을 것으로 전망했다. MBC는 새누리당 130~153석, 민주당 128~148석을 예상했고, SBS는 새누리당 126~151석, 민주당 128~150석을 얻을 것으로 내다봤다. 통합진보당은 12~18석을 확보할 것으로 예상했다. 방송 3사가 공동으로 예측조사를 실시했지만 정당별 예상 의석수 범위는 조금씩 달랐다.

출구조사 결과만 놓고 볼 때 야권연대를 이룬 민주통합당과 통합진보당의 예상 의석수를 합치면 새누리당을 앞서는 것으로 나타나 19대 국회는 여소야대가 될 가능성이 높았다.

하지만 막상 투표함을 열어보니 지상파 3사 출구조사의 예상과는 크게 달랐다. 선거 결과는 새누리당이 152석, 민주통합당은 127석, 통합진보당 13석, 자유선진당 5석, 무소속이 3석을 차지한 것으로 나타났다.

지상파 방송 3사가 무려 70억 원이나 들여 실시한 출구조사가 1당도 정확히 예측하지 못했다는 비난을 받았다. 1996년 15대 총선 이후 계속되는 예측 실패에서 벗어나기 위해, 이번에는 사상 처음으로 전국 246개 선거구를 대상으로 전 지역 출구조사를 실시했는데도 결과적으로 1, 2당도 제대로 가리지 못했다. 지난 2010년 지방선거와 2011년 서울시장 보궐선거에서 족집게 예측을 했지만 4.11 총선에서 예측 실패의 악몽을 되풀이했다.

이번 총선 출구조사는 과거의 총선 예측조사에 비해 당선자 예측 실패 지역도 17개로 줄어들었고, 예측오차도 1.8%포인트로 감소한 것으로 사후분석 결과 밝혀졌다. 하지만 흥미롭게도 출구조사에서 당선자 예측에 실패한 17개 선거구 가운데 15곳에서 민주당 후보가 당선될 것으로 예상했는데, 실제 개표 결과에서는 새누리당 후보가 승리한 것으로 나타났다. 출구조사에서 민주통합당 후보들의 예상 득표율이 실제보다 더 높게 예측된 것이다. 반면에 새누리당 후보들은 실제보다 낮게 예측되었다.

출구조사 예측의 편향 문제가 또 다시 제기됐다. 과거 총선에서 나타난 편향은 여당 과대 예측이 문제였다. 하지만 이번 출구조사에서는 민주통합당 후보들의 예상 득표율이 높게 나오면서 '야당 과대 편향'이 나타난 것이다.

과거 총선에서는 야당을 지지하는 유권자들이 여론조사에서 응답을 회피하거나 거짓 응답할 가능성이 높아서 여당 후보의 지지율이 상대적으로 과대평가되는 것으로 알려졌다. 2004년 총선에서는 여당인 열린우리당을 과대 예측했고, 2008년 총선에서도 여당인 한나라당을 과대 예측했다. 하지만 이번 총선 결과만 놓고 보면 여당인 새누리당이 과대 예측된 것이 아니라 과소 예측이 된 셈이었다. 새누리당을 지지하는 유권자들이 출구조사에서 응답을 회피했거나 거짓 응답했을 가능성이 제기됐다.

사실 4.11 총선을 앞두고 방송 3사가 출구조사 예측 문제를 논의하는 과정에서 예측 결과의 편향 문제를 놓고 걱정을 많이 했다. 출구조사 결과를 그대로 보도할 것인지 아니면 편향을 고려해서 출구조사 결과를 재조정할 것인지가 논의의 핵심이었다. 하지만 이 문제에는 정답을 못 찾았다. 출구조사 결과가 이번에도 여당에 과대 편향될 것이라는 명확한 근거가 없었다. 편향이 어느 쪽으로 나타날지 그리고 어느 정도 나타날지 누구도 판단하기 힘들었다. 편향은 응답자의 영역이기 때문에 응답자의 태도나 심리까지 여론조사로 어떻게 할 수 없었다. 결국 방송사 각자 알아서 예측하기로 결론이 났다. 방송사마다 출구조사의 정당 의석수 예측치 범위가 서로 조금씩 달랐던 것도 바로 이러한 이유 때문이었다.

총선 예측은 방송사 입장에서 보면 양날의 칼과 같았다. 시청자에 대한 알 권리 충족 면에서 보면 최선의 서비스라고 생각할 수 있다. 하지만 예측 결과가 틀릴 경우 방송사의 신뢰도가 타격을 받는 부담도 있는 것이다. 외국에서도 선거 예측에 실패하는 사례가 많지만, 그렇다고 예측을 포기하는 나라는 없는 듯하다. 다음 총선에서는 예측 편향의 문제를 과연 해결할 수 있을지 미지수다.

박근혜·안철수 뜨고 문재인 지고

4.11 총선에서 과반 의석을 차지하는 예상 밖의 선전을 이끈 새누리당 박근혜 비대위원장의 위상이 더욱 높아졌다. 대권주자로서의 입지도 더욱 단단해졌다. 총선 과정에서 꾸준히 상승세를 보이던 지지율이 총선 직후 드디어 40% 선을 돌파했다. 대선주자 여론조사에서 박근혜 43%, 안철수 21%, 문재인 17%를 기록했다. 박근혜 위원장이 40%를 넘긴 건 이번이 처음이었다.

총선을 거치며 안철수를 앞질렀던 문재인 민주통합당 상임고문의 대선주자 지지율은 국회의원 당선에도 불구하고 10%대로 하락했다. 반대로 총선에서 아무런 역할을 하지 않았던 안철수의 지지율은 20%를 넘어서며 문재인을 앞섰다. 대선주자 일대일 가상 대결에서도 박근혜가 48% 대 45%로 오랜만에 안철수를 앞서기 시작했다.[178] 오차범위 내에서 접전을 벌였던 박근혜와 문재인의 일대일 대결에서는 52% 대 39%로 박근혜가 큰 격차를 벌이며 앞서갔다.

총선이 새누리당의 승리로 끝나면서 주식시장에서도 대선 관련 종목별로 등락이 엇갈렸다. 박근혜 위원장 관련주들의 주가는 급등했으나 문재인 상임고문 관련 테마주는 모두 급락했다. 선거에 출마하지는 않았지만 안철수 서울대 융합과학기술대학원장 관련주인 안철수연구소의 주가는 상한가를 기록했다. 민주통합당의 총선 패배로 안 원장의 대안론이 부각되었다.

안철수 원장의 조기 등판을 요청하는 목소리가 쏟아졌다. 하지만 안 원장은 총선 이후 공식적 발언을 하지 않았다. 안 원장은 당분간 지켜보겠다고 하는데도, 야권에서는 대선 출마 관련 입장을 빨리 밝혀달라고 난리였다.

문재인 민주통합당 상임고문은 언론 인터뷰를 통해 아직 대선 출마 선언도 하지 않은 안철수에게 공동정부를 제안하기도 했다. 문 고문은 안철수만 바라보는 형국이 되었다. 2002년과 같은 후보 단일화를 기대하는 수밖에 없었다. 2012년 대선은 2002년 대선과 비교해 보면 닮은 점이 많았다.

박근혜 독주, 문재인 출마 선언

5.15 전당대회에서 새누리당 대표 최고위원에 황우여 후보가 당선되면서 박근혜의 친정 체제가 구축됐다. 이한구 원내대표에 이어 친박계가 당 최고지도부까지 장악하면서 새누리당은 명실상부한 '박근혜당'으로 탈바꿈했다. 박근혜 비상대책위원장의 대

선 가도는 탄탄대로처럼 보였다.[179] 전당대회 직후 박근혜의 대선주자 지지율은 계속 40%를 유지하며 안철수 21%, 문재인 12%를 크게 앞서 나갔다. 안철수, 문재인과의 양자 대결에서도 계속 선두를 유지했다.

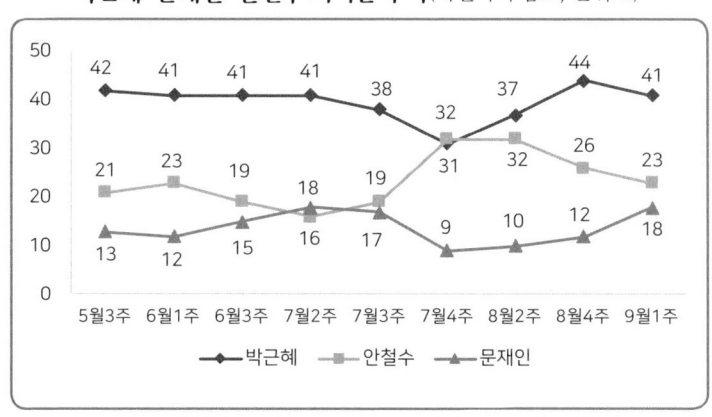

박근혜·문재인·안철수 지지율 추이(리얼미터 참조, 단위:%)

6월 17일. 문재인 민주통합당 상임고문이 대선 출마를 공식 선언했다. 문재인은 정권교체·정치교체·시대교체를 외쳤다. 공연기획자 탁현민 씨가 기획한 이날 행사에는 '문재인과 친구들', '문풍지대' 등 팬클럽 회원들, '정봉주와 미래권력들(미권스)' 회원들도 함께 참석했다. 문재인의 대선 출마 선언으로 대선주자 지지율이 다시 상승하기 시작했다.

문재인 고문의 출마 선언에 이어 7월에는 손학규 상임고문, 김두관 전 경남지사가 속속 출마 선언을 하면서 민주통합당 대선후보 경쟁이 점화되었다.

7월 10일. 새누리당 박근혜 위원장이 대선 출마를 공식 선언했다. '내 꿈이 이루어지는 나라'라는 슬로건과 함께 경제민주화를 핵심 메시지로 내세웠다. 하지만 출마 선언 직후 한국신문방송편집인협회 초청 토론회에서 5.16과 유신에 대해서 '불가피한 선택', '바른 판단'이라고 발언하면서 역사인식 논란에 휘말리며 박 위원장의 지지율이 30% 대로 급락하기 시작했다.

안풍에 흔들리는 박근혜 대세론

9월 출마설이 나오는 등 안철수 원장이 서서히 움직이기 시작했다. 7월 19일에 『안철수의 생각』(2012)을 출간하고 23일에는 SBS 〈힐링캠프〉에 출연하는 등 사실상 대권 행보를 시작한 것으로 보였다. 정치 대담집 『안철수의 생각』을 보면 대선 출마를 염두에 두고 국정 전반에 대한 생각을 준비해 왔음을 알 수 있었다.

대선 레이스에 사실상 합류하면서 안철수 원장의 대선주자 지지율이 급상승했다. SBS 〈힐링캠프〉 출연 직후에는 대선주자 여론조사에서 박근혜를 제치고 1위를 차지했다. 안철수 32%, 박근혜 31%, 문재인 9% 순이었다. 40% 넘었던 박근혜 지지율은 역사인식 논란과 안철수의 등장으로 10%포인트나 급락했다. 문재인의 지지율도 일주일 사이에 8%포인트가 떨어지며 한 자릿수를 기록하기도 했다. 박근혜와 양자 대결에서도 안철수가 48% 대 44%로 4%포인트 앞서나갔다.[180] 총선 이후 박근혜에 밀렸던 선두 자리를 되찾은 것이다. 3자 대결에서도 처음으로 오차범위 내 선두로 나섰다.[181] 안철수 돌풍에 박근혜 대세론이 휘청거렸다. 4.11 총선 승리 이후 호조를 보였던 박근혜 후보의 우세가 이제는 안철수 쪽으로 그 분위기가 바뀌고 있었다.

SBS 〈힐링캠프〉 출연 이후 안철수 지지율이 급상승하자 예능 프로그램 출연이 지지율을 끌어 올리는데 가장 효과적이라는 생각에 대선주자들이 앞다퉈 유사 TV프로그램에 출연하려고 애를 썼다. 박근혜 새누리당 후보와 문재인 민주당 상임고문도 〈힐링캠프〉에 출연했고 문 고문의 경우 지지율 상승효과를 톡톡히 봤다. 손학규 민주당 고문과 김두관 전 경남도지사 측도 〈힐링캠프〉 출연을 희망했지만 거절당한 것으로 알려졌다.

여론조사에서 박근혜 후보가 안 원장에게 추월당하자 새누리당 박근혜 캠프에 '안철수 비상'이 걸렸다. 새누리당이 안철수 원장에 대한 검증 공세에 나섰다. 안 원장을 향해 '정치 아마추어', '대안 없는 안철수'라며 평가 절하했다. 우리 사회에 대한 진단과 해석만 있을 뿐 구체적 대안을 제시하지 못한다는 비판이었다.

'안철수 룸살롱 출입' 논란도 포털 검색어 1위에 오르내리는 등 안철수의 과거 행적이나 일거수일투족도 검증의 대상이 되었다.

8월 20일. 새누리당 전당대회에서 84%의 압도적인 지지를 받은 박근혜 전 비상대책위원장을 대통령 후보로 선출했다. 사실상 박근혜 후보의 옹립식이나 다름없었다. 감동도, 드라마도, 스토리도 없었지만, 전당대회 직후 박근혜 후보가 다시 안철수를 앞서 나갔다.

박근혜·안철수·문재인의 3자 경쟁구도

국민참여경선을 통한 민주통합당의 바람몰이를 시작했다. 경선 과정에서 승승장구하며 문재인 후보의 지지율이 상승했다. 9월 16일 문재인 후보가 압도적인 지지를 얻어 민주통합당 대통령 후보에 선출됐다. 문 후보는 정권교체를 위해서 안철수와의 단일화가 반드시 필요하다고 강조했다. 문재인 후보의 지지율이 급상승했다.

마침내 9월 19일 안철수 서울대 융합과학기술대학원장이 대선 출마를 선언했다. 정치쇄신에 대한 국민의 열망을 실천하고 시대의 숙제를 감당하겠다고 말했다. 문재인 후보와 야권 후보를 단일화 여부에 대해서는 야당 혁신이라는 전제조건을 달아 명확한 답변을 하지 않았다.

12월 대선을 3개월 앞두고 새누리당 박근혜 후보, 민주당 문재인 후보, 무소속 안철수 후보의 3자 대결 구도가 형성되었다. 야권 후보 단일화가 대선의 최대 변수로 떠올랐다.

안철수 후보가 대선 출마를 공식 선언한 직후 대선후보의 지지율이 요동쳤다. 여론조사 결과 박근혜 38%, 안철수 27%, 문재인 23%를 기록했다. 박근혜 후보의 지지율이 떨어지는 대신 안철수와 문재인 후보의 지지율은 상승했다.

흥미롭게도 박근혜 후보와의 양자 대결에서 안철수는 물론 문재인 후보 모두가 오차범위 내였지만 박근혜 후보를 앞선 것으로 나타났다. 문재인 후보에게는 꿈에 그리던 여론조사 결과였다. 문재인 민주당 후보가 박근혜 새누리당 후보와의 양자 대결에서 앞서는 여론조사 결과는 이번이 처음이었다. 뿐만 아니라 문재인 후보는 안철수와의 단일화 후보 대결에서도 40% 대 39%로 접전을 이루었다.

9월 말 추석을 앞두고 안철수 후보의 상승세가 두드러진 반면, 박근혜 후보는 인혁당사건 관련 역사인식 논란과 잇단 측근비리 의혹 등 잇따른 악재로 지지율이 하락했다.[182) 위기에 처한 박근혜 후보가 결국 5.16 쿠데타와 인혁당 등 과거사 문제에 대해 사과했다. 박 후보는 그동안 거리를 두었던 유승민 의원과 남경필 의원에게 선거대책위원회 참여를 제안하는 등 통합 행보를 보이며 이반하는 민심을 붙잡으려 애를 썼다.

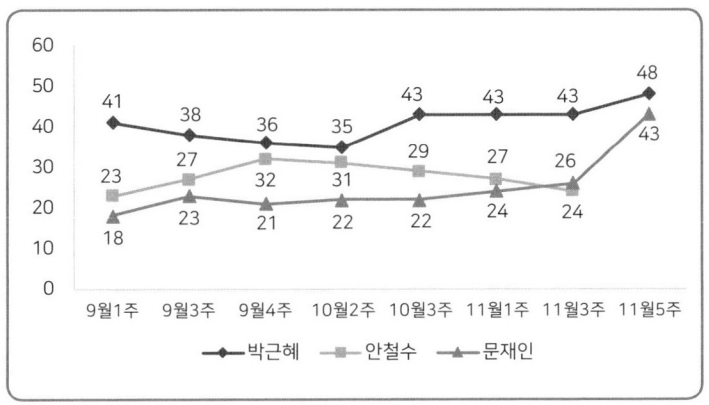

한편 안철수 후보의 상승세를 저지하기 위해 박근혜 후보 측에서는 후보 검증이라는 이름으로 안철수를 집중 공격했다. 무소속 후보인 안철수의 국정능력에 대한 불안감이 커지면서 안 후보의 지지기반이 조금씩 흔들리기 시작했다. 박근혜와 안철수 두 후보의 공방 속에 문재인 후보는 어부지리를 누리는 듯했다.

하지만 10월 중순에 들어서면서 새누리당의 칼날이 문재인 후보를 겨누기 시작했다. 새누리당은 문 후보에게 노무현 정부의 경제정책 실패와 '북방한계선NLL 무효화 구두 약속' 의혹 등 안보 불안의 책임을 물으며 공세를 펼쳤다. 그동안 상호 비난을 자제했던 문재인과 안철수 두 후보 사이에도 공방이 가열되고 있었다.

안철수 전격 사퇴, 단일후보는 문재인

문재인 후보 측에서는 계속해서 안철수 후보 측에 단일화 협상을 요구했다. 대통령선거 후보 등록일(11월 26일)을 한 달 앞두고, 여권에서 보수대연합을 통한 세 불리기에 나서면서 범야권에서도 후보 단일화의 목소리가 더욱 높아졌다. 문재인과 안철수 두 후보 진영은 앞으로 다가올 후보 단일화에서 여론조사 기준이 중요할 것으로 판단하여 지지율 끌어올리기 총력전에 돌입했다.

여론조사에서는 문재인 후보가 단일후보로 더 적합하지만, 박근혜 후보를 상대할 경쟁력은 안철수 후보가 더 높았다. 박근혜 후보를 지지하지 않는 응답자를 상대로 누가 야권 단일후보로 적합한지 물어 본 결과 문재인 47%, 안철수 42%로 문재인이 유리했다. 하지만 박근혜 후보와 경쟁할 단일후보로는 안철수 49%, 문재인 43%로 정반대 결과가 나왔다.[183]

11월 6일. 드디어 문재인 민주당 후보와 안철수 무소속 후보가 후보 단일화에 합의했다. 두 후보 측은 11월 13일 후보 단일화를 위한 첫 협상을 갖고 후보 등록일(11월 25~26일) 전까지 단일화

한다는 원칙을 재확인했다. 또 단일화 전 두 후보가 참석하는 TV 토론을 실시하고, 단일화 규칙에 최종 합의할 때까지 매일 오전 10시에 협상하기로 했다. 하지만 단일화 규칙 협상이 시작된 지 하루 만에 중단되는 등 협상이 순조롭지 않았다. 안철수 후보 측에서는 민주통합당에 대해 신뢰를 깨는 행위가 한두 번이 아니라며 불만을 터뜨렸다.

문재인과 안철수 두 후보의 단일화 경쟁 양상은 안 후보에게 불리한 방향으로 흘러갔다. 일부 여론조사에서는 안 후보가 강세를 보여 온 '박근혜 후보 상대 경쟁력'에서도 문 후보에게 뒤지는 것으로 나타나고 있었다. 다자 대결 대선주자 여론조사에서도 박근혜 43%, 문재인 26%, 안철수 24% 순으로 안철수 후보가 문재인 후보에게 처음으로 역전을 허용하기 시작했다.[184]

후보 단일화 협상 중단을 놓고 두 후보 진영 사이에 치열한 신경전이 벌어지면서, 국민들의 눈살을 찌푸리게 만들었다. 이 같은 모습을 계속 보이다가는 국민에게 외면받고 야권에 부정적인 영향을 미칠 것을 우려하는 목소리가 높았다. 단일화 협상 시한인 후보 등록일(11월 25~26일)이 눈앞에 다가왔다.

11월 23일. 안철수 후보가 "정권 교체를 위해 후보직을 내려놓고 백의종군하겠다"며 대선후보에서 전격 사퇴했다. 이제 단일후보는 문재인이라고 발표했다. 단일화 방식에 대한 합의 실패와 이에 따른 비판 여론이 안 후보에게 정치적·심리적 부담감을 안겨준 것이 후보 사퇴의 핵심 요인으로 알려졌다. 한 치 앞을 내다볼 수 없는 혼전 양상을 보이던 후보 단일화는 결국 안 후보의 전격 사퇴라는 극적 반전으로 막을 내렸다. 안철수 후보의 사퇴는 9월 19일 출마 선언한 지 66일 만이었다.

전격적인 후보 단일화 직후 언론사들이 긴급 여론조사를 실시했다. 11월 24~26일 사이에 여론조사 결과를 발표한 10곳 언론사들 중 6곳에서는 박근혜 후보가 1.8~5.8%포인트 우세했고, 4곳에서는 문재인 후보가 0.2~2%포인트 우위를 보이는 것으로 나타났다. 문재인 후보에 비해 박근혜 후보가 유리한 여론조사 결과들이 다소 많았지만, 두 후보의 지지율 격차는 대부분 여론조사에서 오차범위 안에 있었다. 12월 대선은 어느 누구도 승패를 장담할 수 없는 대혼전 양상을 예고하고 있었다.

박정희의 딸 vs 노무현의 친구

18대 대통령선거는 새누리당 박근혜 후보와 민주통합당 문재인 야권 단일후보의 양자 대결 구도로 치러지게 되었다. 11월 25일 박근혜와 문재인 두 후보 모두 후보 등록을 마치고 대선 출정식을 가졌다. 박근혜 후보는 비례대표 국회의원직을 사퇴하고 대선 패배 시 정계에서 은퇴하겠다고 선언했다. 문재인 후보는 대통합 선거대책위의 구성하고 선거 이후 지속적인 연대를 선언했다.

11월 27일부터 본격적인 선거전이 시작됐다. 박근혜 후보와 문재인 후보는 첫 유세부터 상대 후보를 향해 비난의 화살을 퍼부으며 정면충돌했다. 박근혜 후보는 문 후보를 '스스로를 폐족이라 불렀던 실패한 정권의 최고 핵심 실세'라고 공격했다. 문재인 후보는 박 후보를 '5.16 군사 쿠데타, 유신독재 세력 잔재의 대표자'라고 비난했다.

박근혜와 문재인 두 후보의 대결은 박정희와 노무현 전직 대통령의 대리전이나 다름없었다. 박근혜 후보는 박정희의 대리인으로, 문재인 후보는 노무현의 대리인으로 대선에 출마한 것처럼 보였다. 박정희는 보수주의 이념과 가치의 상징이었고, 노무현은 진보주의 이념과 가치의 상징이었다. 또한 박정희는 경제성장, 강력한 국가, 안정된 사회를 지향했고, 노무현은 탈권위, 지역주의 타파, 평등한 사회를 꿈꾸었다. 박근혜는 박정희 전 대통령이 이룩한 한강의 기적을 재현하겠다고 주장하였고, 문재인은 노무현 전 대통령이 못다 이룬 꿈을 이뤄내겠다고 주장했다.

18대 대선은 보수와 진보 진영 사이에 최후의 결전과도 같았다. 유권자들은 각자의 이념에 따라 박근혜와 문재인을 중심으로 뭉쳤다. 박근혜는 곧 보수연합의 수장이 되었고, 문재인은 진보연합의 수장이 되었다. 부동층의 비율도 10% 정도로 과거 선거에 비해 매우 낮았다.

흥미로운 여론조사가 떠올랐다. 대선을 100일 앞두고 만일 박정희 전 대통령과 노무현 전 대통령이 2012년 대선에서 맞붙을 경우 누구에게 투표할 것인지 물어보았다. 결과는 51% 대 49%로 박정희가 노무현을 앞섰다.[185]

대선 여론조사 공표 금지 직전 마지막으로 실시된 언론사 여론조사 결과들이 잇따라 발표됐다. 언론사들과 한국갤럽 등이 발표한 15개 여론조사 가운데 14개 여론조사에서 박근혜 후보가 0.1%~6.8%포인트 차의 우위를 보이는 것으로 나타났다. 문재인 후보가 우위를 보인 여론조사는 한국일보가 발표한 한국리서치 조사가 유일했다. 문 후보가 박 후보를 0.4%포인트 오차범위 내에서 앞서는 결과였다.[186] 대부분의 조사 결과에서 두 후보의 지지율 격차가 오차범위 안에 들어 있었지만, 대체로 박근혜 새누리당 후보가 다소 유리해 보이는 판세였다. 15개 조사 결과에서 두 후보의 평균 지지율 격차를 계산해 보면, 박 후보가 문 후보를 평균 3.0%포인트 앞서고 있었다. '박정희 대 노무현'의 가상 대결 지지율과 비슷한 양상을 보였다.

공직선거법에 따라 선거 6일 전부터 실시한 여론조사는 공표가 금지됐다. 하지만 당선자 예측방송을 준비하는 방송 3사는 외부로 공개하지 않았지만 선거 막판 여론조사를 실시하고 있었다. 12월 13일 조사에서 박근혜 47.3% 대 문재인 42.3%로 박근혜 후보가 5%포인트 앞서 나갔다. 하지만 국정원 댓글 조작 의혹 등이 터진 직후 12월 15일 실시한 조사에서 두 후보의 격차는 박근혜 46.3% 대 문재인 45.1%로 1.2%포인트 차이로 좁혀졌다.

12월 16일 3차 TV 토론이 예정됐던 날, 민주노동당 이정희 후보가 전격 사퇴를 발표했다. 이정희 후보는 앞선 토론에서 "박근혜 후보를 떨어뜨리기 위해 나왔다"며 박 후보에게 원색적인 공격을 가했었다. 방송 3사는 이정희 후보 사퇴 직후 12월 17일 선거 전 마지막 여론조사를 실시했다.

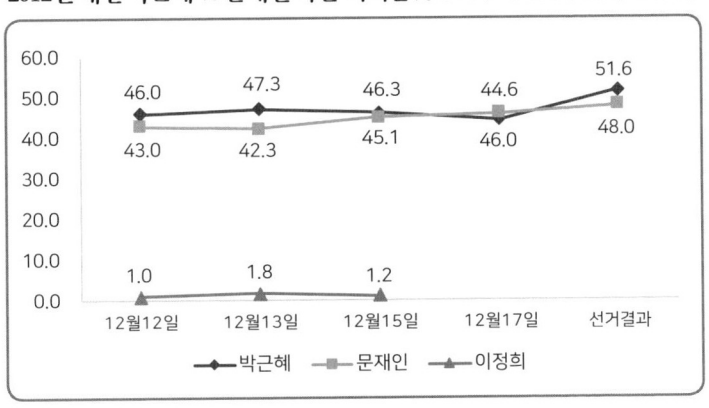

2012년 대선 박근혜 vs 문재인 막판 지지율(방송 3사 여론조사 참조, 단위:%)

12월 18일 오전 선거를 하루 앞두고 받아본 여론조사 결과는 문재인 후보가 박근혜 후보를 46.0% 대 44.6%로 1.4%포인트 차로 역전했다. 숨 막히는 혼전 상황이었다. 누가 승리할지 아무도 장담할 수 없었다. 이제는 출구조사 결과를 기다려야 했다.

지상파 방송 3사 출구조사 정확, YTN 휴대전화조사 예측 실패

12월 19일 오후 6시 투표 종료와 동시에 공개된 KBS, MBC, SBS 공동 출구조사에서 박근혜 후보 50.1%, 문재인 후보 48.9%로 박 후보의 당선을 예측했다. 새누리당 캠프에서 환호성이 터져 나왔다. 한국갤럽의 자체 조사에서도 박근혜 후보의 초박빙 우세를 예상했다. 하지만, YTN에서는 문재인 후보의 우세를 점치면서 투표함을 열어 개표 상황을 지켜봐야 한다는 분위기였다.

한국갤럽의 예측조사에서는 박근혜 후보 50.2%, 문재인 후보 49.4%로 박 후보가 0.6%포인트 우세였다. 하지만 YTN의 한국리서치 예측조사에서는 박근혜 후보 46.1~49.9%, 문재인 후보 49.7~53.5%로 문재인 후보가 승리할 것으로 전망한 것이다.

지상파 방송 3사의 출구조사는 미디어리서치, 코리아리서치, TNS 등 여론조사기관들이 투표 당일 전국 투표소 360곳에서 유권자 8만 6000명을 상대로 벌인 출구조사 결과였다. 한국갤럽은 유무선 RDD 방식으로 전국 2,000명의 투표자와 투표의향자를 대상으로 투표자 전화조사를 실시했다. 지상파 3사와 예측 결과가 달랐던 YTN과 한국리서치는 미리 정해놓은 패널조사 대상자들을 상대로 투표자 전화조사를 실시한 것으로 밝혀졌다.

실제 개표 결과는 새누리당 박근혜 후보가 득표율 51.6%를 얻어 48.0%의 민주통합당 문재인 후보를 3.6%포인트 차이로 따돌리며 제18대 대통령에 당선됐다. 지상파 3사와 한국갤럽은 대통령 당선자 예측에 성공했지만, YTN은 아쉽게도 예측에 실패했다. 그 결과 YTN은 시청자에 대한 사과방송을 하는 등 곤욕을 치렀다. YTN은 한국리서치와 함께 동일한 조사 방법으로 2007년 대선에서 당선자를 정확히 예측했지만, 2012년 대선에는 예측 실패의 쓴잔을 마셔야 했다.

15. 세월호 참사에 숨죽인 정치

2014년 지방선거

6.4 지방선거 최대의 변수는 안철수 신당

집권 2년차 박근혜 대통령의 지지율은 55% 수준을 탄탄하게 유지하고 있었다. 새누리당의 지지율도 50%에 육박했다. 하지만 민주당은 2012년 총선과 대선에서 패배한 이후 지리멸렬했다. 민주당의 지지율은 여당의 절반에도 못 미치는 20% 선을 겨우 유지했다. 제1야당으로서의 존재감을 찾아보기 힘들었다. 이대로 가면 2014년 지방선거는 누가 보아도 여당에 유리한 형국이었다.

6.4 지방선거의 최대 변수는 '안철수 신당'이었다. 연초에 발표되는 여론조사를 보면 아직 생기지도 않은 '안철수 신당'의 지지율이 30%에 육박하는 것으로 나타났다. 새누리당, 민주당 등 기

존 정당의 지지율은 각각 47%와 21%로 새누리당이 민주당을 두 배 이상 앞섰다. 하지만 '안철수 신당'이 앞으로 출범할 경우 정당 지지율은 새누리당 41%, '안철수 신당' 28%, 민주당 13%로 조사됐다. 아직 출범도 하지 않은 '안철수 신당'의 지지율이 기존 민주당을 훨씬 앞서는 것으로 나타났다.[187]

하지만 안철수 신당은 지지율이 높은데, 신당 소속 지방선거 예상 후보들의 지지율은 시답지 못했다. 신당 후보로 거론되는 인물들을 넣고 가상 대결 여론조사를 실시해 보면 신당 후보들이 약세를 면치 못했다. 신당 지지율은 안철수에 대한 기대감이지 후보들의 경쟁력까지 보장해주지 못한다는 점이 신당의 딜레마였다.

정동영 민주당 상임고문은 경향신문과의 신년 인터뷰에서 안철수 의원이 새정치를 하려면 오히려 신당을 만들지 않는 것이 새정치라고 주장했다. 민주당과 안철수 신당이 경쟁을 벌이면 민주당과 안철수 신당 모두 몰락할 것이라고 경고했다.

6.4 지방선거를 앞둔 2014년 새해의 정국 분위기는 2006년 5.31 지방선거 때와 비슷했다. 2006년에도 지방선거가 한나라당, 열린우리당, 민주당 등 3당 대결 구도로 치러졌다. 정당 지지도에서 새누리당이 20%포인트 정도 앞섰고, 진보 진영은 분열해 있었다. 2006년 지방선거에서 열린우리당과 민주당 모두 참패를 당했다. 반면에 2010년 6.2 지방선거에서는 민주당, 민주노동당, 국민

참여당, 진보신당 등 진보 진영이 분열돼 있었지만, 야합이라는 비난을 무릅쓰고 선거 연대를 통해 승리했다.

2014년 지방선거에서도 분열하면 안철수 신당이나 민주당 둘 다 패배 가능성이 높았다. 야당이 선거에 승리하기 위해서는 통합과 연대만이 살 길이었다. 뭉치면 살고 흩어지면 죽는다.

야권 단일화로 희망을 찾다

다가오는 지방선거에서 유권자의 30%가 안철수 신당을 지지하겠다고 응답했다.[188] 하지만 안철수 신당을 '새정치신당'으로 이름을 바꿔 부르자 지지율에 적신호가 나타났다. 안철수 이름을 빼고 조사했더니, 안철수 바람이 거센 호남에서도 '새정치신당'의 지지율이 민주당에 추월당하는 등 눈에 띄게 하락했다.[189]

안철수는 연초부터 17개 광역단체장 후보를 모두 내겠다고 공언했다. 2월에는 "국익과 민생을 위한 연대와 협력은 마다하지 않겠지만, 선거만을 위한 연대는 없다"며 야권연대 없이 제 갈 길을 가겠다고 선을 그었다. 하지만 안철수 신당의 지지율이 떨어지면서 안철수의 고민이 깊어갈 수밖에 없었다.

6.4 지방선거가 100일 앞으로 다가왔다. SBS 여론조사 결과 안철수 신당의 지지율 상승세가 주춤한 것으로 나타났다. 하지만

대안 세력으로서의 영향력은 여전히 주목할 만했다. 정당 지지도는 새누리당이 44%, 민주당이 16%, 안철수 신당인 새정치연합이 16%였다. 민주당과 안철수 신당의 지지율은 우열을 가리기 어려웠다. 야권 후보가 단일화될 경우에는 새누리당과 오차범위 안에서 접전을 펼치는 것으로 나타났다.[190]

민주당 김한길 대표와 새정치연합 안철수 중앙운영위원장이 3월 2일 통합신당 창당을 전격 선언했다. 놀라운 반전이었다. 통합은커녕 선거 연대마저 거듭 부인해왔던 안철수 위원장이 마음을 바꾼 것이다. 지방선거는 사실상 새누리당과 통합신당의 일대일 대결 구도로 치러지게 되었다.

통합 직후 실시한 여론조사에서 새누리당과 통합신당 지지율 차이가 3~4%포인트 차로 좁혀지면서, 여야의 신경전이 더욱 치열해졌다.[191] 새누리당은 야권신당을 '정치적 야합세력'으로 몰아세웠고, 민주당과 새정치연합은 강력한 야당을 만들어 박근혜 정부와 새누리당의 독주를 심판하겠다고 나섰다. 야권의 통합신당이 6.4 지방선거 결과에 어떤 영향을 미칠지 관심이 쏠렸다.

세월호 여객선 침몰로 정치도 멈췄다

4월 16일 세월호 여객선이 침몰하는 안타까운 사고가 발생했다. 정부의 허술한 초기 대응과 '세월호 전원 구조'라는 언론의 어이없는 오보에 우왕좌왕하다 300명이 넘는 학생들과 민간인 승객들이 목숨을 잃었다.

정치권에서는 지방선거 등 주요 일정을 전면 중단했다. 여야는 지방선거 출마자들에게 일체의 선거운동을 중지할 것을 강력히 지시하고, 당 차원의 사고 대책위 활동에 나서는 등 세월호 사고 수습에 주력했다.

"침몰하는 세월호는 한국 사회의 축소판"이라는 여론의 탄식이 쏟아져 나왔다. 세월호의 핵심 승무원들이 승객들을 남겨두고 먼저 탈출하는 모습을 보며, 위기에 처하면 자기 살 길만 우선 챙기는 우리 사회 지도층의 모습과 닮은 꼴이라는 사회적 지탄에 정치인들이 고개를 숙였다.

정부의 지지부진한 수색 작업은 실종자 가족들의 불신을 키웠다. 세월호 유족을 비롯한 피해자 가족들은 청와대를 항의 방문했다. 세월호 사고의 구조 과정에서 갈피를 잡지 못한 채 무력하게 대응하는 정부를 보면서 국민들의 분노와 안타까움은 더욱 커졌다.

정권 심판론의 불씨가 살아나고 있었다. 6.4 지방선거는 재난 구조체계 미흡 등 총체적인 정부 운영 시스템에 대해 평가하는 선거로 변했다. 이전 선거에서는 단 한 번도 제대로 거론돼 본 적이 없었던 '국민 안전'과 '삶의 질'이 주요 어젠다agenda로 급부상했다. 여야 가릴 것 없이 모두가 '안전 또 안전'을 외쳤다.

박근혜 대통령에 대한 불만도 높아졌다. 박근혜 정부에서 행정안전부를 안전행정부로 고치는 등 안전을 강조했지만, 세월호 사고에 대처하는 모습을 보면 과거 정부와 달라진 것이 없었기 때문이다. 성난 민심은 여론조사에 그대로 반영되었다. 60%가 넘었던 박 대통령의 지지율이 세월호 사건 직후 급격한 하락세를 보이며 50% 선을 겨우 유지했다.

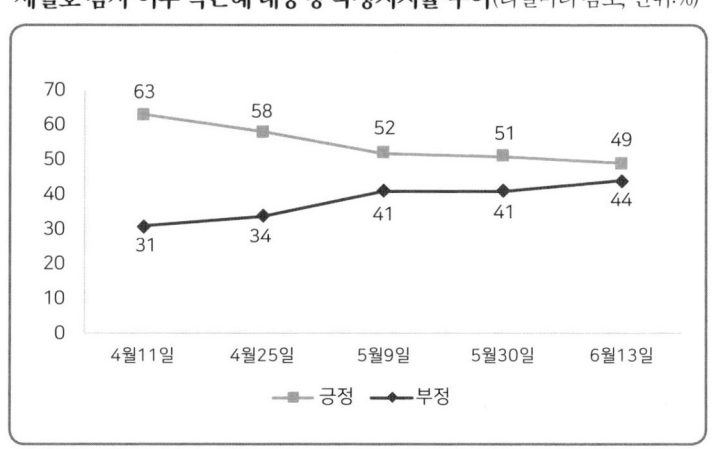

세월호 참사 이후 박근혜 대통령 국정지지율 추이(리얼미터 참조, 단위:%)

지방선거에 나선 후보들은 말 한마디에 처신 하나하나가 조심스러웠다. 말실수라도 한번 했다가는 후보 자신은 물론 당 차원에까지 치명적인 영향을 미칠 수 있는 상황이었다. 여야는 후보들에게 신중한 처신과 입단속을 신신당부했다.

하지만 서울시장에 출마한 새누리당 정몽준 예비후보가 생각 지도 않았던 아들의 발언으로 인해 곤혹스런 입장에 처했다. 정 후보의 막내아들이 박근혜 대통령의 세월호 침몰사고 현장 방문을 비난하는 여론을 거론하면서, "국민이 미개하니까 국가도 미개한 것 아니겠느냐"는 내용의 글을 페이스북에 올려 물의를 일으킨 것이다.[192]

정몽준 후보는 신속하게 기자회견을 열어 머리 숙이고 사과했다. 사과에도 불구하고 서울시장 선거에서 박원순 현 시장과 박빙의 싸움을 벌여왔던 정몽준 후보의 지지율에 급제동이 걸렸다. 차기 대선주자 여론조사에서도 7주 연속 1위를 달리던 정몽준 의원의 지지율이 급락하기 시작했다.

세월호 참사로 요동치는 민심

세월호 여객선 침몰사고가 발생한 지 20여 일이 지나면서 6.4 지방선거의 판세에 커다란 변화가 생겼다. 새누리당 지지율이 2012년 대선 이후 처음으로 30%대로 떨어졌다.[193] 세월호 참사 이전에 53%이던 지지율이 38%로 떨어진 것이다. 세월호 참사에 대한 집권여당의 책임을 묻는 여론이 지지율에 반영된 것으로 보었다.

싸늘해진 민심은 야당에게도 예외는 아니었다. 세월호 참사 이후 새정치민주연합의 지지율도 24%로 이전과 비교해 볼 때 5%포인트 정도 하락했다. 그 대신 지지정당이 없다는 무당층이 14%에서 31%로 급증한 것으로 나타났다. 세월호 참사가 정치 불신을 더욱 키우며, 여야 모두 지지율이 하락하고 지방선거에 대한 국민들의 관심도 떨어졌다.

5월 15일 지방선거 후보자 등록이 시작되면서 본격적인 선거 국면에 돌입했다. 국민적 애도의 분위기 속에 여야 정당이나 후보들 모두 선거에 대한 유불리를 따지는 말들을 삼가고 있었지만, 수도권 지역을 비롯한 지방선거의 판세분석 결과를 보면 야당에게 유리한 방향으로 전개되고 있었다.

지방선거의 승패를 가르는 서울·경기·인천 등 수도권 광역단체장 선거에서 '세월호 심판론'이 가장 큰 변수로 등장했다. 새누리당에서는 경기도는 결과를 지켜봐야겠지만 서울과 인천은 어렵다고 판단했다. 새정치민주연합은 여당에서 누가 나오든 서울시장은 이길 수 있다고 확신했다. 세월호 사고 이전과 이후 실시된 여론조사를 비교해 보면 여당에 대한 민심이반 현상이 뚜렷이 나타나고 있었다.

새누리당이 긴장했다. 세월호 참사로 인해 '정권 심판론'이 확산될 경우 지방선거 참패가 불을 보듯 뻔했기 때문이다. 지방선거의 승패 여부는 대통령의 지지도와 밀접한 관계가 있다. 경험상 대통령 지지율 50%가 승패를 가르는 분기점이다. 박근혜 대통령의 지지율 51%인 현 시점에서 뭔가 비상대책이 필요해 보였다.

5월 19일 박근혜 대통령이 세월호 대국민 담화를 발표했다. "국민의 생명과 안전을 책임져야 하는 대통령으로서 국민 여러분께서 겪으신 고통에 진심으로 사과드린다"며 대통령이 눈물을 보였다. 급락하던 대통령 지지율이 멈춰 섰다. 세월호 참사 이후 돌아선 민심을 다잡고 정권 심판론으로 점화된 지방선거 분위기를 반전시키기 위해 박 대통령이 던진 정치적 승부수라는 얘기가 나왔다.

D-5 판세분석과 혼란스러운 여론조사 결과

6.4 지방선거를 일주일 앞두고 실시한 지상파 3사의 여론조사 결과와 여야 정당의 분석 결과를 종합해 보면, 17개 광역단체장 선거에서 새누리당이 6곳에서 우세하고 새정치연합은 5곳에서 우위를 보이고 있었다. 나머지 6곳은 경합을 벌였다.[194] 초접전 지역이 6곳으로 늘어나고 무당층까지 증가하면서 지방선거 판세는 안개 속으로 빠져들었다.

선거의 승패를 좌우하는 수도권에서는 새정치연합이 서울과 인천에서 앞서고, 경기에서는 초박빙 접전이 펼쳐질 것으로 예상됐다. 서울시장 선거전은 새정치민주연합 박원순 후보가 49% 대 35%로 새누리당 정몽준 후보를 10%포인트 이상 앞섰고, 인천에선 새정치민주연합 송영길 후보가 44% 대 35%로 새누리당 유정복 후보를 9%포인트 차로 따돌렸다. 경기지사 선거가 최대 격전지로 떠올랐다. 새누리당 남경필 후보가 새정치민주연합 김진표 후보에게 1%포인트 앞서며 오차범위 내에서 초접전 중인 것으로 나타났다. 무당층이 30%로 다른 지역보다 10%포인트 가량 많아 예측이 더욱 어려웠다.

부산과 광주에서는 여야 후보가 모두 무소속 후보에게 고전하고 있었다. 부산에선 새누리당 서병수 후보가 무소속 오거돈 후보를 상대로 고전하는 것으로 나타났다. 광주에서는 새정치민주연합 윤장현 후보가 무소속 강운태 후보에게 5%포인트 가량 밀리는 것으로 밝혀졌다. 강원, 충북, 세종시에서도 여야 후보가 접전 양상을 보이며, 역대 지방선거 중 당선자 예측이 가장 어려울 것이라는 전망이 나왔다.

6.4 지방선거에서도 여론조사 결과들이 들쭉날쭉해 유권자들이 혼란스러웠다. 경기, 부산, 인천 등 경합 지역에서 여론조사에 따라 우열이 달라지는 등 여론조사 결과를 믿기 어려웠다. 집전화조사냐, 휴대전화조사냐에 따라서 여론조사에서 후보들

의 지지도가 달라졌다. 집전화 여론조사는 대체로 여당 후보에게 유리하고, 휴대전화 여론조사는 상대적으로 야당 후보에게 유리한 것으로 밝혀졌다.

지난 2010년 지방선거에서 '여론조사 대참사' 이후 휴대전화조사의 필요성이 제기됐다. 당시 서울시장 선거에서 투표일 직전까지 오세훈 새누리당 후보가 한명숙 민주당 후보를 10%포인트 이상 앞서는 것으로 나타났지만, 막상 개표함을 열어보니 후보 간 격차가 0.6%포인트에 불과했다. 집전화만으로 여론조사를 실시하다가 생긴 오류였다.

이러한 오류 가능성에도 불구하고 대부분의 여론조사가 여전히 집전화 방식으로 이루어지는 경우가 많았다. 유권자들의 휴대전화번호를 알 길이 없었기 때문이었다. 하지만 집전화와 휴대전화를 병행하여 여론조사를 실시하는 경우도 있었다. 일부 여론조사회사들의 경우 사전에 수집해 놓은 휴대전화 DB를 여론조사에 활용할 수 있었다.

2014년 지방선거에서는 집전화 여론조사 방법과 집전화와 휴대전화를 병행한 여론조사 방법이 공존했다. 여론조사 방법이 달랐기 때문에 여론조사 결과 또한 들쭉날쭉했다.

사전 여론조사와는 다른 출구조사 '깜짝 반전'

투표 당일 오후 6시 지상파 3사의 출구조사 결과가 발표됐다. 17개 광역단체장 선거에서 새누리당과 새정치민주연합 후보들이 각각 5곳에서 당선될 것으로 예측되었고, 나머지 7곳에서는 여야 후보들의 경합이 예상됐다. 지방선거 사상 광역단체장 선거에서 이렇게 접전 지역이 많았던 적은 처음이었다.

경합 지역으로 분류된 경기, 인천, 부산, 강원, 대전, 충북, 충남 지역에서는 1, 2위 후보의 예상 득표율이 3%포인트 이하로 초접전 양상을 보였다. 출구조사의 오차범위와 관계없이 예상 득표율 1위 후보 지역은 새누리당 9곳, 새정치민주연합 8곳으로 새누리당이 한 곳 많았다.

선거 결과는 17개 광역단체장 선거에서 새누리당 8곳, 새정치민주연합 9곳으로 나타났다. 초경합을 벌였던 경기지사 선거에서 1위 예상 후보가 바뀌었다. 출구조사에서 새정치민주연합 김진표 후보가 51.0% 대 49.0%로 새누리당 남경필 후보를 2%포인트 앞서는 것으로 예측했지만, 개표 결과 남 후보가 50.4%의 득표율로 49.6%를 얻은 김 후보를 0.8%포인트 차로 앞서 당선됐다.

지상파 3사의 출구조사 결과 17개 광역단체장 선거 중에 0.1% 포인트 차이라도 승패가 뒤바뀐 지역은 경기지사 단 한 곳이었다. 1, 2위 후보의 차이가 0.6%포인트 차이에 불과한 부산 지역을 포함하여 나머지 16곳의 광역단체장 예측은 완벽했다.

출구조사 예측 결과는 선거 이전에 실시했던 여론조사의 결과와는 상당한 차이를 보였다. 특히 인천시장 선거의 경우 주요 언론사의 사전 여론조사에서 새정치민주연합 송영길 후보가 새누리당 유정복 후보를 크게 앞서는 것으로 나타났다. 하지만 지상파 3사 출구조사에는 유정복 후보가 0.3%포인트 차이로 신승을 거둘 것으로 예측했고, 선거 결과도 유 후보가 50.0%의 득표율을 얻어 48.2%를 얻은 송영길 후보를 1.8%포인트 근소한 차로 따돌리고 당선됐다. 부산시장 선거에서도 비슷한 현상이 나타났다. 새누리당 서병수 후보가 선거 막판 여론조사에서 오거돈 무소속 후보에게 밀리는 것으로 나타났지만, 실제 선거 결과는 서 후보가 1.4%포인트 차로 승리했다.

광주시장 선거야말로 미스터리였다. 선거 이전 모든 여론조사에서 강운태 무소속 후보가 새정치민주연합의 윤장현 후보를 10%포인트 이상 차이 나게 리드했다. 하지만 선거 결과는 오히려 윤 후보가 57.9%를 득표하여 31.8%를 얻은 강 후보보다 무려 26.1%포인트나 앞서는 믿기 어려운 반전을 연출했다. 2014년 지방선거에서는 선거를 앞두고 실시했던 사전 전화 여론조사의 정확도에 문제가 있다는 점을 출구조사가 방증해 주었다.

16. 막장 공천의 최후

2016년 국회의원선거

다시 홀로선 안철수

2015년 12월 13일, 이듬해 4.13 총선을 앞두고 안철수가 새정치민주연합을 떠났다.[195] 2014년 지방선거를 앞두고 민주당과 함께 새정치민주연합을 창당한지 1년 9개월 만이다. 혁신을 둘러싼 당내 갈등이 불거지면서, 문재인 대표와 안철수 전 대표가 서로 등을 돌리는 파경을 맞았다. 안철수는 새정치민주연합을 떠나 새로운 창당을 모색했고, 문재인은 새정치민주연합의 간판을 더불어민주당으로 바꿔 총선에 대비했다.

2016년 새해 총선을 앞두고 '안철수 신당'이 또다시 정치권의 화두로 떠올랐다. 2014년 지방선거 때와 마찬가지로 아직 출범도 하지 않은 '안철수 신당'의 지지율이 제1야당 더불어민주당을 넘어설 기세였다. 언론사 신년 여론조사에서 여당인 새누리당은 40%에 육박하는 지지율로 1위를 달리고 있었다. 더불어민주당과 안철수 신당은 2위 자리를 놓고 오차범위 내에서 엎치락뒤치락 했다. 조선일보, 동아일보, KBS 등 여론조사에서는 안철수 신당이 오차범위 내에서 더불어민주당을 앞서 나갔다.[196) 반면 한국일보, 서울신문, SBS에서는 더불어민주당이 안철수 신당을 앞질러 2위를 유지했다.[197)

안철수 신당의 등장으로 새누리당과 더불어민주당의 양당 구도가 깨지면서 4.13 총선을 앞두고 정치권의 셈법이 복잡해졌다. 더불어민주당과 안철수 신당은 정당 지지율 2위를 차지하기 위해 서로 치열한 경쟁을 벌여야 했다. 2004년 총선을 앞두고 열린우리당과 민주당이 서로 사생결단을 벌이던 때와 양상이 비슷했다. 둘 가운데 한 쪽은 무릎을 꿇어야 하는 운명이었다. 그렇지 않고 더불어민주당과 안철수 신당의 세력이 서로 팽팽하게 맞서게 된다면, 새누리당에 어부지리를 안겨줘 모두가 패망하는 길이기 때문이다.

문화일보 여론조사 논란

더불어민주당과 안철수 신당의 치열한 경쟁이 벌어지는 가운데 안철수 신당의 지지도가 유난히 높게 나온 여론조사 결과가 파장을 일으켰다. 여론조사회사 엠브레인에서 실시한 문화일보의 1월 1일자 신년특집 여론조사 보도였다.

"안철수 의원이 2월에 신당을 창당할 경우 4.13 총선에서 어느 당 후보에게 투표하겠느냐"고 물었다. "새누리당 29.4%, 안철수 신당 26.9% 더불어민주당 17.7%" 순으로 나타났다. 안철수 신당은 새누리당과 2.5%포인트 차이로 오차범위 내에서 접전을 벌였다. 반면에 더불어민주당은 안철수 신당에 9.2%포인트 밀리며 3위로 떨어졌다. 여론조사 지지율로만 본다면 총선 구도가 '2강 1중'의 구도로 바뀌었다.

더불어민주당이 문화일보의 여론조사에 대해 문제를 삼고 나섰다.[198] 더불어민주당 측에서는 여론조사 과정에서 현재 정당들을 그대로 나열한 후에 투표 정당을 묻는 대신, 질문의 첫머리에 "안철수 의원이 2월 신당을 창당할 경우"라는 전제를 미리 깔아놓은 다음 투표 정당을 물어보는 것은 문제가 있다는 지적이었다. '안철수 의원이 신당을 창당할 경우'와 같은 유도성 질문을 던지는 것은 매우 편향적인 응답을 유도할 수 있다고 주장했다.

그러나 문화일보의 정치부장은 "기사를 정치적으로 해석하는

건 자유지만 정치적인 목적을 가지고 신문을 만들지 않는다"며 "누가 돈을 주고 엉터리 여론조사를 하려고 하겠나"며 더불어민주당의 주장을 반박했다.[199)]

여론조사 전문가들의 분석도 엇갈렸다. 질문에 '안철수 신당'을 언급하는 것은 모든 국민들이 다 아는 것이 아니기 때문에 보완 설명이 필요한 것이어서 별 문제가 없다는 의견이 있는가 하면, 통상적으로 여론조사에서 특정 후보를 한 번 더 불러주는 것만으로도 공정성에 어긋난다고 보기 때문에 안철수 신당 출범에 대한 추가 설명은 형평에 맞지 않다는 의견도 제기되었다. 이처럼 질문 문항의 형평성 문제는 보는 사람에 따라 견해가 달라질 수 있는 매우 민감한 사안으로 이렇다 할 결론을 내리기 어려운 경우가 많다.

하락하는 국민의당 지지율

김한길 의원이 더불어민주당을 탈당하여 합세하면서 안철수 신당의 윤곽이 구체화되기 시작했다. 당명도 '국민의당'으로 결정했다. '국민의당'이라는 새로운 당명으로 정당 지지도를 조사해 보니 안철수 신당일 때는 높았던 지지율이 떨어지는 현상이 나타났다. 국민의당 지지율이 떨어지면서 더불어민주당이 제기했던 문화일보의 여론조사 논란도 자연스럽게 수그러들었다.

국민의당은 안철수, 김한길, 박지원, 정동영 등을 주축으로 천정배, 박주선, 김성식 등이 참여하면서 2월 2일 출범했다.[200] 창당 과정에서 컨벤션 효과는 눈에 띄지 않았다. 다양한 계파들이 합류해서 만든 국민의당은 외부인사 영입 과정에서 갈등과 잡음이 끊이지 않으면서 국민들의 눈에 불안한 모습으로 비춰졌다. 중도 개혁 노선을 표방했지만 정체성 논란이 야기되는 등 구설에 오르내리기도 했다.

정치개혁을 향한 제3의 길은 보이지 않고 험난한 여정이 시작되는 듯했다. 국민의당 지지도는 계속해서 하락세를 보였다. 20%를 육박했던 지지율이 이제 10%를 간신히 턱걸이하는 수준에 머물렀다. 호남 지역의 지지율마저 떨어지면서 국민의당은 당혹감을 감추지 못했다. 더불어민주당은 두 달 만에 처음으로 호남 지역에서 국민의당 지지율을 앞질렀다.[201]

안철수, 김종인의 야권통합 제안 단칼에 거절

김종인 더불어민주당 비상대책위원회 대표가 야권통합을 제안했다. 국민의당 지지율이 하락하는 타이밍을 노렸다. 국민의당은 졸지에 통합의 대상으로 전락했다. 국민의당 안철수 대표는 자신이 극복 대상으로 삼고 탈당한 더불어민주당에서 날아온 야권통합 제안에 대해 불쾌한 내색을 드러냈다. 안 대표는 자신과 국민의당을 야당 분열세력이라며 강도 높게 비판한 김종인 대표를 향해 직격탄을 날렸다. 안철수는 김 대표에게 국민의당 후보들을 모욕하지 말라는 경고와 동시에 야권통합 제안을 단칼에 거절했다. 안철수 대표는 대안도 희망도 없는 야당의 참담한 현실을 넘어 당당하게 다당 체제의 시대를 열어 나가겠다고 강조했다.

안 대표는 다가오는 4.13 총선에서 "최소한 20석, 많게는 40석을 얻을 것"이라며, 이에 미치지 못할 경우 당대표로서 정치적 책임을 지겠다고 약속했다. 하지만 안철수는 "후보끼리 단일화는 막기 힘들다"고 말했다. 선거구별로 이루어지는 후보 차원의 단일화에 대해서는 가능성을 열어 두었다.

20대 총선 투표용지를 인쇄하는 4월 4일 야권후보 단일화는 완전히 무산됐다. 더불어민주당과 국민의당은 야권 분열의 책임을 서로에게 전가하며 공방을 벌였다. 더불어민주당은 야권 단일화를 거부한 것은 국민의당이라고 몰아붙였고, 국민의당은 더불어민주당이 아무런 양보 없이 단일화에만 집착한다고 맞받았다.

선거가 다가오면서 더불어민주당은 유권자들에게 국민의당 후보에 투표하여 사표가 되기보다 당선 가능성이 높은 더불어민주당 후보를 지지해 줄 것을 호소했다. 국민의당은 패배의 책임을 돌리려 한다고 더불어민주당을 비난했다.

막장 공천 속에서도 새누리당 180석 공룡여당?

새누리당은 후보 공천 과정에서 '막장 공천의 진수'를 보여줬다. 친박계의 전횡이 극에 달했다. 2008년 총선 때 친박계에 대한 친이계의 이른바 '학살공천'도 이 정도는 아니었다는 얘기가 나왔다. 이한구 공천관리위원장은 김무성 대표에게 "당대표도 공천 안 주는 수가 있다"며 망신을 주는 등 오만의 극치를 보였다.

비박계 의원을 대거 탈락시킨 새누리당의 '3.15 공천' 결과를 놓고 김무성 대표와 친박계 지도부가 사생결단의 각오로 충돌했다. 정치생명을 건 김무성 대표와 총선에서 세를 확장하려는 친박계가 공멸도 불사하겠다며 치킨게임을 벌였다. 김 대표가 공천장에 도장을 찍지 않는 이른바 '옥새파동'까지 벌어졌다.

공천 막장극이 벌어지면서 박근혜 대통령 지지율과 새누리당 지지율이 동반 하락했다. 40%를 유지하던 박 대통령 지지율이 30%대로 떨어졌고, 새누리당 지지율도 30%대로 하락했다. 해도 너무한 새누리당의 막장 공천에 대해 유권자들이 경고를 보내고 있었다.[202]

새누리당의 막장 공천 파동이 한창인데도, 새누리당이 180석 이상 차지해 거대여당이 될 것이라는 전망이 나왔다. 더좋은민주주의연구소가 3월 31일 내놓은 '누설 2016'이란 보고서에는 야권연대가 불발된 상황에서 수도권 122개 의석 중 새누리당이 65석,

더불어민주당이 52석을 차지할 것으로 예상했다.[203] 수도권 이외 지역에서 2012년 총선만큼 의석을 얻게 되면 새누리당이 전체 180석을 차지할 수 있다는 분석이었다.[204]

'1여다야' 구도에서 치러지는 총선인 만큼 그럴듯해 보였다. 더불어민주당에서는 180석의 거대여당이 출현할 수 있다며 여당 견제론을 내세워 호소했다. 하지만 새누리당에서는 여론조사에 10~15%의 야권 성향의 숨은 표가 있기 때문에 180석은 어렵다고 보았다. 그래도 과반 의석이 넘는 160석 정도는 얻을 수 있다고 믿었다. 여론조사 전문가들도 새누리당이 이번 총선에서 과반수 의석을 얻는 것은 무난하다고 전망했다.

국민의당 지지도 상승이 심상치 않다

3월 24일, 국민의당이 제주에서 총선 출정식을 가졌다. 정당 득표율 20%를 목표로 제시했다. 3월 초만 해도 10% 초반에 머물던 지지율이 서서히 고개를 들기 시작하더니 출정식 직후 15%를 돌파했다. 반대로 새누리당과 민주당의 지지율은 조금씩 떨어지기 시작했다. 새누리당은 '막장 공천'의 여파로 지지율이 30%대로 하락했다. 더불어민주당도 김종인 위원장의 셀프공천 논란 속에 30%를 향하던 지지율이 25% 선으로 후퇴했다. 호남 지역에서는 국민의당 지지율이 더불어민주당을 다시 역전하기 시작했다.

안철수 국민의당 대표가 4월 초 더불어민주당과 각축을 벌이고 있는 호남 지역을 방문했다. 안 대표는 "제 아내가 이곳 순천 출신"이라며 '호남의 사위'임을 강조했다. 안철수의 호남 유세 이후 호남 지역에서 국민의당 지지율이 더불어민주당을 두 배 이상 앞질러 나갔다. 국민의당이 마침내 호남 지역에서 승리의 기반을 구축하고 있었다.

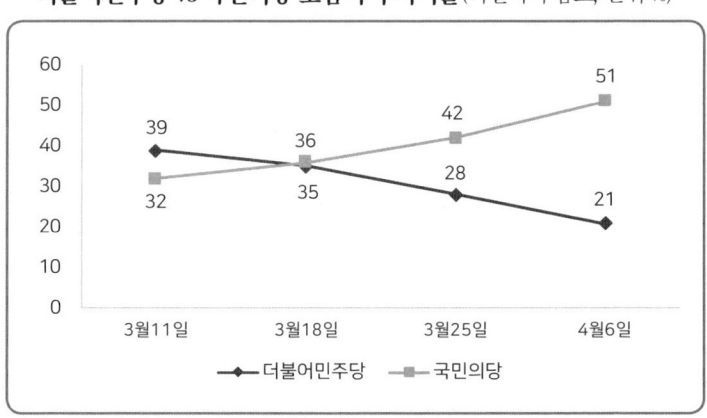

더불어민주당 vs 국민의당 호남지역 지지율(리얼미터 참조, 단위:%)

반면에 더불어민주당 문재인 전 대표는 호남 유세를 놓고 많은 고심을 했다. 더불어민주당의 호남 공략이 차질을 빚고 있는 가운데 이 지역의 '반문재인 정서'를 의식해 문 전 대표가 호남 유세에 선뜻 나서지 못하고 있는 상황이었다.[205] 호남의 '반문재인 정서'는 문 전 대표가 참여정부 민정수석과 비서실장 시절에 인사 문제에서 호남을 차별 대우했다는 말들이 퍼지면서 시작되었다.

더불어민주당 문재인 전 대표가 4월 8일 광주를 전격 방문했다. 문재인은 "호남이 지지를 거두면 정치 일선에서 물러나 대선에도 도전하지 않겠다"며 배수진을 쳤다. 총선에서 호남의 열세를 반전시키기 위해 정치생명을 걸고 직접 나선 것이다. 그러나 호남의 판세를 뒤집기는 어려워 보였다. 선거를 닷새 앞두고 더불어민주당은 호남 전체 선거구 28곳 중 7~8곳에서, 국민의당은 23곳 이상 앞서고 있다며 각자 판세분석 결과를 내보였다.

다가오는 4.13 총선에 대한 국민 여론은 새누리당과 더불어민주당 모두를 심판해야 한다는 '양당 동시 심판론'에 공감하는 분위기였다. 여론조사에서 '양당 동시 심판론'에 공감하는 국민이 44%로, '정부여당 심판론'(24%)이나 '야당 심판론'(20%)에 공감하는 사람보다 훨씬 많았다.[206] 새누리당과 더불어민주당을 동시에 심판해야 한다는 여론의 목소리가 높은 가운데 국민의당의 총선 결과에 관심이 쏠렸다.

오락가락 여론조사

4.13 총선을 앞두고 언론에 보도되는 여론조사에서 후보 순위

가 들쭉날쭉 서로 달라 유권자들을 혼란스럽게 만들었다. 중앙선거여론조사심의위원회에 등록된 20대 총선 관련 여론조사의 내용을 살펴보면, 비슷한 시점에 동일 지역구 여론조사에서도 후보들의 지지율 순위가 엇갈리는 등 조사 결과가 제각각인 지역들이 부지기수였다.[207]

2014년 지방선거 때와 마찬가지로 집전화만 사용한 조사냐, 아니면 집전화와 휴대전화를 병행한 조사냐에 따라 여야 후보들의 지지율이 크게 달라졌다. 전화 면접 방법이냐 ARS 방법이냐에 따라서도 지지율이 큰 차이를 보였다.

정당을 제외하고 언론사 여론조사에서도 이동통신사의 휴대전화번호, 이른바 '안심번호'를 사용할 수 없는 상황이었다. 집전화만 사용해서 여론조사를 실시할 경우 2010년 지방선거 때와 같이 '여론조사 대참사'가 일어날 수도 있겠다는 불길한 예감이 들었다.

총선을 열흘 앞두고 안심번호를 사용한 유무선 병행 여론조사 결과에 관심이 쏠렸다. 더불어민주당이 이동통신사의 안심번호를 사용하여 접전 지역 110곳을 대상으로 집전화와 휴대전화를 병행한 여론조사를 실시했다. 결과는 놀랍게도 집전화만으로 조사했을 때 5%포인트 이상 뒤지던 후보들이 거꾸로 이기는 것으로 나타난 것이다. 집전화 여론조사만으로는 휴대전화를 주로 사용하는 20~30대와 직장인 등 진보층의 표심을 제대로 반영하지 못한다는 사실을 다시 확인시켜 주는 결과였다.

4월 4일에는 새누리당이 4.13 총선에서 과반 의석 차지가 어렵다는 분석이 나왔다. 새누리당 싱크탱크인 여의도연구원이 전국 200여 개 선거구를 대상으로 실시한 자체 여론조사 결과였다.[208] 새누리당의 총선 예상 의석수가 과반에 훨씬 못 미치는 127석 정도밖에 안 된다는 전망이 나오자 새누리당에 초비상이 걸렸다. 여의도연구원의 분석은 '휴대전화 안심번호'로 실시한 여론조사 결과였다. 여의도연구원의 조사 결과는 충격적이었다. 수도권 지역에서 새누리당 후보의 지지율이 지금까지 언론에서 보도된 지지율보다 15~20% 낮게 나오고 있었다.

하지만 언론은 물론 다른 여론조사기관들도 여의도연구원의 조사 결과를 믿으려 하지 않았다. 여의도연구원의 조사 결과를 새누리당이 구체적으로 나서서 밝히지 않은 이유도 있지만, 대부분의 사람들은 새누리당이 막판에 '엄살 부리기 전략'을 편다고 생각했기 때문이다.

새누리당이 160석 이상 차지하여 압승한다

여론조사 결과 공표 금지 기간을 앞두고 언론사들이 앞을 다투어 총선 예상 의석수를 보도했다. 모든 언론이 일제히 새누리당이 160석 이상 차지하여 입승을 거둘 것으로 예상했다. 더불어민주당은 100석 내외, 국민의당은 30석, 그리고 정의당과 무소속이 10석 내외 의석을 차지할 것으로 전망했다. 언론의 판세분석 근거는 총선을 앞두고 실시한 수많은 여론조사 결과들을 종합하여 분석한 결과였다.

주요 여론조사기관들의 총선 예상 의석수 예측전망

조사 회사	새누리	더민주	국민의당	정의당	무소속
A기관	163	88	32	6	11
B기관	165	90	29	8	8
C기관	158~170	90~100	28~32	3~7	7~10
D기관	157~175	83~95	25~31	3~7	5~9

정당별 비례대표 예상 의석수는 새누리당이 20~21석, 더불어민주당이 13~16석, 국민의당이 8~10석, 정의당이 4~5석을 얻을 것으로 예상됐다. 4월 초에 한국갤럽, 리얼미터 등 여론조사기관과 언론사들이 발표한 정당 지지도를 근거로 비례대표 의석 배분 기준에 맞게 환산한 의석수였다. 새누리당은 지지율 하락세 속에 당초 기대 의석수보다 줄었지만 20석은 차지할 것으로 보였다. 더불어민주당과 국민의당은 정당 지지도 변화가 커서 비례대표 예상 의석수의 폭도 넓었다. 선거 막판 정당 지지도가 상승하면서 국민의당도 10석 정도는 얻을 것으로 기대했다.

총선을 사흘 앞두고 주요 여론조사기관 4곳이 공표 금지 시점까지 발표된 여론조사 결과와 정당별 지지율 추세 등을 고려해서 주요 정당의 예상 의석수를 전망했다. 여론조사기관들이 밝힌 예상 의석수는 언론사에서 보도한 판세분석 결과와 비슷했다. 판단 근거가 된 자료들이 동일한 만큼 별 차이가 없는 게 당연했다.

하지만 여론조사기관의 전망은 여야 3당이 자체적으로 판단하는 판세분석과는 차이가 있었다. 각 정당에서는 새누리당이 140석, 더불어민주당이 100석, 국민의당은 40석 정도를 달성 가능한 목표로 잡고 있었다. 새누리당은 자체 싱크탱크인 여의도연구원의 분석 결과가 나온 이후 예상 의석수를 대폭 줄여 잡았다. 그래도 내심 과반 의석은 가능할 것이라는 기대가 적지 않았다.

여론조사 전문가들은 정당의 분석을 믿기보다는 언론사와 여론조사기관이 내놓은 판세분석 결과를 토대로 종편 방송 등 다양한 미디어를 통해 확대 재생산하는데 급급했다. 이로 인해 대부분의 국민들은 4.13 총선에서 새누리당이 160석 이상의 의석을 차지할 것이라고 믿어 의심치 않았다.

지상파 방송 3사 합동 출구조사, 모처럼 체면치레했다

4월 13일 오후 6시 투표 마감과 동시에 지상파 3사의 공동 출구조사 결과가 공개됐다. 방송사에 따라 정당별 예상 의석수의 범위에는 다소 차이가 있었다. KBS는 새누리당이 121~143석, 더불어민주당이 101~123석, 국민의당이 34~41석을 얻을 것으로 예상했다. MBC는 새누리당 118~136석, 더불어민주당 107~128석, 국민의당 32~42석을 예측했고, SBS는 새누리당이 123~147석, 더불어민주당이 97~120석, 국민의당이 31~43석을 차지할 것이라고 발표했다.

2016년 총선 지상파 3사 출구조사 예측 결과

	새누리	더민주	국민의당	정의당	무소속
KBS	121~143	101~123	34~41	5~6	10~14
MBC	118~136	107~128	32~42	4~7	9~16
SBS	123~147	97~120	31~43	4~7	8~20
개표 결과	122	123	38	6	11

출구조사 결과로 볼 때 새누리당과 더불어민주당의 예상 의석수 범위가 상당히 겹치고 있지만, 새누리당이 과반 의석은 안 되어도 제1당의 가능성이 높아 보였다.

하지만 선거 다음날 개표 완료 결과 비례대표를 포함한 정당별 의석수는 총 300석 중 새누리당 122석, 더불어민주당 123석, 국민의당 38석, 정의당 6석, 무소속 11석이었다. 각 정당별 의석수는 지상파 3사 출구조사 예측범위에는 들어왔다.[209] 하지만 출구조사 결과는 새누리당이 1당이 될 것으로 예상했지만, 실제로는 더불어민주당이 123석 얻어 122석을 차지한 새누리당보다 1석을 더 차지하여 제1당이 되었다.

47석을 배분하는 정당별 비례대표 의석수 예측은 출구조사가 아주 정확했다. 출구조사 결과 정당 비례대표 예측치는 새누리당 34.2%, 더불어민주당 25.9%, 국민의당 26.2%, 정의당 7.4%있다. 실제 개표 결과는 새누리당 33.5%, 더불어민주당 25.5%, 국민의당 26.7%, 정의당 7.2%를 득표했다. 실제 개표 결과와 출구조사 결과의 평균오차는 0.5%포인트 차에 불과했다. 그 결과 새누리당 17석, 더불어민주당 13석, 국민의당 13석, 정의당 4석의 비례대표 의석수를 정확하게 예측할 수 있었다.

지상파 3사의 총선 출구조사가 모처럼 체면치레를 했다. 지난 1996년 제15대 총선에서 지상파는 여당인 신한국당이 과반인 175석을 확보할 것이라 예측했지만 실제로는 139석에 그쳤으며, 39곳에서 출구조사와 다른 결과를 보였다. 또 2000년 제16대 총선에서도 지상파 3사 모두 여당인 새천년민주당이 원내 1당이 될 것이라 했지만 결과는 한나라당이 제1당으로 나타났다. 지난 제18~19대 총선에서도 실제 확보 의석수가 예상 구간에서 벗어났다. 특히 2012년 19대 총선의 경우 지상파 3사가 처음으로 전국 246개 선거구를 대상으로 조사를 확대 실시했음에도 전체 246개 선거구 중에 17곳에서 당선자 예측이 빗나갔다. '여소야대'를 점쳤으나 개표 결과는 '여대야소'로 나타나며 적중률과 신뢰도에 한계를 보인 바 있었다.

2016년 총선 출구조사에서도 전체 253개 선거구 중에 17곳에서 당선자 예측에 실패했다. 예측에 실패한 선거구들은 후보들 간의 경합이 치열한 선거구였다. 개표 결과를 보면 당선자와 2위 후보의 격차가 5%포인트 이내로 밝혀졌다. 출구조사의 오차범위를 감안하면 예측판정하기 어려운 선거구들이었다. 17곳 선거구의 출구조사 예측치와 실제 개표 결과에서 1, 2위 후보의 순위가 다르다고 당선자 예측 실패로 단정내리는 것은 바람직한 평가는 아니다.

'엉터리 전화 여론조사' 무엇이 문제인가?

4.13 총선 직전에 실시한 여론조사 결과들을 토대로 언론사와 여론조사기관들이 새누리당이 160석 이상을 얻는 여대야소 정국을 전망했지만, 실제 선거에서는 새누리당이 1당도 차지하지 못하는 정반대의 결과가 나타났다.

선거 전 여론조사는 주요 선거구에서도 당선 예상 후보자를 정반대로 예측하는 등 국민들을 혼란스럽게 만들었다. 대표적인 사례로 서울 종로구의 경우 선거 이전 여론조사에서 새누리당 오세훈 후보가 더불어민주당 정세균 후보를 10%포인트 이상 앞서는 것으로 보도됐지만, 선거에서 투표함을 개봉한 결과 정세균 후보가 52.6%의 득표율을 얻어 39.7%의 오세훈 후보를 12.9%포인트 차로 꺾고 당선되었다. 이처럼 선거 전까지만 해도 새누리당의 낙승을 점치던 여러 여론조사 결과와 전망들이 선거 결과에서는 완전히 뒤집힌 것으로 밝혀졌다. 여론조사가 유권자의 선택에 도움을 주기는커녕 혼란을 부채질한 셈이었다.

4.13 총선에서 정치인, 정치평론가, 언론, 여론조사 전문가 등 선거에 대해 한마디 한다는 사람들 가운데 총선 결과가 이렇게 되리라고 예측한 사람은 아무도 없었다. 여론조사회사 리얼미터의 이택수 대표가 선거 다음날 페이스북에 공개 사과문을 올렸다. 여론조사의 한계를 실토하며 휴대전화 안심번호 제공과 가중치 적용 문제 등 제도 개선을 촉구했다.

엉터리 여론조사에 휘둘린 자신을 반성한다는 기자의 고백도 나왔다. 이 기자는 새누리당 지도부가 당내 여론조사 결과를 바탕으로 "여소야대가 될 위험이 있다"며 긴급회의를 개최한 사실을 알았지만 자신의 페이스북에는 '새누리당의 엄살'이라고 썼다며 후회했다. '국회선진화법을 무력화할 180석이 위험하다는 뜻이겠지'라고 생각했다는 것이다.

언론사들의 총선보도에 대한 반성도 이어졌다. 각 언론사는 수많은 여론조사와 현장취재 결과를 바탕으로 총선 판세를 분석했다. 하지만 이번 총선에서 언론사들은 '여소야대' 국면을 예측하지 못했다. 더불어민주당이 제1당이 되리라고는 짐작도 못했다. 더불어민주당의 영남 지역 선전, 국민의당의 정당투표 약진, 새누리당의 수도권 몰락 등은 언론의 예상을 뛰어넘었다. 20대 총선에서 언론은 '철저하게' 민심과 동떨어진 기사를 썼다. 그 원인은 도대체 어디에 있을까?

선거를 앞두고 실시한 여론조사가 민심을 반영하지 못했기 때문이다. 집전화에 의존한 여론조사 방식이 문제였다. 여론조사가 민심을 반영하지 못했던 대형사고는 이미 2010년 지방선거 때도 경험했다. 하지만 그동안 철저히 대비하지 못했다. 게다가 4.13 총선을 앞두고 새누리당과 더불어민주당에서 휴대전화 안심번호를 이용한 여론조사 결과가 사고의 조짐을 알려주었다. 하지만 설마 하고 아무도 믿지 않음으로써 결국 대형사고를 초래했다.

4.13 총선을 계기로 선거여론조사에서 이동통신사의 안심번호를 누구나 사용할 수 있게 해야 한다는 목소리가 높아졌다. 총선 과정에서는 정당에게만 안심번호 사용을 허용해 주고 있었다. 언론사 여론조사에 안심번호 사용을 금지함으로써 민심을 왜곡하는 혼란을 초래한 것이다. 민심을 잘못 읽었다고 여론조사를 탓하기 전에 정확한 여론을 수렴할 수 있도록 여론조사 환경을 개선해 주는 법 제도적 뒷받침이 우선되어야 한다.

17. 대통령 탄핵 여론전쟁

2017년 대통령선거

박근혜 정부의 날개 없는 추락

　박근혜 정부도 집권 4년차 징크스의 예외는 아니었다. '막장 공천'으로 2016년 총선에서 새누리당이 참패하면서 박근혜 대통령의 지지율이 30% 초반으로 곤두박질했다.[210] 대통령 취임 후 최저치 기록으로 레임덕을 예고하고 있었다.
　4.13 총선 결과는 대선주자들의 위상을 바꿔 놓았다. 문재인 더불어민주당 대표는 총선 직후 차기 대선주자 지지도에서 25% 지지율로 최고점을 찍었다. 국민의당 돌풍의 주역 안철수 대표도 지지율 17%로 그 뒤를 이었다. 이에 반해 6개월 전만 해도 20% 넘는 지지율로 차기 대선주자 1위를 달리던 김무성 대표는 10%

선을 간신히 턱걸이한 채 3위로 밀려났다.

반기문 유엔 사무총장이 5월 25일 제주포럼 행사의 기조연설을 시작으로 5박 6일 일정으로 방한했다. 정치권과 언론은 반 총장의 대선 출마 여부에 관심이 집중됐다. 제주에서 열린 관훈클럽 간담회에서 반 총장은 대선 출마의 뜻을 간접적으로 내비쳤다.

방한 기간에 실시한 차기 대선주자 여론조사에서 반 총장은 단숨에 25%의 지지율을 확보하며 22%에 머문 문재인 대표를 앞질렀다. 반 총장이 여론조사에 이름을 올리면서 안철수 대표와 김무성 대표의 지지율은 4~5%포인트 급락했다. 지지율 10%가 넘는 대선주자는 반기문, 문재인, 안철수 세 사람으로 압축됐다.

박근혜 대통령의 지지율은 회복의 기미를 보이지 않았다. 우병우 민정수석 관련 비리의혹, 미르재단, K스포츠재단 등 최순실 의혹이 확산되면서 여론은 더욱 악화되었다. 그동안 각종 악재에도 쉽게 흔들리지 않던 30%의 '콘크리트 지지율'이 무너져 내렸다. 박근혜 정부의 총체적 위기를 실감케 했다. 하지만 심각한 문제는 지지율 추락을 받아들이는 박 대통령의 태도였다. 지지율 하락의 가장 큰 원인이 불통과 오만이라고 지적하는데도 박 대통령은 자신의 태도를 전혀 바꿀 생각을 하지 않았다.

JTBC 보도가 최순실 의혹에 결정타를 날렸다. JTBC가 입수한 태블릿 PC에서 최순실이 대통령의 연설문을 미리 받아보았다는 흔적이 밝혀지면서, 최순실 비리 의혹은 국정농단 사태로 번졌다. 박 대통령이 직접 나서서 최순실 국정농단 사건에 대해 때늦은 사과를 했지만, 국민 여론은 10명 가운데 7명이 '대통령 사과만으로는 안 된다'는 분위기였다.[211]

여론은 대통령 탄핵을 원했다

'최순실 국정농단' 사태는 국정을 마비시켰다. 박근혜 대통령의 지지율이 순식간에 한 자릿수로 떨어지면서 박근혜 정부는 식물정부나 다름없었다. 정치권과 시민사회를 중심으로 청와대 및 내각의 대대적 인적쇄신과 거국중립내각 구성을 요구했지만 사정이 여의치 않았다.

'탄핵'이나 '하야'라는 단어가 포털 실시간 검색어 1위에 오를 정도로 국민의 실망과 분노는 더욱 커졌다. 여론은 대통령의 하야나 탄핵을 원하는 방향으로 움직였다.[212] 탄핵정국에서 새누리당이 국민의 주목을 받았다. 탄핵소추안 가결을 위해서는 국회 재적의원 300명의 3분의 2 찬성이 필요했다. 야당과 무소속 172명 전원이 찬성표를 던진다 해도 새누리당 의원 129명 중 29명 이상이 찬성하지 않으면 탄핵소추안은 부결되는 상황이었다.

새누리당 김무성 의원이 차기 대통령선거 불출마를 선언하고 박근혜 대통령 탄핵에 앞장서겠다고 밝혔다. 다만, 새누리당 비박계는 박 대통령이 자진 퇴진을 명시적으로 약속한다면 탄핵엔 동참하지 않겠다고 말미를 주었다. 더불어민주당, 국민의당 등 야당은 탄핵표결 일정을 놓고 옥신각신 다퉜다. 결국 새누리당 비박계가 불참하더라도 12월 9일 탄핵 표결을 강행하기로 결정했다. 새누리당 비박계도 하는 수 없이 탄핵에 동참하는 방향으로 선회했다. 탄핵이 초읽기에 들어갔다. 여론은 박근혜 대통령 탄핵을 원했다.[213]

12월 9일. 탄핵소추안 국회 표결은 재적 의원 300명 중 299명이 투표에 참여해 찬성 234표(78.2%)로 가결됐다. 반대 56표(18.7%), 기권 2표, 무효 7표였다. 새누리당 친박계 최경환 의원은 본회의장에 출석했으나 표결에는 참여하지 않고 퇴장했다.

탄핵소추안 가결로 박 대통령의 모든 권한은 정지되고 헌법에 따라 황교안 국무총리가 대통령 권한대행을 맡게 됐다. 탄핵 가결 후 새누리당의 내분은 극에 달했다. 친박계와 비박계가 서로 당을 떠나라며 싸움을 벌였다. 탄핵 가결 일주일 뒤에 치러진 새누리당 의총에서 친박계 정우택 의원이 원내대표에 선출되면서 결국 비박계가 당을 떠날 수밖에 없는 상황이 되었다.

12월 21일. 김무성, 유승민 등 30여 명의 비박계 현역의원들이 긴급회동을 갖고 '가짜 보수'와 결별하고 진정한 보수의 길을 가기 위해 12월 27일 집단 탈당하기로 결의했다.

탄핵으로 빨라진 대선 시계, 꿈틀거리는 잠룡들

박 대통령 탄핵소추안 가결로 19대 대선 시계가 빨라졌다. 헌법재판소가 인용 판결을 내리게 될 경우, 그로부터 60일 이내에 대통령선거를 치러야 하기 때문이다. 대통령선거일이 언제일지 모르지만 주자들은 대선 레이스의 출발점에 섰다. 탄핵정국의 상황이 급변하면서 대선주자들의 행보도 빨라졌다.

촛불집회가 계속되는 탄핵정국은 대선주자들의 운명을 바꿔놓았다. 급부상한 잠룡이 있는가 하면 관심권에서 멀어진 사람도 있었다. 탄핵정국의 최대 수혜자는 문재인 전 더불어민주당 대표였다. 최순실 국정개입 논란 이후 줄곧 대선주자 지지율 1위 자리를 차지했다. 처음에는 거국내각, 중립내각을 거론하다 대통령의 명예퇴진을 주장했다. 나중에 촛불시위가 격렬해지면서 탄핵주장 쪽으로 기울어지면서 극단적인 주장도 서슴지 않았다. 대선주자 지지율은 계속 20%대를 유지했지만, 30% 선을 뚫고 올라가진 못했다.

반기문 유엔 사무총장이 문재인의 뒤를 바짝 추격했다. 최순실 국정개입 논란으로 한풀 꺾였던 지지율이 탄핵안 가결 이후 다시 상승세를 보였다. 범여권 주자라는 인식이 굳어지면서 보수층의 지지가 반기문 쪽으로 쏠렸다. 야권에는 경쟁력 있는 후보들이 차고 넘치는데, 여권 주자로는 반기문 말고는 이렇다 할 대안이 안 보였기 때문이다.

　이재명 성남시장이 돌풍을 일으키며 야권 넘버 2로 우뚝 올라섰다. 진보 층과 호남에서 지지율이 올라갔다. 명쾌하고 시원스런 말과 주장으로 '사이다'란 별명을 얻기도 했다. 광화문 광장의 촛불집회에 앞장서며 박 대통령의 퇴진과 탄핵을 가장 먼저 주창하며 급부상했다.

　안철수 전 국민의당 상임대표는 이번 탄핵정국에서 기대만큼 민심의 지지를 받지 못했다. 누구보다 발 빠르게 박 대통령 퇴진 서명운동에 나서며 일관성 있게 탄핵정국에 대응했지만, 여론조사에 나타난 대선주자 지지율은 오히려 떨어졌다. 탄핵소추안 발의 일정을 놓고 국민의당이 혼선을 빚으면서 안 전 대표에게 불똥이 튀었다는 분석이다. 무엇보다 호남 지역에서 지지율이 하락했다는 점이 안철수에게는 뼈아픈 일이었다.[214]

　박원순 서울시장도 탄핵정국을 주도하고도 대선주자 지지율은 5% 수준에서 지지부진했다. 2015년 메르스 사태 당시 발 빠른 대응으로 국민들로부터 호평을 받으며 20%를 넘겼던 지지율에 비하면 격세지감을 실감케 했다. 충청대망론의 야권 기수로 불리는 안희정 충남도지사도 낮은 지지율로 맥을 추지 못했다. 반기문 총장을 제외하고는 대선주자가 전무한 여권에서 박근혜 대통령과 각을 세워왔던 유승민 의원의 역할론이 거론되었지만 5%를 넘어서지 못하는 낮은 지지율을 극복하지 못했다.

반기문 주가 반등

2016년 12월 20일. 반기문 유엔사무총장이 뉴욕 현지에서 "대한민국 발전에 도움이 된다면 한몸 불살라 노력할 용의가 있다"고 말했다. 12월 31일 임기 만료를 앞두고 사실상 대선 출사표를 던진 것이다. 반 총장은 2017년 새해 1월 중순 이전에 귀국할 것으로 알려졌다.

반 총장 귀국과 새누리당 분당을 앞두고 '문재인 대세론'을 견제하기 위한 '제3세력' 논의가 활기를 띠었다. '제3세력'은 여야의 주류인 친박근혜와 친문재인이 아닌 비주류를 통칭했다.

12월 27일. 새누리당 비박계 의원들도 탈당과 함께 가칭 '개혁보수신당' 창당을 선언했다. 신당은 다음달 귀국하는 반기문 유엔 사무총장을 영입하고 국민의당 및 더불어민주당 비주류 등 야권과도 연대 가능성을 밝혔다. 귀국이 임박한 반기문을 끌어안고 정치권 새판 짜기에 본격적으로 나서겠다는 의도였다.

반기문의 대선주자 지지율이 반등했다. 2016년 10월 말 이후 두 달 만에 문재인을 추월하여 1위를 차지했다. 반기문 25%, 문재인 23%, 이재명 11%, 안철수 7% 순이었다. 최순실 국정농단 의혹이 확산되면서 계속 하락하던 지지율이 박 대통령 탄핵으로 조기 대선이 유력해지면서 상승세를 탔다. 보수 진영에서는 반기문에게 큰 기대를 걸고 있었다.

더불어민주당을 중심으로 반기문 총장에 대한 검증 공세가 더욱 거세졌다. 반 총장도 혹독한 검증을 피해가기는 어려워 보였다. 반 총장의 가족, 친인척, 재산, 기업인과의 관계 등 다방면에 대한 검증의 칼날이 예사롭지 않았다. 한 주간지가 반기문 총장이 10년 전에 박연차 태광실업 회장에게 23만 달러를 받은 의혹이 있다고 보도하면서 논란이 일었다. 반 총장 측은 "완벽한 허위보도"라고 펄쩍 뛰었지만 더불어민주당은 즉각적인 검찰 수사를 요구하는 등 공세를 멈추지 않았다. 반 총장은 측근비리 및 각종 의혹뿐만 아니라 정치력에 대한 검증도 통과해야 하는 어려운 관문을 뚫고 나가야 했다.

문재인 vs 반기문 양강 대결 시나리오

새해 1월 2일 발표된 언론사의 차기 대선주자 여론조사 결과, 문재인 전 더불어민주당 대표와 반기문 전 유엔 사무총장이 접전을 벌이고 있는 것으로 나타났다. 문재인은 신년 여론조사를 발표한 7개 언론사 중 6곳에서 1위를 차지했다.

조선일보 조사에서 문재인 24% 대 반기문 17%, 한겨레신문 조사에서는 문재인 27% 대 반기문 18%로 격차가 7~9%포인트로 크게 벌어졌다. 하지만 동아일보 조사에서는 23% 대 18%, 중앙일보 26% 대 23% 등 오차범위 내에서 접전을 벌였다. 다만 서울신문 조사에서는 유일하게 반기문이 22%로 문재인(19%)을 앞서는 것으로 나타났다. 탄핵정국에서 급부상한 이재명은 3위에 올랐지만 1, 2위와는 차이가 많이 벌어졌다. 안철수 전 대표는 지지율 6~7%로 4위에 머물렀다.

2017 대선주자 여론조사 결과(문화일보 2017.1.2. 단위:%)

조사기관/기간/대상	다자대결 지지율 1~5위
조선·칸타퍼블릭 (12월30~31일, 1,030명)	문재인 24.0 반기문 17.4 이재명 11.5 안철수 5.4 안희정 4.3
동아·리서치앤리서치 (12월 28~30일, 1,011명)	문재인 22.7 반기문 18.1 이재명 10.5 안철수 4.7 황교안 4.4
세계·시대정신연구소 (12월 28~29일, 1,008명)	문재인 25.1 반기문 21.3 이재명 16.3 안철수 5.6 안희정 4.7
중앙 (12월 28~29일, 1,000명)	문재인 25.8 반기문 22.7 이재명 13.1 안철수 6.6 안희정 4.5
한겨레·리서치플러스 (12월 28~29일, 1,006명)	문재인 27.4 반기문 18.3 이재명 12.0 안철수 5.7 박원순 4.2
서울·에이스리서치 (12월 28~29일, 1,009명)	반기문 21.7 문재인 18.5 이재명 11.5 안철수 5.7 박원순 3.0
매경·리얼미터 (12월 27~28일, 1,002명)	문재인 25.2 반기문 22.1 이재명 11.5 안철수 6.8 안희정 4.0

중앙선거여론조사공정심의위원회 홈페이지 참고

안철수 전 대표가 4일 페이스북을 통해 당내 문제를 비롯해 새누리당 출신 비박계와의 연대 여부, 결선투표제 등 각종 현안에 대해 정리한 생각들을 풀어놓았다. 안철수는 다가오는 대선을 '반보수, 반부패 기득권과의 전선'으로 규정했다. 다음 정권은 보수 세력이 맡으면 안 된다고 분명하게 선을 그었다. 새누리당이 둘로 나누어지긴 했지만 친박계와 비박계 어느 쪽도 다음 정권을 맡을 자격이 없고, 대통령 후보를 내서도 안 된다고 주장했다. 다음 정권을 책임질 자격이 있는 정당은 결국 더불어민주당과 국민의당 둘뿐이라며, 문재인과 자신의 양자 대결 구도를 형성하는데 주력했다.

반기문, 귀국 다음날 반짝 상승

1월 12일. 반기문 전 유엔 사무총장이 10년간의 임기를 마치고 귀국했다. 정권교체가 아니라 정치교체의 필요성을 강조했다. 반 전 총장 측은 설 연휴까지는 정치 일정은 자제하고 국민과 직접 만나는 기회를 최대한 가질 것이라고 밝혔다.

반 전 총장의 귀국 시점을 전후로 실시한 리얼미터 여론조사의 대선주자 지지율은 문재인 26%, 반기문 22%, 이재명 12%, 안철수 7%, 안희정 5% 순으로 나타났다. 문재인 전 더불어민주당 대표가 반기문 전 유엔 사무총장을 2주 연속 앞섰다. 반기문은 귀국 이튿날 하루 컨벤션 효과로 반짝 상승했지만, 주간 평균 지지율에서 문재인을 넘어서지 못했다.

반기문 전 유엔 사무총장이 귀국한 지 1주일이 지났다. "먼저 민심을 듣겠다"며 전국을 바쁘게 돌아다녔다. 하지만 반 총장은 국민들에게 무언가 분명한 자신만의 비전을 던져주지 못했다. 당초에는 새누리당을 떠난 일부 의원들과 국민의당, 민주당 비주류 일부 등을 묶어서 새로운 정치 세력을 만들고, 이를 바탕으로 새로운 정치를 해보겠다는 구상을 가진 것으로 알려졌다. 하지만, 반기문 전 총장이 하나의 구심점이 되어 모두를 아우르기에는 그의 정체성이 불분명했을 뿐 아니라 정치력도 부족했던 것으로 보인다.

귀국 후 열흘 남짓 동안 반기문의 행보에 대한 여론조사 성적은 더 나빠졌다. 대선주자 지지율에서 문재인 28%, 반기문 17%로 나타나 귀국 직후에 비해 두 주자의 지지율 격차가 더 벌어졌다. 전국의 민심이 모이고 흩어지는 설 연휴를 앞두고 대선주자들의 발걸음이 더욱 빨라지고 있었다.

반기문의 불출마 파장

2월 1일. 설 연휴 직후 반기문 전 유엔 사무총장이 대선 불출마를 선언했다. 주변 참모들도 아무도 몰랐을 정도로 불출마 선언은 그야말로 전격적이었다. 반 전 총장은 새누리당과 바른정당, 정의당을 방문하는 공개 행보를 이어가던 중 돌연 국회기자회견을 자청하여 "정치교체를 이루려던 뜻을 접겠다"고 밝혔다. 귀국 20일 만에 내린 결정이었다. 반 전 총장은 이날 참모들에게 "정치 참여는 살면서 가장 잘못한 선택이었던 것 같다"고 얘기한 것으로 알려졌다.

반기문이 대권의 뜻을 접은 것은 지지율 하락이 결정적이었다는 분석이 많았다. 한때 30%에 육박했던 지지율이 10%대 초반까지 떨어졌기 때문이다. 기존 정치권에 대한 반감도 크게 작용한 것으로 보였다. 반 전 총장은 기자회견에서 '인격 살해'란 표현을 썼다. 그는 "인격 살해에 가까운 음해로 정치교체 명분이 실종되면서 저 개인과 가족, 유엔의 명예에 큰 상처만 남겼다"고 언급했다.

민생 행보 와중에도 '가짜 뉴스'에 대한 불만을 여러 번 표출했다. 반기문은 그를 공격하는 세력들이 그의 일거수일투족에 대해 매일 꼬투리를 잡고 늘어지면서 구설수에 오르내렸다. '턱받이' 논란, '퇴주잔' 논란, 기차표 구매 쇼, 세월호 참사 가족 민폐 등 사실도 제대로 확인되지 않은 시빗거리들이 그를 괴롭혔다.

반기문 전 총장의 불출마 선언 이후 대선주자 지지율이 크게 요동쳤다. 불출마 선언 직후 대선주자 지지율은 문재인 33%, 안희정 17%, 황교안 15%, 안철수 10%, 이재명 8% 순으로 나타났다.

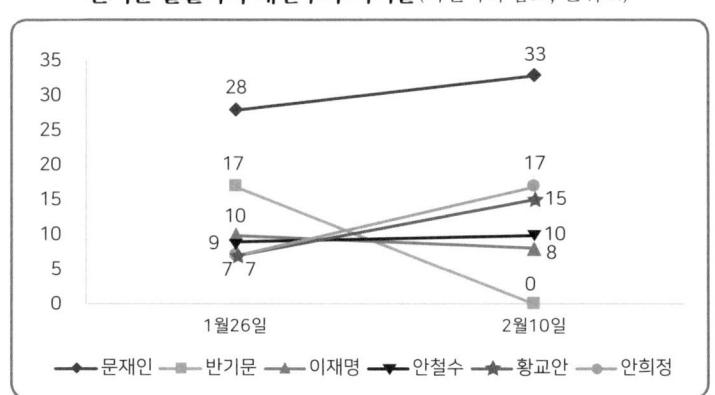

반기문 불출마와 대선주자 지지율(리얼미터 참조, 단위:%)

반기문의 불출마로 대선주자 1위를 달리던 문재인의 지지율도 상승했지만, 안희정의 급부상이 가장 눈에 띄었다. 안희정의 지지율은 반 총장의 불출마 선언을 계기로 7%에서 17%로 껑충 치솟았다. 반기문에 기대했던 '충청대망론'이 안희정에게 쏠린 것이라는 분석이 나왔다.

안희정 지사가 대선 출마 의사를 처음 밝혔을 때만 해도 '문재인의 페이스메이커가 아니냐', '차차기를 겨냥한 행보 아니냐'는 평가가 지배적이었다. 하지만 이제는 상황이 달라졌다. 안희정이 더불어민주당 내에서 문재인의 최대 경쟁자로 부상했기 때문이다. 안희정이 급부상하면서 이재명은 주춤거렸다.

반기문의 불출마로 새누리당과 바른정당의 표정은 완전 딴판이 되었다. 새누리당에는 화색이 돌았고 바른정당은 거의 패닉

상태로 변했다. 반기문의 지지층 가운데 상당수가 황교안 대통령 권한대행 쪽으로 옮겨갔기 때문이다. 박근혜 대통령 탄핵 이후 대선주자 여론조사에서 1% 넘는 주자도 없어 '불임정당'의 위기에 몰렸던 새누리당에 이제는 지지율 15%의 황교안이란 대선주자가 생긴 것이다. 새누리당은 노골적으로 '황교안 띄우기'에 나섰다. 새누리당은 5년 만에 당명을 '자유한국당'으로 바꾸고 새롭게 전열을 가다듬었다.

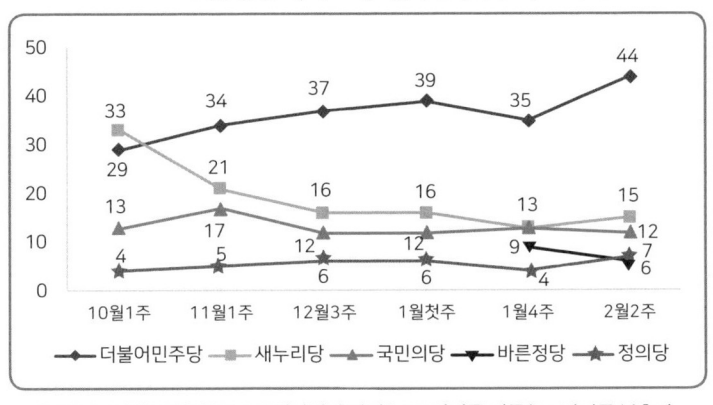

2016~2017년 정당 지지도 추이(리얼미터 참조, 단위:%)

* 10.29 1차 촛불집회/12.9 국회탄핵안 가결/1.12 반기문 귀국/2.1 반기문 불출마

반면 반 전 총장이 기존 정당을 선택할 경우 입당 가능성이 가장 높다고 생각했던 바른정당으로서는 닭 쫓던 개 지붕만 쳐다보는 꼴이 되었다. 이미 대선 불출마를 선언한 김무성 고문과 오세

훈 전 서울시장의 등판을 요구하는 목소리도 나왔다. 대선주자로 거론되는 유승민 의원과 남경필 경기지사의 지지율은 아직 5%도 넘어서지 못하는 상황이어서 갈 길이 막막했다.

안철수는 대선주자 지지율에서 반기문의 등장으로 가장 큰 손해를 봤었다. 2016년 20%에 육박하던 안철수의 지지율은 반기문의 등장으로 10% 초반대로 떨어졌다. 하지만 안철수는 반기문의 불출마에 따른 혜택은 별로 받지 못한 것으로 나타났다. 한 자릿수이던 지지율이 10%대로 겨우 올라섰지만 문재인, 안희정, 황교안에 이어 4위에 머물렀다.

반기문의 불출마 선언을 기점으로 더불어민주당의 정권교체 가능성이 한층 높아지면서 당 지지율도 40%를 넘어섰다. 새누리당 지지율도 15%로 조금 상승했다. 하지만 국민의당은 12%로 별 다른 변화가 없었고, 바른정당 지지율은 9%에서 6%로 떨어지는 변화를 보였다.

박 대통령 파면 결정, 60일 대선 레이스 시작

3월 10일. 헌법재판소가 박근혜 대통령 파면을 결정했다. 헌재는 재판관 8명 전원 일치 의견으로 박 대통령 탄핵을 인용한 것이다. 현직 대통령이 파면된 것은 헌정 사상 처음 있는 일이었다.

헌재의 박 대통령 파면 결정에 국민들 10명 중 8명 이상이 찬성하는 것으로 나타났다.[215]

박근혜 대통령이 파면됨에 따라 헌법규정에 따라 60일 내에 선거를 치르게 됐다. 5월 9일 대선이 유력했다. 조기 대선이 현실화되면서 정치권은 60일간의 대선 레이스에 돌입했다.

유력 대선주자들이 많은 더불어민주당이 가장 속도를 냈다. 문재인, 안희정, 이재명 등 더불어민주당 주자들의 여론조사 지지율을 합치면 50%를 넘었다. 정권교체에 대한 기대감이 어느 때보다 높았다. 당내에서는 문재인의 '대세론'이 이어질지 아니면 안희정과 이재명의 '뒤집기'가 가능할지에 관심이 쏠렸다.

더불어민주당을 제외한 야권에서는 '제3지대 빅텐트론'에 대한 관심이 높아졌다. 더불어민주당을 탈당한 김종인 전 비상대책위 대표가 잇따라 여권 출신 유력 인사들과 만나며 '반패권세력' 결집을 도모하고 나섰다. 김 전 대표는 바른정당 김무성 고문, 정의화 전 국회의장과 만남을 갖고 분권형 개헌에 합의하는 등 개헌을 고리로 하는 연대 구축을 시도했다. 국민의당과 바른정당 주자들이 통합 경선을 벌이는 방안도 거론됐다. 하지만 국민의당과 바른정당은 자체 후보를 정하는 경선 일정을 우선 진행하기로 했다.

자유한국당은 황교안을 대선후보로 끌어 들이려 했지만 황교안의 불출마 선언으로 불발되고 말았다. 홍준표 경남지사가 황교안 불출마 후 보수 결집의 중심으로 부상했다. 홍준표는 황교안의 불출마로 갈 곳 잃은 보수표의 상당 부분을 흡수하며 자유한국당의 대표 주자로 떠올랐다. 15%의 대선주자 지지율을 얻고 있던 황교안 권한대행의 불출마를 기점으로 홍준표 경남지사의 지지율이 4%에서 10%로 급상승한 것이다.

'안철수 돌풍'에 여론조사 신경전 치열

대통령 탄핵으로 인해 치러진 5.9 대선에서 각 당의 경선이 숨 가쁘게 진행됐다. 3월 말이 되면서 각 당의 대선후보 윤곽이 드러났다. 정의당은 이미 2월에 당내 경선을 마치고 심상정 대표를 후보로 확정한 상태였다. 자유한국당과 바른정당도 책임당원 및 여론조사 등을 반영하는 경선을 통해 각각 3월 26일과 28일 홍준표 경남지사와 유승민 의원을 대선후보로 확정지었다. 더불어민주당과 국민의당은 국민참여경선을 실시했다.

더불어민주당은 3월 22일부터 4월 3일까지 국민참여경선을 실시하여 문재인 전 대표를 대선후보로 선출했다. 한때 지지율 상승으로 주목받았던 안희정은 아직은 문재인의 상대로는 부족했다.

국민의당 당내 경선에서는 안철수가 돌풍을 일으켰다. 경선이 막판에 접어드는 가운데 대선주자 지지율에서 안철수가 안희정을 제치고 2위로 올라섰다. 더불어민주당 경선에서 안희정 지사가 힘없이 무너지자 더 이상 희망이 없다고 본 지지층이 국민의당 안철수 쪽으로 몰렸다.

안철수가 대선주자 지지율 2위를 차지한 것은 2016년 총선 이후 10개월 만이었다. 반기문 전 유엔 사무총장에게 쏠렸던 표심이 반 총장 낙마 이후엔 안희정과 황교안으로 분산됐다가, 두 사람이 사라지자 안철수 쪽으로 다시 움직였다. 대선주자 지지율에서 '안철수 2위 탈환' 소식이 알려지자 경선 막판 국민의당의 분위기는 한껏 달아올랐다.

대선 판도가 문재인 대 안철수의 양강 구도로 급격히 변하고 있었다. 사실상의 '반문연대'가 이루어졌다는 얘기도 나왔다. 보수와 중도 진영의 연대가 성사될 경우 '문재인 대세론'은 위협받을 수밖에 없었다. 자유한국당과 바른정당 등 보수 주자들이 지리멸렬한 가운데 보수층이 문재인의 대항마로 안철수를 밀어줄 수도 있다는 분석이 나왔다.

4월 3일. 내일신문이 더불어민주당 문재인 후보와 국민의당 안철수 후보가 양자 대결을 벌일 경우 36.4% 대 43.6%로 안 후보가 문 후보를 7.2%포인트 앞서는 여론조사 결과를 보도했다.[216] 보수와 중도 후보들의 단일화를 전제한 결과이긴 했지만 파장이 컸다. 안철수 후보가 문재인 후보를 처음으로 앞지른 결과였기 때문이다.

더불어민주당은 양자 대결 구도를 상정한 여론조사를 문제 삼으며 초조해하는 모습을 드러냈다. 여론조사 결과를 놓고 공방이 벌어졌다. 문재인 후보 측에서는 내일신문의 여론조사 보도에 대해 "특정 후보를 띄우기 위한 상식적이지 않은 왜곡된 여론조사"라고 몰아붙였다.

여론조사 방법도 도마 위에 올랐다. 문 후보 측에서는 내일신문의 여론조사가 무선전화조사는 아예 없이 유선전화(40%)와 인터넷 조사(모바일 활용 웹조사 60%)로 단 하루 동안에 조사가 이뤄졌다며 조사의 신뢰성 문제를 제기했다. 이에 대해 여론조사를 담당했던 디오피니언 측에서는 "문재인 캠프의 주장은 여론조사에 대한 기본적 이해가 부족한 억지"라며 조목조목 반박했다.

안철수의 돌풍이 예사롭지 않았다. 3월 첫 주만 해도 한 자릿수에 머물렀던 안철수의 지지율이 더불어민주당과 국민의당의 경선 과정을 거치면서 가파르게 상승했다. 반면에 문재인의 지지율은 40% 선을 넘어서지 못한 채 주춤거렸다. 반기문과 안희정으로 쏠렸던 보수층과 비민주 중도층의 회귀가 안철수 돌풍의 진원지였다. 문재인보다 높은 호감도도 안철수의 지지율 확장에 긍정적인 요소로 작용했다.[217] 하지만 안철수 지지층의 충성도는 문재인에 비해 약해 보였다. 안철수 후보의 지지율 급등세가 일시적 바람일 수 있다는 분석이 설득력 있게 들렸다.[218]

19대 대선후보 지지도 여론조사(문화일보 2017. 4. 10. 단위:%)

여론조사기관	다자대결
KBS·연합뉴스, 코리아리서치 8~9일	안철수 36.8 문재인 32.7 홍준표 6.5 심상정 2.8 유승민 1.5
조선일보, 칸타퍼블릭 7~8일	안철수 34.4 문재인 32.2 홍준표 5.7 심상정 2.3 유승민 1.9
한국일보, 한국리서치 7~8일	문재인 37.7 안철수 37.0 홍준표 6.7 심상정 3.6 유승민 3.0
한국경제신문·MBC, 리서치앤리서치 7~8일	문재인 35.2 안철수 34.5 홍준표 7.4 심상정 3.2 유승민 2.8
한겨레, 리서치플러스 7~8일	문재인 37.7 안철수 37.7 홍준표 6.6 유승민 2.1 심상정 2.0
전국 지방대표 7개 언론사, 리얼미터 7~8일	문재인 42.6 안철수 37.2 홍준표 8.4 유승민 2.4 심상정 3.3

대선을 30일 앞두고 문재인 후보와 안철수 후보가 앞서거니 뒤서거니 경합을 벌였다. 문재인 더불어민주당 후보의 대세론이 무너지고 안철수 국민의당 후보가 지지율 1위에 오르는 여론조사가 나오는 등 두 후보가 오차범위에서 치열한 접전 양상을 보였다. 대선 판도가 예측 불허의 안개 속으로 빠져들었다.

집전화는 안철수, 휴대전화는 문재인에 유리?

대통령선거가 다가오면서 여론조사 결과들이 쏟아져 나왔다.

'문재인 대세론'으로 굳어질 것만 같던 대선 판도가 흔들리면서 여론조사 결과에 대한 국민들의 관심이 더욱 고조됐다.

하지만 비슷한 시기에 실시한 여론조사 결과들이 서로 다르게 나타나면서 혼란을 초래했다.[219] 각 후보들은 자신이 앞서는 여론조사 결과는 정확하다고 하면서, 자신에게 불리하면 '엉터리 여론조사'로 내몰았다. 여론조사에 대한 의구심이 갈수록 높아졌다.

여론조사 전문가들은 "조사 방식에 따라 여론조사 결과가 달라질 수 있다"고 진단했다.[220] 2017년 대선에서는 다양한 여론조사 방법들이 선을 보였다. 중앙선거여론조사심의위원회의 여론조사 등록현황을 살펴보면 유무선 RDD 방식, ARS 유무선 RDD 방식, 무선면접조사와 ARS 유무선 RDD 방식, ARS 무선 RDD 방식, 스마트폰 앱 방식 등 일반인들이 쉽게 이해하기 어려운 명칭을 가진 여론조사 방법들이 사용되고 있었다. 대부분의 조사에서 RDDRandom Digit Dialing 방식, 즉 무작위로 선정된 전화번호를 여론조사에 활용하는 방식이 도입되었다.

지난 총선 때 유선전화(집전화)조사 방법으로 여론조사를 실시했다가 민심을 제대로 파악하지 못했던 경험을 교훈삼아 이번 대선에서는 유선과 무선조사 방법을 병행했다. 하지만 유무선 조사의 적용 비율은 서로 달랐다. ARS 조사도 마찬가지로 유무선 조사 방법을 병행했다. 일부 여론조사에서는 무선전화조사 방법만 이용하는 경우도 있었다. 또한 스마트폰의 특정 애플리케이션에 가입한 대규모 회원들을 대상으로 여론조사를 실시하는 '스마트폰 앱' 조사 방법도 등장했다.[221]

다양한 조사 방법들이 공존하는 가운데 유무선전화번호의 사용 비율에 따라 후보들의 지지율이 달라진다는 주장이 나왔다. 무선전화(휴대폰)조사 비율이 높으면 문재인 후보가 유리하고, 유선전화(집전화)조사 비율이 높으면 안철수 후보가 유리하다는 얘기가 나돌았다.[222]

유선전화조사 응답자들은 주로 집에 있는 시간이 많은 사람들이거나 가정주부 등으로 보수적 성향일 경우가 많은 반면, 무선전화조사 응답자들은 주로 외부활동을 많이 하는 직장인이나 대학생 등이 많아서 상대적으로 진보적 성향이 많을 가능성이 높았다.

전문가들은 들쭉날쭉 춤추는 여론조사 결과가 유무선전화 면접 비율의 차이 때문이라고 설명했다. 여론조사는 집전화냐 휴대전화냐에 따라 그 결과가 달라질 수 있다는 것이다. 여론조사에서 무선 비율이 높으면 문재인이 유리하고, 유선 비율이 높으면 안철수가 유리하다는 분석보도가 눈길을 끌었다. 무선전화의 비율에 따라 후보별 지지도가 상이하다는 보도가 잇따라 나왔지만, 유무선 비율을 정하는 정확한 기준이 없다 보니 혼란은 계속되었다.

여론조사 불신과 '샤이 보수' 논란

대선후보들도 여론조사의 신뢰도에 문제를 제기했다. 자유한국당 홍준표 후보는 자신이 대통령에 당선되면 일부 조사기관을 문 닫게 하겠다고 밝힐 정도로 여론조사기관과 대립각을 세우기도 했다. '샤이 보수' 논란도 불거져 나왔다. 홍준표 자유한국당 후보는 "보수우파들이 창피해서 여론조사에 응답을 안 하고 있기 때문에 제대로 된 여론조사가 없다"고 주장했다. 보수 지지자들이 여론조사를 회피하고 있는 반면 중도·진보 성향의 지지자들만 여론조사에 적극적으로 응답하기 때문에 여론조사 결과가 잘못됐다는 것이다.

탄핵정국에서 자신을 보수 성향이라고 생각하는 유권자들이 여론조사에 아예 응하지 않거나 조사에 응하더라도 지지후보를 밝히지 않을 가능성이 높았다. 자신의 보수 성향을 드러내기 부끄러워하는 이른바 '샤이shy 보수'가 늘어나면서, 여론조사에서 보수 진영 후보자의 지지율이 실제보다 낮게 나올 가능성이 있다는 주장도 설득력 있게 들렸다.

전문가들도 '샤이 보수'의 존재와 의미에 대해서는 다소 엇갈리는 해석을 내놓았다. 어느 때나 다수의 주장과 다른 의견을 가진 소수가 자신의 성향을 숨기는 현상이 있다며 샤이 보수의 존재를 인정하는 주장이 있는가 하면, 탄핵 결정으로 인해 보수 성향의 사람들이 더욱 적극적으로 여론조사에 응하는 경우도 있기 때문에 여론조사에서 보수 후보의 지지율이 낮은 것과 샤이 보수는 무관하다는 주장도 나왔다.

TV 토론 이후 한풀 꺾인 안철수

더불어민주당 문재인 후보와 국민의당 안철수 후보 사이에 팽팽했던 지지율의 균형이 깨졌다. 안철수 후보의 상승세가 한풀 꺾였기 때문이다. 4월 13일 열린 대선주자 5명의 첫 TV 토론회 이후 문재인 더불어민주당 후보와 안철수 국민의당 후보의 지지율 격차가 다시 벌어진 것이다. 안철수 후보가 1위를 달리던 일부 여론조사들도 TV 토론 이후 역전됐다.[223] SBS가 기자협회와 공동으로 주최한 첫 TV 토론회가 결정적 영향을 미쳤다는 분석이 많았다.[224] 안 후보의 지지율 하락에는 유치원 공약 발언과 부인인 김미경 교수의 의원실 보좌진 사적 이용 논란 등도 적잖은 영향을 미쳤다는 해석도 나왔다.

당내 경선과 함께 매섭게 몰아치던 안 후보의 상승세가 TV 토론을 기점으로 한풀 꺾이면서 공식 선거운동 시작과 함께 대선판이 또 한 번 출렁거렸다. 일주일 전만 해도 '보수의 궤멸'이라고 해도 무방할 정도로 홍준표 자유한국당 후보와 유승민 바른정당 후보가 고전을 면치 못하고 있었다. 하지만 안철수 지지율이 떨어지면서 홍준표 지지율이 상승세를 탔다. 안 후보 지지율이 4월 중순 이후 TV 토론을 거치면서 급락하자 보수층의 관심이 홍 후보 쪽으로 이동했다. '보수의 심장' 대구경북 지역에서 표심의 변화가 두드러지게 나타났다.[225] 대구경북 지역에서 안철수 후보의 지지율이 일주일 사이에 반 토막이 났다. 안철수 후보를 떠난 보수층 표심이 홍준표 자유한국당 후보 쪽으로 옮겨가고 있었다.

여론조사 공표 금지 이전 마지막 여론조사 결과들이 쏟아져 나왔다. 2017년 대선 판세는 '1강 2중 2약'으로 요약됐다. 여론조사로 보면 이번 대선은 해보나 마나 문재인 더불어민주당 후보의 여유 있는 승리가 예상됐다. 선거 막판 홍준표 자유한국당 후보와 안철수 국민의당 후보의 2위 다툼이 흥미를 끌었다. 홍준표 후보의 지지율이 상승하면서 안철수 후보를 누르고 지지율 2위에 올랐다는 여론조사가 속속 발표됐다.

자유한국당은 한 줄기 희망의 빛을 보았지만, 국민의당은 다급해지기 시작했다. 홍준표 후보의 지지율이 안철수 후보보다 높은 여론조사가 연이어 발표되면서, 국민의당은 "여론조사 사기극"이라며 강하게 반발했다. 흥미롭게도 홍준표 후보와 안철수 후보 지지율은 조사 방법에 따라 다르게 나타났다. 유무선 병행 전화 면접조사에서는 안철수 후보의 지지율이 상대적으로 높게 나온 반면, 유무선 자동응답시스템ARS 조사에서는 홍준표 후보가 유리했다. 홍준표 후보가 지지율 2위로 나타난 여론조사들은 주로 유무선 ARS 방식이거나 이를 혼용한 방식을 사용하고 있었다.

홍준표 후보의 지지율이 상승하면서 바른정당 의원 13명이 보수후보 단일화를 촉구하며 5월 2일 집단 탈당했다. 이들은 보수후보 단일화를 거부한 유승민 후보를 버리고 홍준표 후보를 지지하며 자유한국당으로 다시 돌아갔다. 바른정당이 내세웠던 '새로운 보수', '진정한 보수'의 명분은 홍준표와 유승민 두 후보의 지지율이라는 현실 앞에서 산산조각이 되어 버렸다. 선거 막판 보수 지지층의 결집이 주요 변수로 떠올랐다. 부동층에 머물러 있던 보수층들이 표심을 조금씩 드러내고 있었다. 박근혜 전 대통령 탄핵에 반대했던 보수층이 선거 막판에 어떤 선택을 할 것인지 주목을 받았다. 유승민 바른정당 후보는 13명의 의원 탈당으로 커다란 충격을 받았지만, 심상정 후보를 제치고 4위로 올라서는 여론조사 결과가 나타나면서 위안을 삼았다.

출구조사 결과 문재인 당선 족집게 예측

5월 9일 오후 8시. 투표 마감과 동시에 발표된 지상파 3사 합동 출구조사 결과 더불어민주당 문재인 후보가 41.4%로 당선이 유력했다. 그 뒤를 이어 자유한국당 홍준표 후보 23.3%, 국민의당 안철수 후보 21.8%, 바른정당 유승민 후보 7.1%, 정의당 심상정 후보 5.9%의 순으로 나타났다. 이번 출구조사는 칸타퍼블릭, 코리아리서치, 리서치앤리서치 등 3개 여론조사기관이 이날 오전 6시부터 오후 7시까지 전국 330개 투표소에서 약 10만 명을 대상으로 이루어졌다.

63개 투표소에서는 약 3,300명을 대상으로 심층조사도 동시에 실시했다. 심층조사 결과에 따르면 투표자 10명 중 3명이 투표일 막판에 표심을 정한 것으로 나타났다. 출구조사에 응한 3,000여 명 가운데, 29%가 투표일 기준 사흘 이내에 투표후보를 결정했다고 응답했다. 투표 전날까지도 후보를 정하지 못하고 투표 당일 후보를 결정한 투표자가 16%인 것으로 밝혀졌다.

투표자의 76%가 '최순실의 국정농단'과 '박 전 대통령의 불법적 국정운영'이 "후보 결정에 가장 큰 영향을 미쳤다"고 답했고, 74%는 박 전 대통령의 탄핵 결정에 찬성한 것으로 나타났다.[226]

지상파 3사의 대선 출구조사가 대통령 당선자는 물론 최종 득표율까지 정확하게 예측한 것으로 밝혀졌다. 개표 결과 문재인 후보가 41.1%의 득표율로 19대 대통령에 당선되었고, 2위 홍준표 자유한국당 후보는 24.0%, 3위를 차지한 안철수 국민의당 후보는 21.4%를 득표했다. 이어서 유승민 바른정당 후보 6.8%, 심상정 정의당 후보가 6.2%를 기록했다.

출구조사 결과는 5명 후보의 실제 득표율을 1%포인트 이내에서 완벽하게 예측했다. 역대 대선에서도 출구조사로 당선자 예측에 실패한 적은 없지만, 이번처럼 후보들의 득표율까지 정확하게 예측한 전례가 없었다. 특히 대선 사상 처음 실시된 사전투표에서는 공직선거법에 의해 출구조사를 할 수 없었기 때문에 "이번엔 출구조사가 틀릴 수 있다"는 전망도 있었다. 하지만 우려와는 달리 대선 출구조사를 통해 선거 결과 예측뿐 아니라, 투표자의 표심을 분석하는 심층조사까지 사상 처음으로 실시하는 성과를 거두었다.

18. 보수의 몰락, 진보의 새 시대

2018년 지방선거

당선을 보장하는 '문재인 마케팅'

2018년 지방선거는 문재인 정부 출범 1년 만에 치러졌다. 과거 선거를 보면 대통령선거 직후에 치러진 총선이나 지방선거는 대체로 여당에게 유리했다. 이번 지방선거도 집권 초반인 만큼 문재인 정부에 힘을 실어주는 허니문 선거가 될 가능성이 높았다.

언론사들의 신년 여론조사 결과를 보더라도 6.13 지방선거 광역단체장 선거는 여당 압승이 예상되었다. 여당 후보로 누가 나와도 야당 후보를 앞서는 것으로 나타났다. 수도권은 물론 부산 경남 지역에서도 더불어민주당 후보들이 자유한국당 후보들을 압도했다. '보수의 성지'라 불리는 대구경북에서도 자유한국당 후보들이 위협받을 정도였다. 제1야당인 자유한국당은 아직도 '최순실 국정농단'의 어두운 그림자에서 벗어나지 못했다.

대통령 국정 지지도를 보면 지방선거 결과를 가늠해 볼 수가 있다.[227] 과거에도 대통령 지지율이 50%를 넘을 때 지방선거는 여권이 유리했다. 그런데 문재인 대통령의 지지율은 70%를 넘나들고 있었다. 대통령의 높은 지지율에 따른 '여당 프리미엄' 효과가 어느 때보다도 클 것으로 예상됐다.

6.13 지방선거에서는 더불어민주당의 후보 경선이 곧 본선이라는 말이 나올 정도였다. 더불어민주당의 경선 열기는 어느 때보다도 뜨거웠다. 출마자들 사이에서 너도나도 할 것 없이 내가 바로 문재인 사람이라고 자처하면서 이른바 '문재인 마케팅'이 불붙었다. 문재인 대통령과 함께 찍은 사진을 현수막으로 내걸어 친분을 과시했다. 문 대통령과 인연을 맺지 못한 후보들은 노무현 전 대통령과의 인연을 주요 경력으로 내세우기도 했다. 후보 경선 여론조사에서 노무현, 문재인 정부에서 일한 경력을 제시하면 지지율이 20% 정도 오른다는 얘기까지 나왔다. 두 정부에서 6개월 이상 장차관을 지내거나 청와대에서 근무했던 후보들은 여론조사에서 '노무현·문재인의 후광효과'를 톡톡히 누렸다.

반면에 지방선거 출마자들의 입에서 '박근혜'라는 이름은 자취를 감췄다. 2014년 지방선거 때와는 격세지감을 느낄 정도였다. '안철수'라는 이름도 찾아보기 힘들었다. 야권 후보들에게는 후광

효과를 기대할 만한 인물이 전무했다. 후보 스스로 각자도생하는 수밖에 없었다. 자유한국당은 물론, 통합신당 추진에 나선 국민의당과 바른정당 등도 사정은 별반 다르지 않았다.

2018년 지방선거는 인물보다는 구도가 지배하는 선거가 될 것이라는 전망이 우세했다. 더불어민주당은 지방선거의 17개 광역단체장 선거에서 9곳 이상 승리한다는 목표를 세웠다. 자유한국당은 '6곳 사수'를 마지노선으로 잡았다. 홍준표 자유한국당 대표는 2014년 지방선거에서 승리했던 부산·인천·대구·울산·경북·경남 6곳을 사수하지 못하면 책임지고 물러나겠다고 배수진을 쳤다.

바른미래당 '시너지 효과'는 없었다

안철수 국민의당 대표가 중도통합 드라이브에 본격적으로 나섰다. 바른정당과 통합해서 6.13 지방선거를 더불어민주당, 자유한국당, 통합신당 등 3자 대결 구도로 만들겠다는 계산이었다. 더나아가 통합신당이 자유한국당보다 국민들의 지지를 더 많이 받을 경우 더불어민주당과 통합신당의 양강 구도까지도 기대하는 눈치였다. 유승민 바른정당 대표도 안철수의 통합 드라이브에 손뼉을 마주치며 보조를 맞췄다. 바른정당 입장에서는 통합이 절실

할 수도 있다. 2017년 대선 정국에서 현역 의원들이 집단 탈당해 자유한국당으로 옮겨가면서 국회 교섭단체의 지위마저 잃어버린 상태였기 때문이다.

안철수 대표가 통합을 서두르는 만큼 국민의당 내부에서 통합반대파의 저항도 만만치 않았다. 국민의당 내의 통합파와 통합반대파가 세 대결 양상을 보이며 갈등의 골이 깊어갔다. 박지원, 천정배, 정동영 의원 등을 주축으로 하는 통합반대파는 바른정당과의 통합을 '적폐연대'라고 몰아세웠다.

안철수 대표가 결국 승부수를 던졌다. 자신의 대표직을 걸고 통합을 위한 전 당원 투표를 제안했다. 통합반대파는 '나쁜 투표 거부운동'까지 벌이며 극렬히 반대했다. 하지만 안철수 대표의 재신임을 건 당원 투표에서 바른정당과의 통합찬성 쪽으로 결론이 났다.

연초에 보도된 언론사의 여론조사에서 국민의당과 바른정당이 통합할 경우 통합신당의 지지율이 자유한국당을 제치고 2위를 차지할 것이라는 '통합 시너지 효과'가 나와 주목을 받았다. 모든 여론조사에서 통합신당이 자유한국당을 앞서는 것으로 나타난 것은 아니었지만 통합신당 측의 분위기는 한층 고조되었다.

동아일보와 MBC 그리고 한국갤럽의 여론조사에서 국민의당과 바른정당이 통합하면 자유한국당 지지율보다 4~8%포인트 앞서는 것으로 나타났다. 이와는 달리 리얼미터 조사에서는 통합신당이 자유한국당보다 6%포인트 뒤지는 것으로 나타났다. 리얼미터 여론조사에서는 양당의 통합에 따른 시너지 효과는 없는 것으로 나타났다. [228] 통합 이전 국민의당과 바른정당의 지지율은 각각 5%와 6%였다. 통합을 전제로 한 정당 지지율은 더불어민주당 48%, 자유한국당 17%, 통합신당 11%로 나타났다. 통합신당의 지지율은 양당 지지율을 합한 것과 같아 시너지 효과는 없었다.

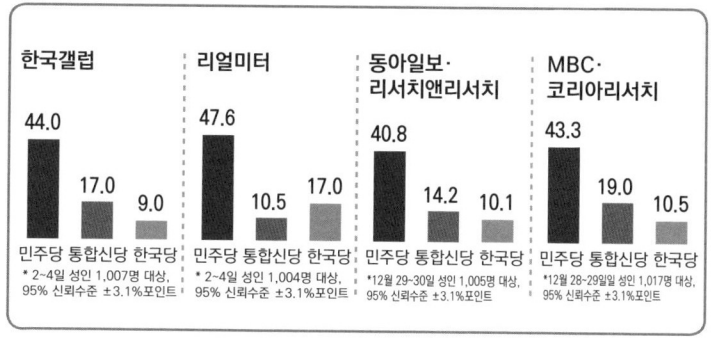

통합신당과 주요 정당 최근 지지율 조사(서울신문 2018.1.6. 단위:%)

중앙선거여론조사심의위원회 인터넷 홈페이지(www.nesdc.go.kr) 참조

국민의당의 통합파와 통합반대파는 마침내 서로 제 갈 길을 갔다. 통합반대파 의원들은 국민의당을 떠나 민주평화당을 창당했다. 국민의당 통합파는 바른정당과 합당 과정을 거쳐 2월 13일 바른미래당을 출범시켰다. 국민의당의 분열과 바른정당과의 통합에 따른 정계개편 과정을 거치며 3당 체제가 예상되었던 정치

권은 다시 더불어민주당, 자유한국당, 바른정당, 평화민주당을 주축으로 하는 4당 체제로 복원되었다.

야권 정계개편으로 만들어진 4당 체제가 다가오는 지방선거에서 어떤 영향을 미칠지 관심이 집중됐다. 특히 중도통합당으로 출범한 바른미래당이 얼마나 선전할 것인지 가장 주목받았다. 하지만 바른미래당의 지지율은 기대에 미치지 못했다. 통합신당으로서 시너지 효과를 기대했던 바른미래당의 지지율은 창당 일주일 만에 한 자릿수로 떨어졌다.[229] 바른미래당은 출범을 앞두고 일부 여론조사에서 자유한국당을 위협했던 기세와는 달리 고전을 면치 못했다. 평창동계올림픽 남북단일팀 구성 논란 등 굵직한 이슈들로 정치권에 대한 국민들의 관심이 멀어지면서 바른미래당에 대한 기대도 줄어들고 있었다.

'미투' 정국에도 고공행진하는 더불어민주당

3월 5일. 안희정 쇼크가 터졌다. 안희정 충남지사의 비서가 안 지사에게 성폭행을 당했다고 주장해 파문이 일었다. 평소 알려진 안희정 이미지와는 전혀 다른 민낯이 국민들을 충격 속으로 몰아넣었다. 더불어민주당 차기 대권주자의 성폭행 의혹에 따른 파장이 정치권에 미칠 영향에 대해 촉각을 곤두세웠다.

안희정 전 충남지사의 여비서 성폭행 의혹에 이어 서울시장 출마 의사를 밝힌 정봉주 전 의원의 성추행 의혹 등이 추가로 폭로되면서 정치권의 '미투' 파장이 확산됐다. 잇달아 터지는 더불어민주당 소속 정치인들의 '미투' 논란이 연일 화제가 되면서, 더불어민주당 내에 긴장이 고조됐다. 반면에 자유한국당 등 야당에서는 지방선거의 분위기를 바꿀 수 있는 호재가 생겼다며 내심 반전의 기회를 엿보는 눈치였다.

하지만 더불어민주당의 정당 지지율은 조금도 흔들리지 않았다. 평소에 도덕성을 강조해 온 진보 진영에서 성폭행 의혹이 잇달아 터지며 파장이 컸지만, 더불어민주당에 타격을 주지는 못했다. 여론의 비난은 부도덕한 정치인 개개인에게 향했을 뿐 이들 정치인의 소속 정당에 대해서는 별로 문제 삼지 않았다.

더구나 안 전 지사 성폭행 의혹이 제기된 다음날 보도된 남북정상회담 개최 소식이 미투 여론의 분위기를 바꿔 놓았다. 남북정상회담 개최라는 대형 이슈가 성폭행 의혹 이슈를 완전히 덮어버렸다. 평창동계올림픽 남북단일팀 구성 논란 등으로 한때 60% 초반대로 떨어졌던 문재인 대통령의 지지율은 다시 70%대로 올라섰다. 더불어민주당 지지율도 40%대에서 50%대로 덩달아 상승세를 탔다. 한국갤럽이 발표한 3월 둘째 주 여론조사에서 대통령 국정 지지율은 74%까지 상승했다. 정당 지지율은 더불어민주당 50%, 자유한국당 12%, 바른미래당 7%, 정의당 5%, 민주평화당 1% 순으로 나타났다. 지지정당이 없거나 모른다는 무당층은 25%였다.

여론조사 못 믿겠다

홍준표 자유한국당 대표는 연일 여론조사에 대한 불만을 터뜨렸다. 자유한국당 지지율은 몇 달째 10% 초반에 머물고 있는데, 더불어민주당이 50%의 지지율을 얻는다는 게 믿을 수 없다는 것이다. 홍 대표는 자신의 페이스북을 통해 "지난 대선 때 한국갤럽이 자유한국당 후보였던 자신의 지지율을 11%로 발표했는데, 투표 결과는 24.1%로 거의 두 배 득표했다"며, 여론조사의 편향성을 문제 삼았다.

여론조사 결과는 조사기관에 따라 다소 차이를 보였다. 리얼미터가 발표한 3월 둘째 주 여론조사의 정당 지지율을 보면 더불어민주당 52%, 자유한국당 19%, 바른미래당 7%, 정의당 5%, 민주평화당 3% 순이었다. 무당층은 13%였다. 리얼미터 조사에서는 자유한국당 지지율이 19%로 한국갤럽에 비해 7%포인트 정도 높았다.

자유한국당 입장에서 보면 한국갤럽에 대해 불만이 나올 수도 있겠다는 생각이 들었다. 하지만 여론조사 특성상 조사 방법이나 오차 요인 등에 따라 조사 결과가 서로 다르게 나타날 수 있다는 점을 인정해야 한다. 한국갤럽은 휴대전화 RDD 방식으로 조사하는데 비해, 리얼미터는 전화 면접CATI과 자동응답ARS 방식을 병행하여 조사를 실시하고 있다. 한국갤럽의 조사 방법은 지지정당을 물어보는 질문에서 무당층 비율이 상대적으로 높은데 비해, 리얼미터의 조사 방법에서는 무당층 비율이 상대적으로 낮게 나타났다.

위에서 보듯이 한국갤럽의 정당 지지율 조사에서 무당층 비율이 25%인데 비해, 리얼미터의 조사에서는 13%로 상대적으로 낮게 나타났다. 이러한 차이는 조사 방법의 차이에서 비롯되는 것이지 어느 쪽 조사 결과가 옳고 그른지 따질 문제는 아니었다. 한국갤럽 조사의 무응답층 가운데 자유한국당 지지자들이 상대적으로 많이 포함돼 있다고 생각하면, 한국갤럽이나 리얼미터의 조사 결과는 별반 다르지 않다고 해석할 수도 있다. 여론조사 환경과 여건이 바뀌면서 다양한 조사 방법들이 선보이고 있다. 하지만 어떤 조사 방법이 얼마나 더 정확한지 실증적으로 검증하기 어려운 게 현실이다.

하지만 홍준표 대표는 페이스북을 통해 "왜곡된 여론조사로 우리 지지층이 아예 투표를 포기하게 하려고 방송사들이 난리"라며 발끈하고 나섰다. 홍 대표는 여론조사가 특정 정당의 편들기를 하고 있다며 선거가 끝나면 관련 여론조사기관들을 폐쇄시켜야 한다는 주장까지 서슴지 않았다.

유무선 비율 따라 여론조사 격차 '출렁'

6.13 지방선거의 최대 격전지인 경남지사 선거에서 여론조사에 따라 김경수 더불어민주당 후보와 김태호 자유한국당 후보 간 지지율 격차가 크게 달랐다. 중앙선거여론조사심의위원회 홈페이지에 등록된 경남지사 선거 여론조사 10건을 분석해보니, 두 후보 간 격차가 최소 7%포인트에서 최대 25%포인트까지 커다란 편차를 보였다.[230] 두 후보의 격차는 무선전화 사용 비율이 높을수록 더 벌어지는 경향을 보였다.

하지만 유선전화만으로 조사하는 것이 정확한지, 무선전화 비율을 높여서 조사하는 것이 더 정확한지는 아무도 장담할 수 없었다. 여론조사 대상 지역의 특성에 따라 유무선 비율을 다르게 하는 것이 바람직하다는 주장도 나왔다. 낮 시간대에 외출하는 사람이 많은 도시 지역에서는 무선전화 비율을 높여야 응답자의 대표성을 확보할 수 있는 반면, 낮 시간대에 집에서 생활하는 사람이 많은 시골 지역에서는 유선전화만 사용하더라도 응답자의 대표성을 확보할 수 있다는 논리였다. 따라서 경남 지역 같은 경우도 지역적 특성을 감안하여 유선전화만으로 여론조사를 실시할 것인지, 아니면 유선전화와 무선전화의 비율을 어느 정도 병행하여 조사할 것인지 결정해야 한다. 이러한 판단은 전적으로 여론조사기관의 몫이다.[231]

여론조사를 둘러싼 '샤이 보수' 논란도 시끄러웠다. 자유한국당 홍준표 대표는 자신의 페이스북에 "리얼미터의 경남 지역 여론조사 응답자 중 문재인 지지자는 400명이고, 홍준표 지지자는 200명"이라고 문제 삼았다. 경남 지역은 지난 대선 때 홍준표 대표가 37.2% 득표율로 문재인 대통령(36.7%)을 0.5%포인트 앞섰던 지역이다. 홍 대표는 여론조사 결과에서 문재인 대통령에게 투표했다고 응답하는 사람들이 자신에게 투표했다는 사람보다 2배나 많은 것을 여론조작의 증거라고 주장했다. 이에 대해 리얼미터는 '샤이 홍준표' 현상이라고 설명했다. 지난 대선 때 홍준표 후보에게 투표했던 사람들이 여론조사에 아예 응하지 않거나 여론조사에 응하더라도 자신의 투표성향을 숨기려는 유권자들이 있다고 주장했다. 다시 말해, 홍준표 후보에게 투표했더라도 여론조사에서는 다른 후보에게 투표했다거나 모르겠다고 응답을 하는 경향이 있다는 것이다.

더불어민주당 압승, 유례없는 일방적인 선거

6월 13일 오후 6시. 투표 종료 직후 발표한 지상파 3사의 출구조사 결과 여당인 더불어민주당의 압승이 예상됐다. 더불어민주당은 17곳 광역단체장 선거에서 대구, 경북, 제주를 제외한 14곳에서 승리할 것으로 나타났다. 자유한국당은 대구와 경북 2곳을 차지하고, 제주에서는 무소속 원희룡 후보의 당선이 유력했다. 출구조사 결과에서 오차범위 내 접전 지역은 없었다. 초접전 지역이 많았던 2014년 지방선거 때와는 분위기가 판이하게 달랐다.

개표 결과 지상파 3사의 출구조사 결과는 광역단체장 17곳 모두 당선자 예측은 물론 순위와 득표율까지 정확히 맞춘 것으로 밝혀졌다.

지방선거 결과를 한마디로 표현하면 '여당 압승, 보수 궤멸'이었다. 한국 진보정당 사상 최대의 승리이자, 보수정당 사상 최악의 참패였다. 자유한국당은 보수 텃밭이라 불리는 부산·울산·경남 광역단체장 선거에서도 패하면서 존립기반이 흔들렸다. 보수의 성지로 불리는 대구와 경북 두 곳을 겨우 지켰다. 바른미래당과 민주평화당은 지방선거에서 존재감을 상실했다. 그나마 바른미래당을 탈당하여 제주지사에 당선된 무소속 원희룡 후보가 돋보였다.

최대 관심 지역인 서울시장 선거에서는 52.8%의 득표율을 얻은 박원순 더불어민주당 후보 앞에 김문수 자유한국당 후보(23.3%)와 안철수 바른미래당 후보(19.6%)가 맥없이 무너졌다. 경기도지사 선거도 막판에 이재명 후보의 '여배우 스캔들' 의혹이 불거지면서 혼전 양상을 보였지만, 이재명 더불어민주당 후보가 56.4% 득표율을 얻어 남경필 자유한국당 후보(35.5%)를 압도했다.

최대 격전지로 꼽힌 경남지사 선거에서는 김경수 더불어민주당 후보가 52.8%의 득표율로 김태호 자유한국당 후보(43.0%)를 9.8%포인트 차이로 꺾고 당선됐다. '드루킹 사건'의 여파에도 불구하고 여당 실세인 김경수 후보가 김태호 후보를 여유 있게 따돌렸다. 17곳 광역단체장 선거 가운데 1, 2위 후보의 득표율 격차가 가장 적었던 곳이라고 하기에는 격차가 너무 컸다.

여당의 승리 요인은 우선 문재인 대통령의 높은 지지율이었다. 지상파 3사의 심층 출구조사에서 나타난 문재인 대통령의 국정 지지율은 80%로 알려졌다. 이번 선거에서는 정부여당에 힘을 실어줘야 한다는 응답이 64%로, 정부여당을 견제해야 한다는 응답 26%보다 두 배 이상 높게 나타났다. 후보 선택에서 정당 보고 선택했다는 응답이 40%로 인물(29%)이나 공약/정책(26%)보다 더 많았다. 경남도지사 선거의 최대 쟁점이었던 드루킹 댓글 조작 사건에 대해서는 후보 선택 시 고려하지 않았다는 응답 53%로, 고려했다는 응답(35%)보다 높게 나왔다.[332] 이와는 달리 남북, 북미 정상회담을 후보 선택 시 고려했다는 응답이 63%로 나타나, 고려하지 않았다는 응답 30%에 비해 2배 이상 높았다.[233)]

보수 야당들은 국민의 기대에 부응하지 못하면서 참패를 면치 못했다. 광역단체장 선거에서 6석을 지키지 못하면 사퇴하겠다고 했던 자유한국당 홍준표 대표는 페이스북에 "THE BUCK STOPS HERE! 모든 책임은 내가 진다"는 글을 올렸다. 그는 지방선거 참패의 책임을 지고 대표직에서 물러났다. 자유한국당은 혁신비상대책위원회 체제로 돌입했다.

바른미래당은 광역단체장 선거에서 한 곳도 차지하지 못했다. 특히 2017년 대선에서 20% 넘는 득표율을 얻었던 안철수 서울시장 후보가 자유한국당 김문수 후보에 밀려 3위에 그치면서 입지가 흔들리는 수모를 겪었다. 바른미래당은 정의당에도 밀렸다. 정의당은 광역의원 정당비례 득표율에서 3위를 차지하며 바른미래당을 앞섰다. 지방선거 참패에 대한 책임을 지고 유승민, 박주선 공동대표 등 지도부가 총사퇴하면서 바른미래당은 비상대책위 체제로 전환됐다. 안철수 위원장은 기자회견 후 독일로 출국했다.

| 주 |

1) 조선일보, 1987년 10월 22일자 1면 참조.
2) 조선일보, 1987년 11월 22일자 1면 참조.
3) 강성재, 「선거법과 신문의 여론조사」, 『신문과방송』 제203호, 1987.11.
4) 박무익, 『조사인으로 살다』, 한국갤럽조사연구소, 2018, 88면.
5) 윤석홍, 4후보 득표율 예측 적중, 조선일보, 1987년 12월 18일 9면.
6) 조갑제, "박무익의 위험한 도박, 그 이후", 『한국갤럽의 어제와 오늘 1974~1999』, 한국갤럽, 1999, 64면.
7) 이홍철, 「한국 조사업계의 발달사」, 『조사연구』 3권2호, 한국조사연구학회, 2002.3, 123~153면.
8) "철저한 여론조사. 과학적 선거운동의 승리", 조선일보, 1987년 12월 19일 2면.
9) 유권자를 80여 개의 계층-직능군으로 세분화하여 이용사, 미용사까지 구분할 정도로 계층이나 직능별 관심도에 맞게 편지와 설문지를 발송했다. 설문지 회수율도 40%에 이르러 선거운동 효과도 있었다.
10) 박철언, 『바른 역사를 위한 증언』, 랜덤하우스코리아, 2005.
11) 조갑제, 앞의 글, 65면.
12) 조선일보, 1988년 4월 23일자 참조.
13) 한국갤럽-조선일보의 공동조사로 4월 15~16일 이틀간 전국 1,500명 유권자 대상 개별면접조사 결과(조선일보, 1988년 4월 20일자 참조).
14) 1992년 6월에 실시 예정이었던 지방자치단체장선거는 연기되어, 1995년 6월 27일에 실시되었다.
15) 한국갤럽 역대 대통령 직무수행 평가 참조.
16) 경향신문, 1992년 1월 1일자 참조.
17) 4.26 총선에서 125석밖에 얻지 못한 민정당은 여소야대 정국에서 벗어

나기 위해 3당 합당을 통해 1990년 1월 22일 개헌저지선을 훨씬 넘는 218석의 거대여당인 민주자유당을 만들었다.

18) 김대중 총재는 평화민주당이 호남 지역 정당으로 전락할 위기에 처하자, 1991년 4월 15일 비호남권 재야인사들과 손잡고 신민주연합당을 출범시켰다. 그 후 5개월 지난 9월 16일 여당의 3당 합당에 합류하지 않은 이기택, 노무현 등의 '꼬마민주당'을 흡수하면서 새로운 통합야당 민주당을 만들었다.

19) 조선일보, 1992년 3월 18일자 3면 참조.

20) 조선일보, 1992년 3월 23일자 1면 참조.

21) "대부분 기관 민자당 승리 점쳐", 조선일보, 1992년 3월 29일 18면.

22) 박무익, 앞의 책, 149~150면.

23) 한국일보가 미디어리서치에 의뢰해 제주도 제외 전국의 성인남녀 700명을 대상으로 실시한 전화 면접조사 결과(한국일보, 1992년 5월 28일자 참조).

24) 월간중앙과 중앙일보 부설 여론조사기관인 JOINS가 6월 8일 전국 유권자 1,000명을 대상으로 실시한 여론조사. 12월 대통령선거 직전까지 총 6회에 걸쳐 실시할 시리즈 여론조사 중 첫 번째 조사.

25) 김영삼-김대중-정주영 3파전에서는 김영삼(36.2%) 김대중(25.1%) 정주영(13.5%). 박찬종 후보가 가세한 4파전에서는 김영삼(33.2%) 김대중(21.3%) 박찬종(15.2%) 정주영(10.2%). 이종찬 의원까지 가세한 5파전에서는 김영삼(30.5%) 김대중(18.7%) 이종찬(14.7%) 박찬종(10.1%) 정주영(7.5%).

26) 조선일보가 한국갤럽과 공동으로 6월 26일부터 7월 4일까지 8일간 실시한 전국 유권자 1,500명을 대상으로 실시한 정치지표조사 결과(조선일보, 1992년 18일자 2면 참조).

27) 조선일보, 1992년 11월 9일자 2면 참조.

28) 조선일보, 1992년 11월 20일자 4면 참조.

29) 12월 8일 통일국민당 광화문 당사에서 전국지구당위원장 비상대책회의를 하면서 옥내 방송을 통해 KBS 여론조사 결과라고 발표했지만, 허위사실로 밝혀졌다.
30) "정주영, 1.5%포인트 차이로 내가 당선..CAI 자료랍니다", 동아일보, 2015년 3월 28일.
31) 한국갤럽조사연구소, 『한국갤럽의 어제와 오늘』, 한국갤럽조사연구소, 2014, 232~233면.
32) 대통령 국정 지지율은 아시아나항공 733편 추락사고(1993.7.26), 서해 페리호 침몰사고(1993.10.10) 이후 50%대로 삼풍백화점 붕괴사고(1994.10.21) 이후에는 30%대로 하락했다(한국갤럽 역대 대통령 직무수행 평가 참조).
33) 1995년 3월 30일 자유민주연합 창당.
34) 조선일보, 1995년 6월 28일자 참조.
35) 1992년 대통령선거에서 패배한 후 국회의원직을 사퇴하고 정계를 은퇴한 뒤 영국으로 수학 차 떠났던 김대중은 2년 7개월 만인 1995년 7월 18일 정계 복귀를 선언했다. 은퇴 번복의 시비가 일었으나, 추종의원 65명과 새정치국민회의를 창당하여 총재에 취임하면서 '후 3김 시대'를 열고 대권 재도전을 향한 발판을 마련했다.
36) 통합선거법은 기존의 대통령선거법, 국회의원선거법, 지방자치단체장선거법, 지방의회의원선거법을 하나의 법으로 흡수·통합한 것이다. 1994년 3월 16일 '공직선거 및 선거부정방지법'으로 제정·공표되었다.
37) SBS는 충북지사에 김덕영 민자당 후보가 당선될 것으로 예측했지만, 개표 결과 주병덕 자민련 후보가 36.4%의 득표를 얻어 당선됐다.
38) 1995년 12월 6일 민자당에서 신한국당으로 당명을 바꾸고 1996년 2월 6일 전당대회를 열었다.
39) 경향신문, 1996년 1월 1일자 참조.
40) 박찬종은 1996년 1월 17일, 이회창은 5일 뒤 22일에 신한국당에 입당

했다.
41) 여론조사 결과가 결정적 잣대, 서울신문, 1996년 3월 3일.
42) '판세분석 나침반' 여론조사 어떻게 했나, 국민일보, 1996년 4월 10일.
43) 재계에도 총선바람 "솔솔", 한국일보, 1996년 3월 6일.
44) "후삼국시대 방불" 지역감정 고조, 서울신문, 1996년 4월 5일.
45) 오늘 15대 총선 투표 선거전 판세 변화추이, 한국일보, 1996년 4월 11일.
46) 조선일보, 1996년 4월 9일자 6면 참조.
47) 방송사 투표자 조사 무엇이 문제였나, 세계일보, 1996년 4월 12일.
48) 서울신문, 1996년 4월 12일자 참조.
49) 세계일보, 1996년 4월 10일자 참조.
50) 15대 대선 예상 후보 지지도는 신한국당 박찬종 고문(16.5%), 이회창 고문(16.3%), 국민회의 김대중 총재(15.3%), 신한국당 이홍구 대표(4.7%), 자민련 김종필 총재(4.3%), 조순 서울시장(2.5%), 신한국당 김윤환 고문(1.7%), 이인제 경기지사(1.7%) 순이었다. 잘 모르겠다는 응답자는 32.8%에 달했다(한겨레신문, 1997년 1월 1일자 참조).
51) 야권 승리를 담보해줄 수 있는 단일후보로 제3후보라는 응답이 42%로 가장 많았으며, 양김 중에서는 DJ(34%), JP(13%)로 DJ가 두 배 이상 높았다(경향신문, 1997년 1월 3일자 참조).
52) 대통령 당선이 예상되는 정당으로는 응답자의 63%가 신한국당을 선택했고, 국민회의 12%, 자민련 3%, 민주당은 3%에 그쳤다. 잘 모르겠다고 답한 사람은 19%였다(경향신문, 1997년 1월 3일자 참조).
53) 한겨레신문, 1997년 1월 1일자 참조.
54) 1997년 7월 21일 신한국당 전당대회 직후 실시한 MBC-한국갤럽 여론조사(전국 1,580명)에서는 이회창 38%, 김대중 26%, 김종필 6%로, 한국일보-한국리서치 여론조사(전국 1,500명)에서는 이회창 36%, 김대중 24%, 김종필 9%로 나타났다.
55) 조선일보-한국갤럽이 1997년 8월 13일 전국 유권자 1,012명 대상 긴급

전화 여론조사 실시 결과.
56) 문화일보-미디어리서치가 조순 시장의 민주당 입당으로 다자대결 구도가 본격화된 1997년 8월 20일 전국 유권자 1,000명을 대상으로 전화 여론조사 실시 결과.
57) 지방 6개 언론사가 리서치앤리서치에 의뢰해 1997년 8월 28일 전국 유권자 1,000명을 대상으로 실시한 대선후보 지지도 여론조사 결과.
58) 조선일보-MBC가 한국갤럽과 공동으로 추석 연휴가 끝나는 9월 17~18일 이틀 동안 전국 유권자 1,033명을 대상으로 후보별 지지도 전화조사 결과.
59) 신한국당 부설기관인 사회개발연구소에서 1997년 10월 1일 실시한 여론조사 결과, 이회창 총재(22.5%)가 이인제 전 경기지사(19.8%)를 제치고 2위에 올라섰고 김대중 국민회의 총재는 32.3%로 1위를 달렸다.
60) 조선일보-MBC가 한국갤럽과 공동으로 1997년 10월 25일 전국 유권자 2,106명을 대상으로 대선후보 지지도 전화조사 결과.
61) 서울신문-리서치앤리서치가 1997년 10월 30일 DJP 연합 성사 이후 전국 유권자 1,020명을 대상으로 대선후보 지지도 전화조사 결과.
62) 한국갤럽 1997년 11월 4일과 8일 전화 여론조사 결과 참조.
63) 한국일보-한국리서치가 1997년 11월 22~23일 이틀간 전국의 유권자 2천 명을 대상으로 실시한 전화 면접 방식 여론조사 결과.
64) 코리아리서치 대선여론조사 공정성 시비, 미디어오늘, 1997년 12월 3일.
65) 선관위, 동아일보 여론조사 변칙 발표 자제 요청, 한겨레신문, 1997년 12월 5일.
66) SBS-리서치앤리서치 조사, 12월 14, 15, 16일 조사는 유권자 2,000명 대상/12월 17일 조사는 유권자 5,000명 대상.
67) 조선일보-한국갤럽이 전국의 성인 남녀 1,511명을 대상으로 개별면접 방식 여론조사 결과(조선일보, 1998년 1월 1일자 참조).

68) 문화일보와 미디어리서치가 1997년 12월 30일 전국 성인남녀 700명 대상 전화 여론조사 실시 결과(문화일보, 1998년 1월 1일자 참조).
69) 1997년 대선 득표율을 보면 서울 지역에서 김대중 44.9% 이회창 38.7%. 경기 지역에서 김대중 39.3% 이회창 35.5%. 인천 지역에서 김대중 38.5% 이회창 36.4%를 얻었다. 수도권 전 지역에서 김대중 후보가 이회창 후보보다 득표율이 높았다.
70) 한나라당이 일찌감치 김진선 전 부지사를 후보로 공천한 반면, 여권인 국민회의와 자민련에서는 두 정당이 서로 후보를 내기 위해 끝까지 힘겨루기를 했다. 결국 자민련 한호선 전 의원이 여권 후보로 나서게 되었으나, 이에 반발하여 이상룡 전 지사가 국민회의를 탈당하여 무소속으로 출마하면서 3자 대결 양상이 펼쳐졌다. 세 후보의 고향을 보면 김진선은 동해, 한호선은 서울이면서 원주농고 졸업, 이상룡은 홍천으로, 후보의 출신 지역이 승패를 가르는 주요 변수가 되었다.
71) 부산시장 뒤바뀐 당선… '불패신화' 금가, 한겨레신문, 1998년 6월 6일.
72) 김정훈, 「선거 예측과 출구조사: 16대 대선을 중심으로」, 『조사연구』 4권 2호, 한국조사연구학회, 2003. 9. 87~102면.
73) 이인제 경기도지사가 대통령 출마를 위해 1997년 10월 10일 창당한 정당으로 이만섭 전 국회의장이 총재를 맡았다.
74) MBC-한국갤럽이 유권자 2,061명을 대상으로 1999년 12월 14일 전화 면접조사한 결과, 정당 지지도는 국민회의 23%, 한나라당 22%, 자민련 4%였다.
75) 당시 자민련은 진보·개혁 시민사회세력이 정부여당과 교감 아래 김종필 등 보수 정치인들을 강제 퇴출시키려 한다는 이야기가 나돌아다니자 김대중 대통령과 측근 세력을 의심하게 되면서 DJP 연합에 균열이 생기게 된다.
76) 김종필 자민련 명예총재는 시민단체로부터 '지역감정'을 조장했다는 이유로 낙천 대상자에 포함됐다.

77) 2000년 1월 14일 김종필이 국무총리직에서 물러난 후, 2월 24일 자민련은 새천년민주당과의 공동 여당 포기를 공식 선언한다. 이로써 1997년 11월 'DJP 합의'를 모태로 1998년 2월부터 출범한 공동 정권이 2년 만에 막을 내린다.
78) 공천 탈락자들 중에는 이회창 총재가 1997년 제15대 대통령선거 당내 경선에서 승리하는데 크게 기여한 김윤환, 한승수는 물론 신상우, 문정수, 김광일 등 구 민주계 일부, 조순 전 총재와 이기택 의원을 위시한 옛 민주당 인사에 1997년 대선 경선에서 이회창 후보와 겨뤘던 이수성 전 국무총리까지 거물급 인사들이 수두룩했다.
79) 문화일보가 TNS에 의뢰하여 3월 1일 전국의 유권자 1,000명을 상대로 여론조사를 실시한 결과.
80) 민주 93곳-한나라 91곳 우세, 한국일보, 2000년 3월 13일.
81) 절대우세 지역과 경합예상 지역의 절반을 얻을 경우 민주당은 99석(73+26), 한나라당은 111석(72+39)이 예상되었다.
82) 민주 제1당 어렵다…청와대 자체분석, 한겨레신문, 2000년 3월 15일.
83) 엇갈린 의석수 셈법, 서울신문, 2000년 3월 18일.
84) 한나라당 105~109곳-민주당 95~100곳 1위, 조선일보, 2000년 3월 27일.
85) 한나라당 98곳-민주당 87곳 우세, 세계일보, 2000년 3월 27일.
86) 2002년 신년 이회창 대 이인제 양자 대결 여론조사의 지지율을 살펴보면 다음과 같다. 중앙일보 자체 조사 53% 대 40%, 한국일보-미디어리서치 46% 대 36%, 한겨레신문 자체 조사 42% 대 31%, 조선일보-한국갤럽 45% 대 35%, 대한매일-한국리서치 45% 대 38%, 동아일보-리서치앤리서치 35% 대 33%, 경향신문-현대리서치 42% 대 39%, SBS-TNS 41% 대 33% 등으로 나타났다.
87) 한겨레 여론조사팀이 2001년 12월 15~19일 전국 성인남녀 대상 정당내 대선주자 선호도 조사 결과를 보면, 한나라당의 경우에는 이회창 총재가 37%로 가장 앞서 나갔고, 박근혜 부총재도 22%로 뒤를 쫓았다.

민주당에서는 이인제 고문이 24%로 선두지만 노무현 고문 16%, 정동영 고문이 11%로 뒤를 추격했다. 다음으로 고건 서울시장 9%, 김근태 고문 5%, 한화갑 고문 3%, 김중권 고문 2% 순으로 나타났다.
88) 중앙일보, 2002년 3월 2일자 참조.
89) SBS와 문화일보가 TNS에 의뢰하여 3월 11~12일 전국 성인남녀 1,000명을 대상으로 실시한 전화 면접조사 결과. 이회창-이인제 양자 대결에서는 45% 대 40%로 이총재가 5%포인트 앞섰다.
90) KBS가 코리아리서치에 의뢰해 3월 17~18일 전국 성인남녀 1,185명을 대상으로 여론조사를 실시한 결과. 이회창 대 이인제 양자 대결에서는 이회창(42%)이 이인제(39%)를 앞섰다.
91) "SBS '노무현 독주' 불방배경 아리송", 한겨레신문, 2002년 3월 21일.
92) 한국갤럽-MBC 여론조사에서 노무현 후보의 상도동 방문을 좋게 본다는 응답은 26%에 불과했으나 좋지 않게 본다는 응답은 58%에 달했다.
93) 문화일보와 YTN이 2002년 5월 13일 보도한 TNS 여론조사 결과, 노무현 42% 대 이회창 38%로 지지율 격차가 오차범위 내로 좁혀졌다.
94) 박무익, 앞의 책, 198면.
95) SBS 의뢰로 TNS가 6월 13일 오전 10시부터 오후 3시 반까지 전국 성인남녀 1,000명을 대상으로 전화조사를 실시한 결과.
96) MBC-한국갤럽이 6월 1일 실시한 '이회창·노무현·정몽준 3자 대결' 여론조사에서 정몽준은 12%의 지지도에 그쳤으나, 6월 13일 SBS-TNS 조사에서는 지지도가 17%로 급상승했다.
97) 이회창과 노무현의 지지율 격차는 지방선거 당일 SBS 조사에서 2%포인트였는데, 사흘 만에 중앙일보, 동아일보 등 여론조사에서는 13~15%포인트로 더 벌어졌다. 지난 3월 13일 SBS-TNS 여론조사에서 이회창이 처음으로 노무현에게 추월당한 뒤 4월 중순에는 27%포인트까지 격차가 벌어졌다. 그러나 여당의 권력형 비리파문이 확산되면서 이회창의 지지율이 다시 상승하여 6월 13일 SBS-TNS 여론조사에서는 노무현 후

보를 앞서기 시작했다.
98) 노무현 후보의 정책 조언자인 국민대 김병준 교수, 고려대 최장집 교수, 함세웅 신부를 비롯해 영화배우 문성근, 시사평론가 유시민, 문재인 변호사 등 100여 명이 8월 13일 여의도에서 기자회견을 갖고 '국민후보 노무현 지키기 활동'을 선언하고 온라인 서명운동을 벌여나가기로 했다.
99) SBS가 TNS에 의뢰해 8월 8일 전국 성인남녀 1,200명을 대상으로 전화 면접조사를 실시한 결과.
100) 지난 5월 14일 문화일보 여론조사에서 이회창-노무현-정몽준 3자 대결 시 12.0%에 그쳤던 정몽준 의원의 지지율은 월드컵이 끝난 후 7월 5일 조사에서 24.1%로 급등하면서 25.6%의 노무현 후보를 위협하기 시작했다. 재보선이 치러진 8월 8일 SBS 여론조사에서는 정몽준이 오차범위 내에서 이회창 후보를 앞서기도 했다. 전문가들은 '정몽준 현상'의 원인이 월드컵의 성공과 기존 후보들에 대한 염증에서 비롯된 유권자들의 기대 심리에 있다고 분석했다('정몽준 현상' 원인, 문화일보, 2002년 8월 12일).
101) 동아일보가 코리아리서치에 의뢰하여 8월 10일 전국 성인남녀 1,500명을 대상으로 실시한 전화 여론조사에서 정몽준이 민주당이 창당하는 신당 후보로 나설 경우, 이회창과의 양자 대결에서 40% 대 34%로 6%포인트 앞서는 것으로 나타났다. 반면 노무현이 신당 후보가 될 경우엔 32%로 이회창 40%보다 8%포인트 뒤지는 것으로 조사됐다.
102) 문화일보와 YTN이 TNS에 의뢰하여 11월 7일 전국 성인남녀 1,000명을 대상으로 실시한 여론조사 결과, 정몽준 후보로 단일화가 이뤄질 경우 이회창 42%, 정몽준 43%로 정몽준이 오차범위 내에서 1%포인트 앞섰다. 하지만 노무현 후보로 단일화될 경우에는 이회창 44%, 노무현 42%로 오차범위 내에서 이회창이 앞서는 것으로 나타났다.
103) 노무현과 정몽주 두 후보는 "11월 18일부터 여러 차례의 TV 토론을 가진 뒤 후보 등록일(27일) 전까지 전 국민을 대상으로 여론조사를 실시

104) 월드리서치 조사 결과는 이회창 후보의 단순 지지도가 28.7%로 무효 기준인 최저 30.4%보다 낮았기 때문에 무효가 되었다. 이회창 후보의 지지도가 무효기준(30.4%)보다 낮게 나와 이회창 후보 지지자들의 역선택 우려가 있다고 판단한 것이다. 무효기준은 이회창 지지자들의 역선택 방지를 위해 만들었다.
105) KBS-한국갤럽이 25일 1,047명 대상으로 실시한 조사에서, 노무현 44%, 이회창 37%. MBC-KRC가 25일 1,500명 대상으로 실시한 조사에서, 노무현 42%, 이회창 36%. SBS-TNS가 25~26일 1,000명 대상으로 실시한 조사에서, 노무현 46%, 이회창 39%.
106) SBS-TNS 조사에서 이회창 61%, 노무현 27%. KBS-한국갤럽 조사에서 이회창 58%, 노무현 28%.
107) 12월 1일 민주당 이인제 의원은 이념노선이 대립되는 노무현 후보와는 같이 할 수 없다며 민주당을 탈당했다.
108) SBS-TNS조사.
109) 지지 철회 이유는 대북정책을 둘러싼 이견 때문이라고 설명했다. 김행 대변인이 공식적으로 가장 먼저 문제 삼은 것은 이날 저녁에 있었던 노무현 후보의 명동 거리 유세 발언이었다. 노 후보는 이 자리에서 "미국과 북한이 싸우면 우리가 말린다"고 말했다. 이에 대해 김 대변인은 "정 대표가 이 표현이 부적절하며 양당 간 정책공조 정신에 어긋난 발언이라고 판단했다"고 밝혔다. 김 대변인은 또 "미국은 우리를 도와주는 우방이지 미국이 북한과 싸울 이유가 하나도 없다는 게 우리의 시각"이라며 "후보 단일화 정신의 큰 원칙은 정책공조와 상호존중이지만 이날 합동유세에서 이 같은 원칙이 지켜지지 않았다는 사실이 확인됐다"고 설명했다. 이처럼 정 대표는 노 후보에 대해 지지를 철회한 이유를 노 후보가 대북정책공조를 파기했다는 점을 내세웠다. 그러나 실제로는 노 후보가 종로 유세 때 정 대표를 모욕하는 발언을 했기 때

문인 것으로 알려졌다.
110) 2002년 대선에서 KBS는 당선자 예측조사를 위해 선거 당일 여론조사 기관인 미디어리서치와 180여 곳에서 출구조사를 실시했다. MBC는 코리아리서치센터와 함께 전국 300여 개 투표소에서 출구조사를 실시했다. SBS와 TNS는 120여 개 투표소에서 출구조사를 실시했다.
111) 박무익, 앞의 책, 199~202면.
112) 한나라당을 탈당한 이부영, 이우재, 김부겸, 안영근, 김영춘 등 5명의 개혁 성향 의원과 개혁국민정당 김원웅, 유시민도 열린우리당에 합류했다.
113) SBS가 TNS에 의뢰해 11월 13일 전국 1,000명을 상대로 실시한 여론조사.
114) 趙대표 "재신임·총선 연계 땐 탄핵", 한국일보, 2004년 1월 9일.
115) 한국일보가 미디어리서치에 의뢰해 2004년 1월 26일 전국 성인남녀 1,156명 대상으로 여론조사를 실시한 결과 열린우리당 24%, 한나라당 20%, 민주당 9%, 민주노동당은 3%, 자민련은 1%, 지지정당 없음 28%, 모름·무응답은 16%로 나타났다. 한 달 전 2003년 12월 27~28일 정당 지지도 조사에서 한나라당 21%, 민주당 14%, 열린우리당 14%로 나타났던 결과와는 크게 달랐다.
116) 한겨레가 노무현 대통령 취임 1년을 앞두고 2월 21일 리서치플러스에 의뢰하여 전국 성인남녀 1,000명을 대상으로 벌인 전화 여론조사에서, 노무현 대통령 국정운영에 대한 긍정 평가는 35%로 나타나, 지난 8월 조사 이후 7개월 동안 지지도가 36%를 넘지 못했다.
117) 문화일보, 2004년 2월 16일자 참조.
118) 한겨레가 3월 6일 리서치플러스에 의뢰한 전국 성인남녀 700명 대상 전화 여론조사 결과.
119) KBS가 3월 9일 미디어리서치에 의뢰한 전국 성인남녀 1,000명 대상 전화 여론조사 결과.

120) SBS가 3월 11일 TNS에 의뢰한 전국 성인남녀 700명 대상 전화 여론조사 결과.
121) MBC-한국리서치 조사에서는 '잘못한 일'이란 응답이 70.0%, KBS-미디어리서치에서는 69.6%, SBS-TNS 조사에서도 69.3%로 탄핵에 대해 국민 여론은 부정적이었다.
122) 김종필 전 총리를 가까이서 보좌했던 변웅전 전 자유선진당 대표는 연합뉴스와의 통화에서 "대다수 자유민주연합 의원들이 노무현 전 대통령을 탄핵해야 한다고 주장했지만, 김종필 전 총리만은 국민이 뽑은 대통령을 탄핵하면 안 된다고 끝까지 반대했다"고 전했다.
123) MBC가 코리아리서치에 의뢰하여 전국 성인남녀 2천 명을 대상으로 여론조사를 실시해 3월 15일 발표한 여론조사 결과를 보면, 열린우리당 44%, 한나라당 15%, 민노당 6%, 민주당 5% 순으로 나타났다. 오차범위 내지만 민주당이 민노당보다 낮은 지지율을 기록한 것은 처음이었다.
124) 3월 20일 실시한 동아일보와 코리아리서치 여론조사에서 '노무현 대통령이 국정운영을 잘한다'는 답변이 48%에 이르렀고, 3월 19일 한국사회과학데이터센터-서울신문 조사에서는 55%에 달했다.
125) 역대 총선을 살펴보면, 정당 득표율이 40% 이상이면 과반 의석수를 얻을 가능성이 높았다. 1992년 3.24 총선 때 여당인 민자당이 38.5% 득표로, 299석 중 149석을 차지했다. 2000년 4.13 총선 때는 야당인 한나라당이 39% 득표로, 273석 중 133석을 얻었다. 각각 과반에 1석, 4석이 모자랐다. 따라서 열린우리당이 40%를 넘긴다면 과반 의석을 차지할 가능성이 높았다.
126) 문화일보와 TNS가 3월 31일 전국의 성인남녀 1,000명을 대상으로 실시한 조사 결과.
127) 과거 지역구 투표율에 따라 전국구 의석을 배정하던 방식을 변경하여 지역구 투표와 비례대표 투표를 분리한 1인 2표제를 도입했다.

128) 현경보, 「선거 예측조사의 정확도와 그 영향요인 연구: 17대 총선 예측 조사 결과의 사후분석」, 『언론과학연구』제5권1호, 한국지역언론학회, 2005. 4. 301~336면.
129) 노무현 대통령의 국정운영에 대한 평가는 잘한다 32%, 잘못한다 60.3%로 조사됐다. 정당 지지도는 한나라당이 35%로 21%의 열린우리당을 계속 앞섰고 민노당, 민주당 순으로 조사됐다.
130) SBS가 새해를 맞아 실시한 차기 대선후보 선호도 조사에서 이명박 서울시장이 25.4%로 가장 높은 지지를 받았다. 고건 전 총리는 24.8%, 박근혜 한나라당 대표는 21.6%, 정동영 전 통일부 장관이 7.7%로 뒤를 이었다. 또 이해찬 총리 4.4%, 김근태 전 장관 3%, 권영길 민노당 의원 2.5%, 손학규 경기지사 1.1%의 순이었다. 문화일보와 한국리서치의 신년 여론조사에서는 고건 전 총리가 25.3%로 1위를 차지했으며, 이명박 시장이 23.1%, 박근혜 대표가 18.0% 순이었다. 그 뒤로 정동영 5.2%, 강금실 3.7%, 이해찬 2.9%, 권영길 2.8%, 김근태 2.2%, 정몽준 2.1% 등이 뒤를 이었다.
131) 2월 14일 남도일보에 따르면 열린우리당 지지도는 광주에서 21%로, 민주당 27%에 밀리는 한편 전남에서도 열린우리당 16%, 민주당 34%에 크게 뒤쳐졌다.
132) 자민련은 2004년 총선에서 3%에도 못 미친 정당 지지율로 비례대표 1번이었던 김종필 총재마저 낙선되는 수모를 겪었다. 결국 김종필 총재가 정계은퇴를 선언하면서 자민련은 한나라당에 흡수·통합됐다. 이때 자민련을 탈당한 심대평이 2006년 1월에 국민중심당을 창당했다.
133) 2006년 4월 1일 SBS 여론조사 보도.
134) 2006년 4월 6일 CBS 여론조사 보도.
135) 한국일보, 2006년 4월 9일자 참조.
136) 조선일보, 2006년 4월 10일자 참조.
137) 4월 15일 메트릭스 조사에서 오세훈이 13.3%포인트(46.6% 대 33.3%)

차이로 강금실을 크게 앞질렀고, 4월 16일 한국갤럽 조사에서도 7.2% 포인트(46.5% 대 39.3%) 차이를 보였다.
138) KBS 2006년 4월 30일자 보도 참조.
139) 김태환 지사는 한나라당이 현명관 전 삼성물산 회장을 제주지사 후보로 영입하자 한나라당을 탈당하여 5월 4일 열린우리당에 입당했다. 이에 열린우리당 진철훈 예비후보가 반발하자, 결국 김태환 제주지사는 5월 5일 다시 무소속으로 출마했다.
140) 경향신문 여론조사에서 김태환 후보가 30.6%로, 현 후보(25%)를 오차범위 내에서 불안하게 리드했다. 앞서 중앙일보 조사에서도 두 후보의 격차는 32% 대 28%로 4%포인트 차로 좁혀졌다.
141) 제주·대전 박 대표 피습 후 한나라 상승, 한국일보, 2001년 5월 22일.
142) 5.31 지방선거에서는 SBS와 KBS는 합동으로 TNS와 미디어리서치에, MBC는 코리아리서치에 예측조사를 의뢰했다.
143) 고건 전 총리가 본격적인 대선 행보를 시작한 것은 2004년 5월 총리직에서 물러나면서부터다. 탄핵정국에서 대통령 권한대행을 하다 물러나면서, 그는 '물러날 총리'라는 이유로 신임 장관 임명 제청을 거부하고 노무현 대통령과 대립하는 양상을 보였다. 그 후 고건 전 총리는 2005년 내내 대선주자 지지율 30% 선을 유지하면서 잠룡의 꿈을 키웠다.
144) '고건 지지표' 이명박·박근혜에 많이 가, 조선일보, 2007년 1월 18일 1면.
145) 연합뉴스와 미디어리서치가 1월 28일 실시한 여론조사에서 '범여권 단일후보 적합도'에서 손학규가 15%의 지지율로 14%를 얻은 정동영을 오차범위에서 앞섰다. 뿐만 아니라 한겨레신문이 리서치플러스에 의뢰해 2월 3일 실시한 여론조사에서도 여권의 차기 대통령 후보로 적합한 인물에 손학규가 25%의 지지율로 1위를 차지했다. 여권의 적합 후보 2위는 정동영(17%), 3위 강금실(12%) 순이었다.

146) 김진명 소설 『나비야 청산가자』는 당시 선거법 위반 논란을 야기하기도 했지만, 중앙선관위는 소설 내용만 가지고는 선거법 위반으로 볼 수 없다며 위법은 아니라는 입장이었다. 소설가 김진명은 1995년 국민회의에 입당해 이듬해 15대 총선에서 서울 송파갑에 출마했으나 낙선한 뒤 정계를 은퇴했던 경험을 가지고 있다.
147) 한국일보가 미디어리서치에 의뢰하여 3월 8~10일 여론조사를 실시해 3월 11일 보도한 결과.
148) 한국갤럽 조사에 따르면 지지율이 2주일 전 5.9%에서 8.2%로 상승하는 한편, 범여권 후보 지지율에서도 1위를 달렸다. 지지율 상승은 주로 호남·충청 지역의 지지에 힘입은 것으로 나타났다.
149) 박근혜 전 대표 측에서 직접 조사해 4월 10일 발표한 결과는 박근혜의 약진이 두드러졌다. 전국 유권자 2,770명을 대상으로 '지지하는 대통령 후보'를 질문한 결과, 이명박 32%, 박근혜 29%, 손학규 8%, 정동영 4%, 김근태 4% 순으로 나타났다. 한편, 한나라당 대의원 1,405명을 대상으로 조사한 결과에서는 박근혜가 51.5%를 얻어 이명박(39.8%) 보다 지지율이 훨씬 높게 나타났다.
150) 이명박 독주 '흔들', 한겨레신문, 2007년 6월 12일.
151) 일반 국민 여론조사 이명박 51.6% 박근혜 46.7%, 선거인단 직접투표 이명박 49.1% 박근혜 49.4%로 종합하면 이명박 49.6% 박근혜 48.1%로 1.5%포인트 차이였다.
152) 서울신문-KSDC 5.3%, SBS-TNS 6.6%, 중앙일보 조사연구팀 7.0%, MBC-코리아리서치 7.2%, 한국일보-미디어리서치 7.3%.
153) 9월 3일에서 4일까지 이틀간 1인 2표 방식으로 진행한 여론조사에서 최종 후보 5인이 결정됐다.
154) 2007년 리얼미터 대선주자 지지율 참고.
155) 12월 5일 검찰의 'BBK 사건' 수사 결과 발표 이후 실시된 8개 언론사의 대선 여론조사를 종합해보면, 한나라당 이명박 후보의 지지율 상

승과 무소속 이회창 후보, 대통합민주신당 정동영 후보의 2위 다툼이 치열했다. 9월 이후 '자녀 위장 취업', '이회창 후보 출마', 'BBK 연루 의혹' 등으로 30%대로 하락했던 이명박 후보는 8곳의 여론조사에서 40~45%를 기록하면서 다시 40%대로 올라섰다. 2, 3위를 달리던 이회창 후보와 정동영 후보는 10%대 중·후반의 지지율을 기록하며 접전을 벌였다.

156) 조선일보, 2007년 12월 20일자 2면 참조.
157) 중앙일보 신년 여론조사에서 '국정 안정을 위해 한나라당을 찍겠다'는 53%, '독주 견제를 위해 야당을 찍겠다'가 29%로 나타났다. 한국일보의 정당 지지도 조사에서 한나라당은 47%로 이명박의 대선 득표율(48.7%)과 비슷했지만, 대통합민주신당은 7%로 정동영의 대선 득표율(26.1%)에 미치지 못했다. 한국갤럽이 실시한 여론조사에서도 다음 총선에서 한나라당을 지지하겠다는 응답자가 54%로 나타났다.
158) KBS 2월 24일 총선 지지정당 여론조사 보도에서 한나라당 46%, 통합민주당 13%로 나타났다. 국정 안정을 위해 한나라당을 지지한다는 의견이 46%에 달했지만, 견제를 위해 한나라당이 아닌 야당을 지지한다는 의견도 35%로 나타났다.
159) 문화일보가 3월 24일 실시한 정기 여론조사 결과를 보면 한나라당 49%, 통합민주당 12%, 민주노동당 6%, 창조한국당 3%, 친박연대 3%, 자유선진당 1% 순으로 나타났다. 무당층은 26%였다. 리얼미터 여론조사 결과는 한나라당 49%, 통합민주당 20%, 자유선진당 5%, 민주노동당 4%, 창조한국당 4%, 친박연대 7% 순으로 나타났다.
160) 국민참여당은 노무현 대통령 사망을 계기로 유시민, 이재정 전 장관 등 과거 참여정부 인사들이 주축이 되어 2010년 1월 17일 지방선거 앞두고 창당한 정당이다.
161) 전국적 여론은 리얼미터의 조사에서는 원안 찬성(수정안 반대)과 수정안 찬성이 40 대 40으로 찬반 여론이 팽팽했다. 그 외에 한국일보,

MBC, 동아일보, 중앙일보 등의 조사에서는 수정안 찬성이 수정안 반대보다 7~17%포인트 높은 것으로 나타났다.
162) 한국사회여론연구소KSOI가 1월 19일 전국 성인남녀 1,000명 대상 전화자동응답조사 결과.
163) 친노 세력이 폐족이라 불리게 된 것은 노무현 대통령의 핵심 측근인 안희정이 2007년 12월 26일 자신의 홈페이지에 "저는 폐족입니다. 죄짓고 엎드려 용서를 구해야 할 사람들과 같은 처지입니다"라고 글을 올리면서 시작되었다.
164) 리얼미터의 4월 10일 서울 시민 2,000명 대상 여론조사에서는 한명숙 전 총리가 40%로, 47%의 오세훈 서울시장을 7%포인트 차로 추격했다.
165) 4월 11일~12일 이틀간 선거인단(1만 5,000명)에 대한 여론조사인 국민참여경선과 일반 경기도민(2,000명)을 대상으로 전화 여론조사를 실시한 뒤 각각의 결과를 50%씩 반영하는 방식으로 진행됐다. 국민참여경선에선 김진표가 6,980표(52.07%)로, 6,424표(47.93%)를 얻은 유시민을 앞섰지만, 한국리서치와 동서리서치가 실시한 일반여론조사에선 유시민이 53.04%를 획득해 46.96%를 얻은 김진표를 앞섰다. 결국 유시민이 1%포인트도 안 되는 차이로 극적인 승리를 거뒀다.
166) 아시아경제가 리얼미터에 의뢰해 4월 15일 경기도 성인남녀 1,000명을 대상으로 실시한 여론조사.
167) 이내영 외, 변화하는 한국 유권자 4, 동아시아연구원, 2011, 41면.
168) 이내영 외, 앞의 책, 41면.
169) 2011년 서울시장 보궐선거를 일주일 앞두고 필자가 SBS 인터넷 취재 파일에 올렸던 내용을 요약한 글이다.
170) 여론조사를 할 때 가정에 있는 집전화를 대상으로 전화를 걸게 되면, 조사하는 시점에 집에 있는 사람들만 조사대상에 포함된다. 반면에 휴대전화를 이용하게 되면 집이 아닌 외부에 있는 사람들이 조사대상

에 포함할 수 있게 된다. 요점은 집전화 RDD 방식으로 여론조사를 하면, 직장에 출근한 사람이나 외부 활동하는 사람들을 조사하기 어렵다는 것이다.

171) 경향신문 2012년 1월 1일자 보도에서 안철수 46% 대 박근혜 44%였으나, 리얼미터의 1월 첫 주간 조사에서는 안철수 51% 대 박근혜 39%로 차이가 더 벌어졌다.
172) 경향신문-현대리서치의 신년 여론조사에서 45.9%는 범야권 후보, 31.3%가 한나라당 후보를 뽑겠다고 했다. 무응답층은 22.8%였다.
173) 거침없는 민주·연일 강경 모드, 한국일보, 2012년 2월 14일.
174) 총선 수도권 새누리 28곳 민주 50곳 앞서… 31곳선 '박빙 승부', 한국일보, 2012년 4월 9일.
175) '130석 고지' 닷새에 달렸다, 서울신문, 2012년 4월 6일.
176) 서울신문, 2012년 4월 9일. 총선 예상 의석 전망에 참여한 20명 선거 전문가 다음과 같다. 가상준 명지대 교수, 강원택 서울대 교수, 고성국 정치평론가, 김욱 배재대 교수(한국선거학회장), 김윤철 경희대 후마니타스 칼리지 교수, 김종배 시사평론가, 김종욱 동국대 교수, 김형준 명지대 교수, 박상훈 후마니타스 대표, 박왕규 한국사회여론연구소(KSOI) 대표, 박원호 서울대 교수, 배종찬 리서치앤리서치 정치사회조사본부장, 신율 명지대 교수, 윤성이 경희대 교수, 윤희웅 한국사회여론연구소 조사분석실장, 이남영 세종대 교수, 이내영 고려대 교수, 이택수 리얼미터 대표, 정해구 성공회대 교수, 조용휴 폴앤폴 대표(이상 20명·가나다순).
177) 총선 D-1 새누리 132~136, 민주 135~140… 절반이 "민주가 1당 될 것", 한국일보, 2012년 4월 10일.
178) YTN이 총선 다음날인 12일 실시한 800명 대상 여론조사 결과 대선주자 양자 대결에서는 안철수가 44%로, 박근혜(43%)를 1%포인트 앞서기도 했다.

179) 중앙일보, 2012년 5월 15일자 참조.
180) KBS와 미디어리서치의 7월 23~24일 조사를 보면 양자 대결에서 박 후보(46.3%)와 안 원장(45.8%)의 격차는 0.5%포인트로 한 달 전의 3.2%포인트 차에 비해 줄었다. 다자 대결에서는 박 후보 37.1%, 안 원장 24.6%, 민주통합당 문재인 후보 11.2%로 나타났다. 7월 23~24일 한국갤럽 조사는 양자 대결에서 박 후보 45%, 안 원장 40%였다. 7월 18~20일 조사와 비교하면 박 후보는 1%포인트 감소, 안 원장 지지율은 4%포인트 상승했다. 리얼미터 조사에서는 7월 23일부터 안철수 원장이 박근혜 후보를 역전해 7월 24일에는 안철수 원장이 48.3%를 얻어서 박근혜 후보(45.2%)를 3.1%포인트 앞섰다.
181) 7월 27일 중앙일보-리얼미터가 실시하는 '2012 선거 일일 여론조사'에 따르면 25~26일 조사에서 안철수 서울대 융합과학기술대학원장은 32.6% 지지를 얻어 29.6%에 그친 박근혜 후보를 3.0%포인트 앞섰다. 다자 구도에서 안 원장이 박근혜 후보를 이긴 것은 이번이 처음이었다.
182) 9월 17일엔 친박계 좌장급 홍사덕 전 의원의 불법 정치자금 수수 의혹이, 9월 19일엔 송영선 전의원이 박 후보를 거론하며 금품을 요구한 녹취록이 공개됐다. 9월 20일에도 친박계 이재영 의원이 정치자금법 위반 혐의로 검찰 수사를 받고 있다는 보도가 뒤따랐다.
183) SBS 2012년 11월 6일 8시 뉴스 참조.
184) JTBC-리얼미터가 12월 12일 발표한 여론조사에서 안철수 후보는 26%를 얻은 민주통합당 문재인 후보에 이어 24.3%로 3위를 기록했다. 당시 안철수 후보 측 조광희 비서실장은 리얼미터의 여론조사에 대해 트위터를 통해 "지켜보고 있습니다"라며 다소 불만을 표시했다. 이에 대해, 리얼미터 이택수 대표는 트위터를 통해 "대선후보 또는 그가 속한 캠프가 성공하려면 어떤 위기가 발생했을 때 원인을 제대로 진단하고 적절한 해결책을 모색해야 한다"고 대응했다.

185) 리얼미터가 2012년 대선을 100일 앞두고 실시한 여론조사 결과.
186) 한국일보, 2012년 12월 14일자 참조.
187) 리얼미터 2014년 1월 6~10일 주간 여론조사 참조.
188) KBS 2014년 1월 1일 9시 뉴스에서 보도한 미디어리서치의 여론조사 결과.
189) 2014년 2월 첫째 주 한국갤럽 휴대전화 여론조사 결과.
190) 2014년 2월 24일 SBS 8시 뉴스에서 보도한 TNS 여론조사 결과.
191) 2014년 3월 2일 밤 발표한 KBS·미디어리서치 여론조사에서 새누리당 43% 대 통합신당 40%, 중앙일보 여론조사에서는 새누리당 40%, 통합신당 36%로 나타났다.
192) 정몽준 의원의 막내아들이 2014년 4월 18일 자신의 페이스북에 "대통령에 소리 지르고 욕하고 국무총리에 물세례 하잖아. 국민 정서 자체가 미개하다. 국민이 미개하니까 국가도 미개한 것 아니냐"라는 내용의 글을 올려 파문을 일으켜, 정몽준 의원이 4월 21일 기자회견을 열어 사과했다.
193) 여론조사 전문기관 리얼미터가 5월 12일 발표한 5월 첫째 주 주간 집계 결과를 보면, 새누리당 지지율은 38%로 지난주와 비교해 6%포인트 급락했다.
194) KBS·MBC·SBS와 TNS·밀워드브라운미디어리서치·리서치앤리서치가 2014년 5월 26~28일 실시한 여론조사 결과.
195) 2015년 12월 13일 오전 11시, 안철수는 국회정론관 기자회견에서 새정치민주연합을 혁신하라는 당원과 국민의 염원에 부응하지 못해 당을 떠나게 됐다고 탈당 이유를 밝혔다.
196) 조선일보-미디어리서치 조사에서는 새누리당이 29%, 안철수 신당 18%, 더민주 17% 순이었고, 동아일보-리서치앤리서치 조사에서는 새누리당이 38%, 안철수 신당 19%, 더민주 16%였다. KBS-한국갤럽 조사에서는 새누리당 37%, 안철수 신당 21%, 더불어민주당 17%로 나타

났다.
197) 한국일보-코리아리서치 조사에서는 새누리당 38%, 더민주 19%, 안철수 신당 18%, 서울신문-에이스리서치 조사에서는 더민주가 오차범위 내 2위를 차지했다. SBS-TNS 조사에서는 새누리당 37%, 더민주 20%, 안철수 신당이 13%로 더민주가 오차범위 밖에서 2위를 차지했다.
198) "안철수 신당 쏠리게 유도질문" 더민주·문화일보 여론조사에 이의제기, 국민일보, 2016년 1월 4일.
199) 더민주 "문화일보 여론조사 불공정", 미디어오늘, 2016년 1월 4일.
200) 안철수, 김한길 전 새정치민주연합 공동대표, 박지원, 정동영 전 의원을 주축으로 새정치민주연합에서 탈당한 의원, 천정배 전 국민회의 공동대표, 박주선 통합신당 전 창당준비위원장, 동교동계 전직 정치인, 한상진 교수와 윤여준 전 장관, 김성식 전 의원 등이 참여해 창당되었다. 국민의당은 창당 때 안철수·천정배 공동대표, 김한길·안철수·천정배 공동 선대위원장 체제로 출범했다.
201) 리얼미터가 2월 29일~3월 1일 이틀간 실시한 여론조사 결과 호남지역에서 더불어민주당 34%, 국민의당 33%로 나타났다.
202) 리얼미터 3월 5주차 주중집계(3월 28~30일 조사)에서 박근혜 대통령의 지지율이 7개월 반 만에 30%대로 하락했다.
203) 2008년 안희정 충남지사 주도로 설립한 연구소 더연은 미국 대선 예측의 귀재로 알려진 네이트 실버Nate Silver가 활용한 '베이지안 추론Bayesian inference'을 토대로 선거 예측모형을 구축했다고 발표했다. 더연은 2012년 대선과 2014년 지방선거(서울·경기)를 이 예측모형으로 검증했다고 밝혔다. 2014년 서울시장 선거의 경우 예측모형은 박원순 56.1%, 정몽준 43.5%를 예상했고 실제 결과는 각각 56.1%, 43.0%였다. 경기지사 선거의 경우 예측모형은 남경필 50.5%(실제 50.4%), 김진표 49.5%(실제 49.6%)를, 2012년 대선의 경우 예측모형은 박근혜 51.7%(실제 51.6%), 문재인 48.3%(실제 48.0%)라는 값을

내놨다. 실제 선거 결과와 매우 유사했다는 게 더연의 설명이다.
204) 실제 결과는 더불어민주당이 122석 중 68석(55.7%)을 차지해 절반을 넘긴다. 2008년 총선에서는 수도권 112석 중 새누리당이 43석(38.4%), 민주통합당이 65석(58.0%), 통합진보당이 4석(3.6%)을 차지했다.
205) 2015년 2·9 전당대회에서 호남 출신 박지원 의원이 문재인 대표를 꺾기 위해 호남의 반문정서를 부추겼다. 이 시기에 수도권 호남 향우회 상당수가 반문재인으로 돌아섰다(호남 '반문재인' 정서는 어떻게 커졌나, 한겨레신문, 2015년 12월 15일).
206) 한국일보가 한국리서치에 의뢰해 4월 5~6일 이틀간 실시한 유권자 여론조사 결과.
207) 대표적으로 새누리당 박민식, 더불어민주당 전재수 후보가 맞붙은 부산북·강서갑이다. 이 지역은 3월 28일 공개된 여론조사 3건의 결과가 제각각이었다. 박 후보 의뢰로 폴리컴이 1,029명을 상대로 벌인 유선전화 ARS(자동응답시스템) 여론조사에서는 박 후보 45.7%, 전 후보 43.6%로 접전을 벌였다. 부산일보·한국사회여론연구소가 1,620명을 상대로 한 유선전화 ARS 조사에선 전 후보(51.8%)가 박 후보(38.5%)를 큰 차로 앞섰다. 또 국제신문·리서치앤리서치의 500명 대상 유선전화 면접조사에선 반대로 박 후보(39.3%)가 전 후보(26.4%)를 크게 이겼다.
208) 새누리당 여의도연구원은 ARS 조사 방법을 이용하여 이동통신사에서 제공받은 휴대전화 안심번호를 20% 비율로 섞었다. 공천 파동 이전과 비교해서 적극 투표층에서 새누리당의 지지율이 지역구별로 평균 7~10%포인트 하락한 것으로 나타났다.
209) 방송 3사가 예상 의석수의 범위를 각자 알아서 조정하는 가운데 MBC가 가장 정확한 예측을 했고, KBS는 더불어민주당 의석수를 간신히 맞췄다. SBS는 새누리당 쪽으로 치우치게 범위를 정하면서 아쉽게도

새누리당과 더불어민주당 예측에 실패했다.
210) 여론조사기관 리얼미터가 4.13 총선 직후인 4월 14~15일 전국 1,012명을 상대로 실시한 유무선전화 여론조사 결과.
211) 한겨레신문이 2016년 10월 25~26일 이틀간 한국리서치에 의뢰해 전국 성인 1,000명을 상대로 실시한 여론조사 결과.
212) 한겨레신문이 여론조사기관 엠브레인에 의뢰하여 2016년 10월 29~30일 전국 성인남녀 1,000명을 대상으로 조사해 11월 1일 공개한 여론조사 결과 '대통령이 스스로 대통령직에서 물러나야 한다'(하야)는 응답이 36.1%로 가장 많았고 '여야가 탄핵을 추진해야 한다'는 응답도 12.1%였다. 두 의견을 합치면 48.2%로 응답자의 거의 절반을 차지한 것으로 나타났다. 그밖에 '총리에게 권한을 대폭 이양하는 거국 중립내각 수용' 의견이 26.1%였으며, '내각 교체 뒤 박 대통령 중심으로 국정 정상화'는 22.5%였다.
213) 한국갤럽이 12월 9일 박근혜 대통령 탄핵소추안 국회 본회의 표결을 앞두고 발표한 여론조사에서 탄핵 찬성 81%, 반대 14%로 나타났다.
214) 리얼미터의 12월 12일 여론조사에서 안철수는 호남에서 문재인, 이재명에 이어 3위를 기록했다.
215) 여론조사기관 리얼미터가 MBN과 매일경제의 의뢰로 헌재 결정 직후 전국 성인 1,008명을 대상으로 조사한 결과, 헌재의 '대통령 박근혜 탄핵소추안 인용'을 어떻게 보느냐는 질문에 86.0%가 "잘했다"고 응답했다.
216) 내일신문이 디오피니언에 의뢰한 4월 정례 여론조사는 4월 2일 전국 성인남녀 1,000명을 대상으로 RDD 방식의 유선전화 면접조사(39.7%)와 인터넷 조사(모바일 활용 웹 방식 60.3%)를 병행하는 방법으로 이뤄졌다. 조사 결과 '보수·중도 후보 단일화'를 전제로 양자 가상 대결 시 누구를 지지하는지 물은 결과 안 후보가 43.6%를 얻어 문 후보(36.4%)를 7.2%포인트 차로 앞섰다고 발표했다. 하지만 자유한

국당 홍준표 후보가 본선까지 완주한다는 전제로 '3자 대결' 판세를 조사한 결과는 달랐다. 문 후보가 36.6%, 안 후보가 32.7%, 홍 후보가 10.7%로 문 후보가 1위로 나타났다.

217) 한국리서치 조사에서 문재인 후보의 호감도와 비호감도는 46.9%와 32.1%인 반면, 안철수 후보는 54.0%의 호감도에 비호감도는 19.5%에 불과했다.

218) 문재인 후보 지지층의 74.5%는 문재인 후보의 당선 가능성이 매우 높다고 답한 반면, 안철수 후보 지지층은 42.4%만 당선가능성을 매우 높게 봤다.

219) 연합뉴스-KBS-코리아리서치가 4월 8~9일 실시한 여론조사에서 안철수 국민의당 후보 지지율은 대선주자 '5자 대결'에서 36.8%로 32.7%인 문재인 더불어민주당 후보를 오차범위 내에서 앞섰다. 하지만 이데일리-리얼미터의 4월 8~9일 조사에서는 문재인 후보가 5자 대결에서 41.1%로 안철수 후보(34.8%)를 앞서는 것으로 집계됐다.

220) 조사원이 응답자와 직접 통화하는 전화 면접과 사전에 녹음된 음성으로 면접하는 ARS로 구분할 수 있다. 보다 정확하고 구체적인 조사를 위해 전화 면접이 좋다는 의견이 있지만 실제 투표로 이어지는 표심을 파악하는 데 ARS가 효과적이라는 반론도 만만치 않다. 정치에 관심이 많은 사람들은 ARS에도 응답률이 높은 편이어서, 이들이 투표일에 실제 투표에 참여할 가능성이 크다는 주장도 있다.

221) 스마트폰 앱 방식은 전국의 모바일 티머니T-money 회원들을 대상으로 실시하는 조사 방식으로 사실상 무선전화번호를 기반으로 하는 조사이지만, 면접원이 직접 전화로 조사하는 방식이 아니라 스마트폰 앱을 통해 송부된 질문지에 직접 체크하는 조사 방식이다.

222) 휴대폰 조사 많으면 문재인, 집전화 많이 하면 안철수 유리, 중앙일보, 2017년 4월 11일.

223) 여론조사기관 칸타퍼블릭이 조선일보와 4월 7일~8일 양일간 실시

한 조사에서 안철수 후보가 34.4%로, 문재인 후보의 32.2%보다 조금 높았다. 하지만, 첫 TV 토론회 직후 SBS와 함께 실시한 여론조사에서는 문재인 후보가 35.8%를 기록해 30.2%인 안철수 후보를 오차범위 안에서 따돌리고 1위를 차지했다. 1주일 만에 문재인 후보가 3.6%포인트가 상승한 반면 안철수 후보는 4.2%포인트 하락한 것으로 나타났다.

224) SBS 여론조사에서 토론을 잘한 후보로 바른정당의 유승민 후보(23%)를 선택했다. 그 다음으로는 문재인 후보(22%)를 꼽았다. 안철수 후보는 16%에 그쳤다.

225) '위력' 줄어든 안풍, 왜?… TK지역 안철수 지지율 1주일새 반 토막, 국민일보, 2017년 4월 22일.

226) 지상파 3사가 5월 9일 오전 6시부터 저녁 7시까지 3,352명을 대상으로 63개 투표소에서 출구 심층조사를 실시한 결과.

227) 1998년 지방선거 때 김대중 대통령은 지지율 62%였다. DJP 연합여당이 압승했다. 대통령 지지율이 50%를 넘지 못했던 시기에 치러진 최근 선거 다섯 번은 여당이 이기지 못했다. 대통령 지지율이 이대로 계속되면 여당의 압승으로 선거판이 굳어질 수 있다.

228) 리얼미터가 1월 2~3일 전국 성인 1,004명을 상대로 조사한 결과.

229) 리얼미터가 2월 19일~21일 전국 성인남녀 1,504명을 대상으로 실시한 여론조사 결과 바른미래당의 정당 지지율은 지난주보다 3.1%포인트 하락한 7.4%로 나타났다.

230) 격차가 가장 큰 여론조사는 5월 25~26일 한국리서치가 KBS 의뢰로 실시한 것이다. 이 조사에서 김경수 후보는 50.6%, 김태호 후보는 25.2%의 지지를 받았다. 그러나 비슷한 시기에 조원씨앤아이가 머니투데이 의뢰로 실시한 조사에서는 김경수 후보와 김태호 후보가 각각 41.5%, 34.7%의 지지를 얻어 6.8%포인트 차 박빙의 승부를 벌이고 있는 것으로 집계됐다.

231) 유선전화냐 무선전화냐에 따라서 여론조사 결과에서 차이를 보일 수 있다는 것은 결국 동일한 연령대의 유권자라 할지라도 유선전화를 주로 이용하느냐, 무선전화를 주로 이용하느냐에 따라 정치적 성향이 다르고 지지하는 후보가 달라진다는 의미다.
232) 지상파 3사의 부산, 울산, 경남 투표자 출구조사 결과.
233) 지상파 3사 심층 출구조사는 6.13 선거일 오전 6시~오후 5시까지 전국 66개 투표소 유권자 3,403명을 대상으로 실시하였다.

여론전쟁

ⓒ 현경보 2019

1판 1쇄 발행　2019년 11월 28일

지은이　현경보
펴낸이　김재문

책임편집　정수연
펴낸곳　도서출판 상상
출판등록　2010년 5월 27일 제321-2010-000116호
주소　(06651) 서울시 서초구 반포대로 14길 71 서초에클라트 1508호
전화　02-588-4589
팩스　02-588-3589
홈페이지　www.sangsang21.com

ISBN　979-11-960641-8-1 (03340)

* 이 책의 판권은 지은이와 도서출판 상상에 있습니다.
　이 책 내용의 일부 또는 전부를 재사용하려면 사전에 양측의 동의를 받아야 합니다.
* 이 도서의 국립중앙도서관 출판예정도서목록(CIP)은 서지정보유통지원시스템 홈페이지
　(http://seoji.nl.go.kr)와 국가자료공동목록시스템(http://www.nl.go.kr/kolisnet)에서 이용하실 수
　있습니다.(CIP제어번호: CIP2019047509)
* 이 책은 한국언론진흥재단의 저술지원으로 출판되었습니다.